Dimensiones del latinoamericanismo

Mabel Moraña (ed.)

South by Midwest
6

Esta serie, auspiciada por Washington University in St. Louis, presenta publicaciones individuales o colectivas sobre temas de política, cultura y sociedad latinoamericanas, proponiéndose como una plataforma de intercambio y debate para el latinoamericanismo internacional. Se favorecen estudios teóricos, enfoques críticos e historiográficos tendientes a incorporar al estudio de América Latina perspectivas provenientes de los estudios culturales, poscoloniales, etc.

Dimensiones del latinoamericanismo

Mabel Moraña (ed.)

Iberoamericana • Vervuert • 2018

Amor de Dios, 1 · E-28014 Madrid
Tel. +34 91 429 35 22
Fax +34 91 429 53 97
info@iberoamericanalibros.com
www.iberoamericana-vervuert.es

Elisabethenstr. 3-9 · D-60594 Frankfurt am Main
Tel. +49 69 597 46 17 · Fax +49 69 597 87 43
info@iberoamericanalibros.com
www.iberoamericana-vervuert.es

ISBN 978-84-16922-74-1 (Iberoamericana)
ISBN 978-3-95487-696-9 (Vervuert)
ISBN 978-3-95487-697-6 (e-Book)

Depósito Legal: M-5450-2018

Diseño de cubierta: Carlos Zamora
Realización: Negra

Impreso en España. *Printed in Spain*

The paper on which this book is printed meets the requirements of ISO 9706

Índice

Introducción

Mabel Moraña

Conflictivo, múltiple y cambiante, el campo del latinoamericanismo es, sin lugar a dudas, tan rico y problemático como las realidades a las que se refiere. La historia de su surgimiento, desarrollo y transformaciones está estrechamente ligada a las etapas por las que atraviesan las sociedades y las culturas que emergieron del colonialismo y que se reinventaron sucesivamente desde la independencia a nuestros días. Asimismo, el campo está marcado por las relaciones internacionales e interdisciplinarias que, con distintas motivaciones, definieron a esas culturas como objeto de estudio. Campo de luchas por el derecho a la representación, espacio intelectual y académico y ámbito en el que se despliegan prácticas que expresan identidades, procesos y proyectos colectivos, el latinoamericanismo no puede ser concebido de espaldas a la cuestión política ni desprendido de las condiciones económicas y sociales de producción cultural.

Estudiar las culturas latinoamericanas es adentrarse en una red intrincada de construcciones simbólicas transmediáticas, donde los niveles de la "alta" cultura, la cultura popular y la cultura de masas se combinan y desafían mutuamente. De estas dinámicas surgen productos híbridos que revelan las diversas tradiciones de las que emergen y las innumerables propuestas estéticas que resultan de esas articulaciones. Esta pluralidad da evidencia, además, de la multiplicidad de públicos que recibe el producto cultural, de la variedad de sus expectativas y preferencias estéticas, y de la compleja red de mensajes ideológicos y políticos que canaliza la creación cultural en cualquiera de sus formas.

Recogiendo y redefiniendo constantemente influjos y corrientes de muy variadas procedencias, la cultura latinoamericana expone siempre las huellas de la opresión y de la dependencia y, al mismo tiempo, las marcas de la resistencia y de la innovación permanente. Al mismo tiempo, estos procesos culturales no son ajenos a las nuevas tecnologías que afirman la primacía de lo visual, la importancia del cine, la música y la *performance*, la influencia del discurso político, la publicidad, las formas digitalizadas y la proliferación de los géneros literarios considerados hasta hace poco "menores", como la novela policial o sentimental, la narco-literatura, la literatura fantástica, de terror o de ciencia ficción, así como las inclasificables producciones que derivan de la cultura cibernética.

Con los impulsos integradores de la globalización y con las nuevas formas de exclusión que esta genera, la pregunta sobre las fronteras y redefiniciones del latinoamericanismo vuelve a plantearse expresando, entre otras, las siguientes preocupaciones: ¿qué lugar ocupan las agendas locales y regionales en el contexto de la globalidad? ¿Es todavía posible contemplar en el análisis la especificidad histórica y social de la que surge la producción cultural o, por el contrario, los estudios culturales deben sustituir definitivamente el *modus operandi* de los estudios de área por aproximaciones orientadas hacia el tránsito transnacionalizado y transhistórico del producto simbólico?¿Es la especificidad cultural negociable o, contrariamente, un dato irrenunciable para la interpretación de la textura social de nuestro tiempo? ¿Cómo se proyectan las nuevas perspectivas crítico-teóricas hacia el estudio de épocas anteriores sin caer en anacronismos y sin forzar la máquina interpretativa?

Dimensiones del latinoamericanismo ofrece un conjunto de artículos que introducirán al lector a la pluralidad de temas y aproximaciones crítico-teóricas que atraviesan hoy por hoy el campo diversificado de los estudios literarios y culturales que se ocupan de América Latina. En estos ensayos se advierte, además de la variedad geo-cultural que los informa, la voluntad de realizar una contribución que permita repensar cada uno de los tópicos abordados a nueva luz, atendiendo al panorama inestable y desafiante de nuestro tiempo. Ninguno de los artículos de este libro se limita a realizar una lectura *más* de obras o periodos, movimientos, autores o problemas ya suficientemente establecidos como parte del corpus literario latinoamericano o de las culturas que los producen. Tampoco ha guiado estos estudios una metodología tradicional o planamente comparativa, ni un método hermenéutico orientado hacia el desciframiento estilístico de textos representativos. Más bien, estos trabajos parten de preocupaciones concretas de orden ideológico, ético, filosófico, político o estético que encuentran en las obras o en las prácticas culturales analizadas formas simbólicas que remiten, mediatizadamente, al conflicto social y a la trama de la subjetividad colectiva. Estos posicionamientos críticos han sido convocados para este volumen como aproximación a los distintos periodos de la historia cultural de América Latina, etapas que los autores de estos trabajos están contribuyendo a redimensionar a partir de interpretaciones innovadoras, rigurosas y atentas a los debates de nuestro tiempo. En efecto, nuestra época está marcada por el descaecimiento de muchas concepciones anteriores y por la urgencia de realizar cambios radicales en las formas de ejercer y concebir el saber y la acción cultural sobre todo en áreas periféricas.

Es para todos evidente que la escena global que se despliega en las primeras décadas del siglo xxi resulta particularmente compleja y, en muchos sentidos, desconcertante: una espiral donde poderes despersonalizados y formas inéditas de violencia política, económica y social, cancelan las certezas de la modernidad. Tal panorama se agudiza en las sociedades afectadas por desigualdades dramáticas y aparentemente irresolubles, en las que se movilizan, sin embargo, actores nuevos, con agendas y métodos que revisan críticamente y sin concesiones las experiencias del pasado.

Convergentemente, los discursos y hasta los vocabularios conocidos resultan ya inadecuados para captar conflictos y problemas que se corresponden con las etapas actuales del capitalismo avanzado. Estas cuestiones requieren enfoques y léxicos que expresen adecuadamente las nuevas circunstancias económicas, sociales y políticas. Hoy resulta imposible intentar una comprensión de las prácticas culturales actuales, la redefinida escena política, los horizontes abiertos por la tecnología, las crisis ecológicas, sociales, migratorias y las nuevas estéticas que representan simbólicamente las subjetividades colectivas, utilizando aproximaciones que tuvieron sentido y rendimiento teórico hasta el siglo pasado, pero que van quedando obsoletas en los nuevos escenarios del siglo xxi. Buena parte de las categorías que guiaron el pensamiento crítico en la modernidad plena se encuentran actualmente en entredicho o han caído definitivamente en desuso, debido a su insuficiencia para dar cuenta de la problemática que afecta al mundo occidental desde la caída del bloque socialista. Los intensos y problemáticos procesos migratorios y las reacciones xenofóbicas que los resisten, los impactos de la violencia, la flexibilización de los regímenes de trabajo, los flujos fantasmales del capital financiero, el debilitamiento del Estado y la política partidista, los movimientos sociales, las transformaciones de la sexualidad, la familia y la construcción del género; las modalidades que asumen los procesos calificados de poshumanísticos, posidentitarios y posideológicos, todos requieren nuevas agendas críticas capaces de replantear las preguntas acerca de las concepciones de sujeto, historia, comunidad, poder, cuerpo, ciudadanía y un largo etcétera. A esto se suman los problemas de la interculturalidad, las formas denominadas infrapolíticas, las modalidades innovadoras e informales de movilización social y las transformaciones del mercado, que requieren también nuevas estrategas de análisis e interpretación económica y comunicacional.

Este complejo panorama se corresponde, como no podía ser de otra manera, con modificaciones sustanciales del pensamiento crítico, impulsando modalidades nuevas de organización del saber. Las dimensiones actuales del latinoamericanismo no solamente se manifiestan en los intentos por comprender la posición de América Latina en el contexto de la globalidad, sino que también se proyectan hacia atrás, poniendo en funcionamiento nuevas aproximaciones crítico-teóricas para la reinterpretación de procesos culturales del pasado colonial, del siglo XIX y de la contemporaneidad, que desde perspectivas diferentes revelan aristas ideológicas, culturales y políticas inadvertidas en estudios anteriores.

En el intento de captar otras voces antes desoídas y por percibir presencias invisibilizadas en etapas históricas anteriores, el latinoamericanismo atiende a materiales muy diversos: discursos testimoniales que expresan puntos de vista no relevados por la historia oficial, materiales de entretenimiento que revelan subjetividades cuyas expectativas no se reducen a las del público modelado por la "alta" cultura y materiales de archivo antes considerados irrelevantes o inasimilables por la historiografía tradicional. Se ocupa, asimismo, de procesos que no fueron registrados por el radar de la historia oficial, modalidades contraculturales de resistencia y búsqueda de alternativas emancipadoras. Con frecuencia, trabaja formas de la memoria que releen el pasado, encontrando en él significados y mensajes que varían y se redimensionan al ser interpretados desde diversas posiciones político-ideológicas.

Las múltiples dimensiones del latinoamericanismo actual demuestran la capacidad de redefinición de este campo de estudio, su flexibilidad y sus principios irrenunciables, su habilidad para renegociar métodos, perspectivas y objetivos, y sus compromisos firmes con los desafíos que plantea la condición poscolonial de América Latina, su impulso emancipatorio y la pluralidad de sus agendas. Recibiendo los impulsos provenientes de nuevas corrientes teórico-filosóficas, como la biopolítica, el estudio de los afectos y los debates sobre las nuevas formas políticas, económicas y culturales que va imponiendo la globalización, el latinoamericanismo analiza sus propios fundamentos, reflexiona sobre su propia historia y asimila, resiste o redimensiona propuestas del presente de acuerdo a sus agendas de investigación y de interpretación social.

Los trabajos que componen este volumen, producto de la labor intelectual y académica de reconocidos especialistas en distintos aspectos de la cultura latinoamericana, dan ejemplos concretos del modo en que se orienta hoy en día el análisis de las temáticas y de las teorías que se utilizan para su abordaje. En estos estudios se evidencian no solamente las posibilidades que abren nuevas direcciones de análisis y de interpretación cultural, sino también los puntos que quedan pendientes para ser repensados, redefinidos y reintroducidos desde puntos de vista diferentes.

En el campo de los estudios coloniales, los análisis que se han venido realizando sobre poscolonialidad y descolonización ponen sobre el tapete conceptos que problematizan y a veces enturbian el panorama crítico-teórico, ya que arrastran connotaciones demasiado marcadas por escenarios históricos y diferentes de los que corresponden al colonialismo que comenzara con la aparición del Nuevo Mundo en el horizonte occidental. El estudio ofrecido por José Antonio Mazzotti esclarece una serie de conceptos principales para el estudio del periodo, que se inicia con las conquistas y se extiende hasta la Independencia, prolongando incluso muchos de sus efectos en la modernidad. Puntualizando los usos y connotaciones de términos como *colonia* y *raza*, cuyas acepciones actuales son inaplicables, sin adaptaciones históricas, a los siglos XVI, XVII y XVIII, Mazzotti ajusta los parámetros a partir de los cuales pueden ser interpretadas las narrativas históricas y literarias que se refieren a la sociedad criolla y a la cultura virreinal. Asimismo, llama la atención sobre conceptos contemporáneos, como el de *colonialidad* (del poder, del saber) acuñado por Aníbal Quijano, el cual se apoya en nociones demasiado generalizadas de *lo colonial* y en la aplicación de la noción de raza a un periodo que más bien correspondería interpretar, como Mazzotti indica, a partir de la categoría de etnicidad.

Más acotado, el estudio de Silvia J. Rocha Dallos se concentra en la enfermedad como alteración del orden colonial y patologización del cuerpo sociocultural colonizado. Se relacionan en este estudio elementos de historia natural y de historia cultural, los cuales se prestan a cruces disciplinarios y a lecturas simbólicas de las dinámicas sociales particularmente en los siglos XVII y XVIII. Estudiando el papel del cuerpo como "re-productor de prácticas sociales y núcleo de experimentaciones científico-patológicas", el trabajo se detiene en ejemplos que presentan el discurso médico enfrentado a los saberes locales y a las formas tradicionales de concebir el cuerpo y de curar sus perturbaciones físicas o mentales. El estudio de casos que presenta este artículo también evidencia las múltiples articulaciones de las prácticas virreinales con los debates médicos europeos y las formas de elaboración de la *diferencia* (psíquica, corporal, étnica, ideológica) en contextos marcados por la razón imperial y la doctrina religiosa.

Ambos trabajos muestran direcciones centrales en el campo de los estudios coloniales. El primero delimita los parámetros críticos y las categorías que se aplican para abordar los procesos que sigue la sociedad criolla en sus relaciones tanto con los peninsulares como con los sectores subalternos. El segundo interrelaciona las nociones de cuerpo, enfermedad, raza y poder, incorporando en el análisis la textura cultural que enmarca la textualidad discursiva y las prácticas sociales que la rodean.

Los artículos de Ineke Phaf-Rheinberger y de Jens Andermann revisitan, por su parte, categorías conocidas: la de 'realismo mágico', en el primer caso, y la de 'novela de la selva' y de 'testimonio', en el segundo. No obstante, los planteamientos ofrecidos rebasan los enfoques tradicionales sobre estos temas planteando nuevas formas de aproximación a esos conceptos y a las elaboraciones literarias que los retoman. Phaf-Rheinberger se aboca al análisis de los usos y significados del realismo mágico en dos espacios culturales diferentes: África y América Latina, enfocándose en el modo en que la crítica ha abordado las convergencias y discrepancias que se dan en torno a este concepto en ambos contextos. Aproximando textos literarios de ambas culturas, y fijándose en aspectos significativos como la representación del agua, por ejemplo, que remite a problemas reales en ambos continentes, Phaf-Rheinberger advierte en el realismo mágico un puente simbólico que permite pensar juntas realidades diversas y, sin embargo, asimilables a partir de su condición marginal respecto a los grandes centros del capitalismo avanzado. La precariedad socioeconómica así como la influencia de tradiciones populares sobre el discurso letrado revelan formas similares de aproximación crítica a la modernidad y propuestas estéticas también equiparables, surgidas de subjetividades afectadas por la opresión económica, política y social.

En un ensayo de corte biopolítico sobre la representación de la selva en la narrativa y el testimonio latinoamericano, Jens Andermann se adentra en los pliegues estético-ideológicos de una escritura que representa de manera específica las relaciones entre literatura, heroicidad y modernización. Para ello, se enfoca en relatos donde las coordenadas espacio-temporales introducen a los temas de explotación, medioambiente, corporalidad y relaciones de producción, así como a los límites reales y simbólicos de lo nacional. A través de la representación de detalles topográficos, acciones de conquista, actividades guerrilleras, e interacciones interculturales, la selva o la montaña se manifiestan como "zonas liminales", entrelugares y entretiempos que vinculan una historia de explotación y depredación territorial con un futuro utópico de emancipación revolucionaria. El trabajo de Andermann, además de realizar una contribución insoslayable a los temas que aborda su trabajo, entrega un modelo interpretativo para los estudios de las relaciones entre paisaje, acción, subjetividad e ideología, así como para el análisis de la función de la naturaleza en relación con los discursos modernizadores.

La producción fílmica es abordada por Adela Pineda Franco en el contexto de las revulsivas décadas de los años sesenta y setenta, cuando el Nuevo Cine Latinoamericano plantea alternativas representacionales capaces de traducir en imágenes el intrincado panorama ideológico de la época.

Frente a la perspectiva que define un *nosotros* vinculado al triunfo de la Revolución cubana y al proyecto de expansión revolucionaria en América Latina, como se percibe en *La hora de los hornos* y en *Memorias del subdesarrollo*, ambas de 1968, Pineda Franco analiza ejemplos alternativos, como la película *Terra en transe* (1967), de Glauber Rocha, y *México, la revolución congelada* (1973), del cineasta argentino Raymundo Gleyzer. A través de este análisis se demuestra la eficacia del cine para el planteamiento de posicionamientos políticos y proyectos sociales, y su importancia como dispositivo de interpelación popular y diálogo con los discursos político-culturales dominantes.

Christopher Conway ofrece una reflexión metodológica acerca del estudio del cómic como expresión de conflictos y subjetividades colectivas. Su aproximación resiste la idea de considerar este género como una forma de penetración cultural o de adoctrinamiento ideológico que, partiendo de los Estados Unidos, se impondría sobre las áreas de influencia de esta cultura en América Latina. Más bien, Conway ve el espacio global como un ámbito de hibridaciones que potencian y reinventan lo local, en lugar de borrarlo. Trata de vencer así la idea de que la globalización opera de modo unidireccional e impositivo. Por el contrario, Conway ve en el cómic un modelo integrado y migrante, que no responde a condicionamientos nacionales, sino que más bien cuestiona las localizaciones que limitan su alcance y su significado.

Los artículos de Juan Poblete y Debra Castillo estudian, en distintos contextos, el tema de la migración, el primero a través del análisis de la obra de Héctor Tobar, *The Barbarian Nurseries*, y el segundo enfocando el tema identitario a través de la inscripción del mexicano y de *lo mexicano* en el espacio multicultural de Nueva York. Para Poblete, existe un americanismo nuevo, distinto a las formas históricas que identificaban bajo ese rótulo la identidad de las naciones al sur del río Bravo por oposición a los Estados Unidos. El crítico se refiere más bien a un americanismo que él define como zona de contacto y que corresponde a lo que denomina "condición postsocial" del país del norte, sometido a las transformaciones que derivan de la inmigración y de la globalización neoliberal. La novela de Tobar, entendida como una especie de epopeya colectiva que representa la situación de los latinos en los Estados Unidos, sirve a Poblete para situar la reterritorialización de lo social, lo político y lo cultural, y sus consecuencias y efectos a nivel colectivo, principalmente en lo que toca a inmigrantes indocumentados.

En el estudio de Castillo, la noción de Manhatitlán, que evoca el título homónimo de la obra de Felipe Galindo Feggo publicada en 2010, expresa en la aleación lingüística la combinatoria social y cultural que emerge de la reterritorialización de individuos y formas de vida que tiene lugar en el corazón de la gran ciudad estadounidense. El trabajo expone argumentos que apoyan la idea de la inexistencia de identidades puras, afirmando en su lugar el incremento de los procesos de hibridación e intercambio transculturador que son cruciales en nuestro tiempo. Analiza para ello imágenes, lenguajes, sonidos, textos literarios, costumbres y referencias icónicas que deconstruyen la idea de *lo nacional*, la cual va siendo modificada por los flujos constantes de la migración, los exilios políticos y económicos y las desigualdades económicas que impulsan a los individuos a buscar oportunidades fuera de su país de origen.

Abordando otro aspecto vinculado a la cultura mexicana actual, Oswaldo Zavala analiza "los imaginarios culturales del narcotráfico", prestando especial atención al modo en que la crisis de la seguridad pública afecta a la concepción y práctica de lo político y a las formas en que la violencia que emana del crimen organizado es representada por la ficción literaria y por el periodismo. Sobre todo, Zavala atiende a la influencia que han tenido las versiones oficiales sobre el narco, conceptualizado como factor desestabilizador del Estado y como enemigo de la sociedad civil. Estas narrativas, consideradas por Zavala como simplistas e *ideológicas*, constituyen lo que el crítico alude como "las trampas discursivas del securitarismo", es decir, una argumentación que teniendo como núcleo principal el problema de la seguridad pública, reduce la conflictividad y la historia de la violencia a un enfrentamiento maniqueo y espectacularizado entre las fuerzas del mal y los demás componentes de la sociedad civil. Tales estrategias de representación despolitizan el fenómeno de la violencia e invisibilizan los factores políticos que condujeron a esta situación crítica.

Como es notorio, de una manera u otra, y a través de distintas manifestaciones culturales, la violencia constituye una constante en la historia latinoamericana, ya se trate de la violencia inicial que siguió al descubrimiento y que caracterizó a las etapas de conquista y colonización en América, o de la violencia de la modernización que institucionalizó la exclusión de amplios sectores y naturalizó la desigualdad, el ejercicio autoritario del poder estatal y la discriminación de raza y género. Tales formas de aplicación del poder han impactado profundamente las subjetividades colectivas, las formas de ejercer la ciudadanía y los que Elizabeth Jelin llamara "los trabajos de la memoria", a partir de los cuales se releva y reelabora la experiencia histórica.

En este sentido, "Maldita memoria" intenta una crítica de la memoria en la cual se analizan diversas formas de apropiación simbólica del pasado común, particularmente del que tuvo como núcleo las dictaduras de los años setenta, periodo que está lejos de haber cerrado sus archivos. La interpretación de las décadas correspondientes a las dictaduras revela distintas facetas según sean los posicionamientos de los grupos de interés que exponen esa experiencia histórica. La memoria constituye, entonces, un campo de lucha por el control simbólico y por la administración del recuerdo y de los significados que se le adjudican. Pero si la violencia de Estado parece monopolizar los análisis del periodo, las acciones provenientes de la izquierda plantean también situaciones polémicas. Para el análisis de este artículo se apela a las reflexiones de León Rozitchner, Alain Badiou, Jacques Rancière, Adriana Cavarero y otros, los cuales van guiando una aproximación al tema ético, que constituye el nudo del problema abordado.

En un plano distinto del análisis cultural, Sara Castro-Klarén ofrece una reflexión amplia y sugerente sobre los temas de la hibridez y la globalización, así como acerca del método comparativo y de la categoría de 'world literature', que permiten abarcar la producción simbólica transnacionalizada desde otra perspectiva crítico-teórica. Tomando como punto paradigmático la obra del Inca Garcilaso de la Vega, Castro-Klarén desemboca en el tema de la interculturalidad, ajemplificándolo a través de las propuestas de Néstor García Canclini y de Walter Mignolo. La autora entiende este concepto como referencia a un espacio que posibilita la recuperación de conocimientos y epistemologías indígenas, proyecto para el cual el método del "comparatismo crítico y relacional" puede resultar de gran utilidad.

El tema de la raza y las formas de aproximación al estudio de los afro-latinos constituyen el centro del estudio de Alejandro de la Fuente. Su artículo plantea el problema de las taxonomías como criterios definitorios y clasificatorios que reducen la problemática étnica, racial y social a moldes rígidos y sobreimpuestos al carácter y a la subjetividad individual y colectiva. Los afro-latinos existen en espacios simbólico-fronterizos, alega De la Fuente, en los que muchas historias conectan de distintas maneras, impidiendo todo reduccionismo. El estudio reflexiona sobre formas variadas de discriminación y también acerca de diversos modelos de movilización social desarrollados por las comunidades afro-latinas en los Estados Unidos y América Latina. Este análisis enfatiza la importancia de la heterogeneidad de historias, tradiciones y proyectos que hacen imposible uniformizar o simplificar el problema de la raza.

Finalmente, José Guadalupe Gandarilla aborda el fundamental problema de la interrelación entre latinoamericanismo y descolonización. Para ello, analiza aspectos vinculados al desarrollo del campo de estudio que tiene como objeto a América Latina, deslindando variantes posibles en la acotación de ese objeto y en las formas de abordarlo críticamente. Atiende, en este sentido, a distintos momentos y orientaciones del pensamiento crítico, haciendo referencia a algunas de las direcciones y autores más representativos. Según Gandarilla, este campo de estudios se orienta hacia la deconstrucción de las lógicas coloniales y hacia un replanteo profundo de las bases epistemológicas sobre las que se fundan los procesos de producción de conocimiento.

Los trabajos incluidos en este libro introducen así, a través de estudios paradigmáticos, ya sea de carácter general o más particularizado, a algunos de los temas centrales que ocupan el campo del latinoamericanismo, sin intentar, de ninguna manera, agotar el amplísimo registro que en distintos contextos canaliza el trabajo de miles de investigadores en el mundo académico. Si algo demuestran estos trabajos es la relativización de la ciudad letrada, cuya centralidad se ha visto amenazada por la preeminencia de la cultura audiovisual, la *performance* y el mundo digital. Sin embargo, tal relativización no apunta a la desaparición de la cultura letrada sino a la negociación permanente hacia la que esta se abre, estableciendo relación con otros dominios comunicacionales. Si nuestro tiempo puede ser definido como una proliferación de lenguajes, protocolos, proyectos y formas de afiliación y de (auto)reconocimiento social, el latinoamericanismo no puede menos que absorber y canalizar tal multiplicidad, articulando las especificidades de la historia y las sociedades latinoamericanas a los impulsos globales que marcan el presente. Lejos de implicar con ello el sacrificio de las agendas locales y regionales ante las imposiciones de la globalización, estos procesos indican más bien la búsqueda de escenarios viables de intercambio y de negociación que permitan contrarrestar las nuevas formas de hegemonía y marginalidad con modalidades nuevas de resistencia y de expresión del particularismo cultural, capaces de abrir rutas de emancipación colectiva.

Este libro se ofrece, entonces, como una selección actualizada y paradigmática de aproximaciones críticas y teóricas al amplio espectro de los estudios latinoamericanos, desde perspectivas que trascienden los recortes disciplinarios y que plantean no solamente nuevos interrogantes, sino también preguntas inéditas a los temas que parecían cerrados o resueltos en un pasado cercano. Además de las contribuciones que cada artículo ofrece al lector sobre el tema abordado en cada caso, el libro constituye un muestrario metodológico que se abre a temáticas diversas, provocativas y polémicas.

Agradezco la confianza demostrada por la casa editorial que acoge este proyecto, así como la valiosa colaboración, paciencia y profesionalismo de quienes integran este volumen. Este libro también debe mucho a los cuidados de Silvia J. Rocha Dallos, quien contribuyó a la edición de los textos con sus inteligentes aportes. A ella, mi gratitud. Finalmente, mi reconocimiento a la división de Artes y Ciencias de Washington University in St. Louis por su apoyo constante al Programa de Estudios Latinoamericanos que dirijo y a los proyectos académicos que con él se conectan.

Estudios coloniales latinoamericanos y colonialidad: una breve aclaración de conceptos

José Antonio Mazzotti
Tufts University

Como se sabe, los llamados "estudios coloniales latinoamericanos" cobraron auge en la academia norteamericana, europea y latinoamericana poco antes del Quinto Centenario del encontronazo de dos mundos en 1992. Ya para entonces eran moneda corriente algunas de las ideas del posestructuralismo y su ruptura de fronteras disciplinarias, lo que permitió valorar como objeto de estudio un inmenso corpus de legajos, documentos, relaciones, códices, sistemas de registro visual y crónicas que hasta entonces habían sido de interés primordial de historiadores y antropólogos. Así, la crítica literaria se despojó de sus afanes estetizantes y pasó a hundir los pies en un limo fecundo que finalmente la transformó como disciplina. De la "literatura colonial", tradicionalmente eurocéntrica, esteticista y letrada, se pasó a los "estudios coloniales", siguiendo de manera indirecta las brechas abiertas también desde los años sesenta por los estudios culturales de la Escuela de Birmingham y por los acercamientos de la nueva crítica latinoamericana que reclamaba desde la década de 1970 mayor atención a los sujetos marginales de discurso, es decir, los grupos indígenas y afrodescendientes históricamente dominados.[1] Sin embargo, tanto los estudios

---

1 Este cambio de paradigma se hace visible, por ejemplo, en la sustitución de las categorías de "autor" y "texto" por las de "sujeto" y discurso", como propusieron en su momento Rolena Adorno y Walter Mignolo. También se prestó atención a sistemas semióticos no vinculados directamente a la emisión oral, como en el conjunto de ensayos *Writing Without Words*, editado por Boone y Mignolo. En el ámbito latinoamericano, los ya canónicos planteamientos sobre la "ciudad letrada" (1984) de Ángel Rama, que permitían valorar la importancia del universo de la oralidad marginada por aquella, y sobre la "heterogeneidad discursiva" de Antonio Cornejo Polar desde la década de 1970, daban cuenta de la preocu-

culturales como las teorías de la heterogeneidad, la transculturación y otras han tenido un interés prominente en la producción moderna y en temas relativamente actuales, inspirados sin duda por un justo reclamo ético por valorar los mundos marginales y subalternizados de la pseudomodernidad latinoamericana. En los "estudios coloniales" se da una preocupación semejante en cuanto a los sujetos marginales, pero por la propia naturaleza del campo, es necesario trabajar con otras premisas históricas para llegar a la especificidad de tal producción.

Estas referencias generales nos pueden servir para desarrollar algunos conceptos básicos sobre los estudios coloniales latinoamericanos y la llamada "colonialidad", tal como anuncia el título de este ensayo.[2] Me serviré aquí de conceptos con los que he venido trabajando desde hace algunos lustros para delinear determinadas aristas epistemológicas en el tratamiento del criollismo y del llamado mundo "colonial" y su peculiar conformación hispanoamericana, lo que hace el tema de la colonialidad más complejo y escurridizo de lo que podría parecer a simple vista.[3]

Para comenzar, pues, debemos recordar que casi no se empleaba el término "colonia" en la documentación legal ni historiográfica española durante los siglos XVI y XVII. Su uso en el sentido moderno se hará más común a partir de las reformas borbónicas de la segunda mitad del siglo XVIII, cuando se desestabilizaron las relaciones de los distintos sujetos sociales en los virreinatos: peninsulares y criollos, por un lado; indígenas, africanos y sus retoños, dentro o fuera de las castas, por otro. Durante el periodo de dominación de los Habsburgo (hasta 1700), se había logrado una relativa estabilidad basada en el poder económico que alcanzaron determinados sectores criollos gracias a la actividad comercial, minera y, aunque en menor medida, a través del desempeño de distintos cargos oficiales, sobre todo los de oidores, corregi-

---

pación de la crítica local por estudiar la producción no escrita. Desde entonces, mucha agua ha corrido bajo el puente, pero sin alterar sustancialmente el nuevo curso del río, sino más bien ampliándolo a través de un mayor trabajo interdisciplinario, que hoy incluye un mejor conocimiento de las lenguas indígenas y una apertura hacia las humanidades digitales.

2 Se suele diferenciar entre "colonialismo" como experiencia histórica y "colonialidad" como ideología que surge de las relaciones de poder establecidas durante el colonialismo y que muchas veces sobrevive en las prácticas sociales y políticas de países en que ya se ha dado una liberación frente a un poder extranjero (piénsese, por ejemplo, en el caso de América Latina después de las independencias del siglo XIX). Esto permite hablar a teóricos actuales como Aníbal Quijano de una "colonialidad del poder" en el mundo contemporáneo. Para un desbrozamiento de estos términos son útiles los estudios de Beatriz Garrido Ramos y Pablo Quintero.

3 Véase, en ese sentido, mi introducción al volumen *Agencias criollas* (2000) y mi reciente libro *Lima fundida. Épica y nación criolla en el Perú* (2016), donde desarrollo las bases epistemológicas para un tratamiento contextualizado de la especificidad latinoamericana durante el complejo periodo de dominación española, particularmente la etapa de los Habsburgo.

dores y puestos de lanza en la guardia del virrey.[4] Repitamos: el término "colonia" apenas se usaba durante los siglos XVI y XVII en relación con el Nuevo Mundo, y cuando esto ocurría, seguía el sentido del original latino que, como señala Sebastián de Covarrubias en su *Tesoro de la lengua castellana* de 1611, se refiere a una "puebla o término de tierra que se ha poblado de gente extranjera, sacada de la ciudad, que es señora de aquel territorio o llevada de otra parte" (338). Es decir, "colonia" tenía el sentido original del latín equivalente de población trasplantada, sin las implicaciones de transformación legal e institucional que conllevarían los virreinatos. Se trata de dos fenómenos históricos y políticos distintos, teniendo el primero ("colonia") un sentido extractivista y de enclave, mientras que el segundo ("virreinato" o "reino") es mucho más ambicioso.[5] Esta distinción nos permite empezar a desbrozar esta maraña terminológica y agregar algunas categorías de análisis a lo que se venía entendiendo, de manera algo gruesa, como "mundo colonial" o "periodo colonial" a secas, sin diferenciar entre las políticas de las distintas dinastías españolas y absolutizando el modelo imperial de fines del XVIII a todos los siglos de la dominación peninsular.

Ahora bien, al precisar el significado del término "colonia" en la modernidad temprana, no intento en absoluto sublimar un sistema de explotación que directa e indirectamente causó un despoblamiento masivo del territorio americano por razones ya conocidas.[6] Llámense virreinatos o "reinos de ultramar", los inmensos territorios de la Corona castellana al otro lado del océano Atlántico, la realidad es que se implementó un complejo sistema de explotación que conllevó características muy peculiares

---

4 Para un examen del poder económico de los criollos especialmente en el siglo XVII en el Perú resulta muy útil el estudio de Margarita Suárez. Puede consultarse también Carlos García-Bedoya para el concepto de "estabilización colonial".

5 Se entiende además que otro de los significados de la raíz latina, el de "colonus" como "agricultor", estaba implicado en el concepto del traslado de población campesina, aunque el sentido agrícola del término se fue perdiendo en el Siglo de Oro español. Hay que advertir, sin embargo, que Covarrubias ofrece una segunda acepción: "Tambien se llamavan colonias las que pobladas de sus antiguos moradores les avia el pueblo romano dado los privilegios de tales [ ] En España huvo muchos pueblos que fueron colonias de romanos" (338). En este caso, los indígenas americanos no podían ser considerados parte de una colonia en la acepción romana dado que estaban regidos por un conjunto de leyes distintas a las de los españoles y criollos.

6 El caso andino es bastante representativo de esta debacle poblacional. Entre otros motivos, se distinguen las epidemias de 1525, 1546, 1558-1559 y 1585, que redujeron una población calculada entre 4.000.000 y 15.000.000 a solo 1.300.000 en 1570 y 700.000 en 1620 (Klarén 49-50). Asimismo, hay que considerar el tributo excesivo de los encomenderos, así como el sistema de reducciones y corregimientos extendido por el virrey Francisco de Toledo en la década de 1570 y el énfasis en el trabajo de las minas, lo que provocó el dramático descenso de la producción agrícola y la consiguiente disminución de los pobladores (Millones, *Perú colonial*, cap. 2).

dentro del conjunto de los imperialismos europeos. El traslado de instituciones como los cabildos, por ejemplo, o las universidades e imprentas que se establecieron desde el siglo xvi, o las campañas masivas de evangelización, permiten problematizar el concepto de "colonia" tal como lo entendemos hoy, es decir, aplicado a una dominación puramente extractiva, de intereses exclusivamente económicos, basada en la discriminación racial.[7]

Las categorías discriminatorias que se aplicaron antes de la Ilustración obedecían sobre todo a una concepción religiosa de la identidad, apoyada en los conceptos de "sangre" y "nación" (este último en su sentido arcaico y étnico). En su significado moderno, categorías como "raza" cuajaron sobre todo en el siglo xviii, cuando se consolidaron los esquemas de clasificación humana por rasgos estrictamente biológicos y fisionómicos, con la consecuente reafirmación de los grupos indígenas y afrodescendientes en la base de la pirámide social.[8] En efecto, como ha aclarado Margarita Zamora, el concepto de "raza" no se aplicaba estrictamente a los rasgos físicos de un individuo durante los siglos xvi y xvii. La palabra existía, por supuesto, pero se refería a una supuesta carencia o desviación espiritual, en referencia sobre todo a los judíos y los musulmanes en la España de los siglos xv, xvi y xvii.[9]

---

7 En su ensayo *Las indias no eran colonias*, de 1951, el historiador argentino Ricardo Levene cuestionó el uso del término "colonia", no sin cierta aspiración hispanófila que respondía a la vieja retórica nacionalista hispanoamericana, responsable de difundir una imagen completamente oscura y negativa del periodo de dominación española en las Indias. La historiografía posterior enfatizó los aspectos económicos y dominantes del periodo y reafirmó el uso, tanto que —en gesto sintomáticamente colonizado— se hizo fácil adaptar al castellano el vocabulario de la teoría poscolonial anglófona de la década de 1980 en adelante. Jorge Klor de Alva, en su polémico ensayo "Colonialism and Postcolonialism as (Latin) American Mirages" (1991), volvió a poner sobre el tapete la imprecisión del término "colonia" para la experiencia del imperialismo español antes de la Ilustración. En un sentido más general, pero señalando limitaciones desde el foco de enunciación de los teóricos poscoloniales, véase el interesante artículo de Grínor Rojo.

8 Para Glenn Loury, el concepto de raza se define como "un conjunto de rasgos corporales pertenecientes a individuos de grupos endogámicos, rasgos que pueden ser observados por otros con facilidad, que solo pueden ser cambiados o mal representados por otros con dificultad, y que han adquirido importancia en una sociedad específica en un momento histórico con significado social" (20-21, traducción mía).

9 Señala Zamora, "Los cristianos viejos de la hispana modernidad temprana empleaban el vocablo *raza*, siempre peyorativamente, para referirse a la diferencia étnica de los descendientes de judíos y musulmanes. La expresión 'tener raza' implicaba un defecto (o 'mancha') moral, en el sentido espiritual, pero también en el sentido cultural (del latín *moralis*, 'costumbres, usos'). En el *Tesoro de la lengua castellana o española* (1611), Covarrubias señala los orígenes del término en el vocablo toscano para 'hilo', anotando que en español antiguo *raça* se refería a un hilo desigual o defectuoso en el paño. Cuando de linajes se trataba tenía siempre un sentido despectivo: 'Raza en los linajes se toma en mala parte, como tener raza de moro o judío'". En efecto, véase Covarrubias, pp. 896-897.

Hablar de "raza" para la población indígena de los siglos preilustrados resulta, de este modo, anacrónico. Por lo tanto, hablar de "racismo" en su sentido moderno como una categoría conceptual que nació con la invasión europea es, también, simplemente anacrónico. Veamos, por ejemplo, el argumento fundamental que Aníbal Quijano, de formación sociológica y no histórica, propone:

> América se constituyó como el primer espacio/tiempo de un nuevo patrón de poder de vocación mundial y, de ese modo y por eso, como la primera identidad de la modernidad. Dos procesos históricos convergieron y se asociaron en la producción de dicho espacio/tiempo y se establecieron como los dos ejes fundamentales del nuevo patrón de poder. De una parte, la codificación de las diferencias entre conquistadores y conquistados en la idea de raza, es decir, una supuesta diferente estructura biológica que ubicaba a los unos en situación natural de inferioridad respecto de los otros. Esa idea fue asumida por los conquistadores como el principal elemento constitutivo, fundante, de las relaciones de dominación que la conquista imponía. Sobre esa base, en consecuencia, fue clasificada la población de América, y del mundo después, en dicho nuevo patrón de poder. De otra parte, la articulación de todas las formas históricas de control del trabajo, de sus recursos y de sus productos, en torno del capital y del mercado mundial (201).

Como se ve, se unifica el periodo llamado "colonial" como una entidad sin matices ni distintos modelos de dominación en su interior a lo largo de más de trescientos años, proyectando la categoría de "raza" en su acepción moderna a una época en que las relaciones de poder entre individuos se basaban en otros factores, principalmente religiosos y étnicos. Sin embargo, no se trata aquí de limar las asperezas y declarar que el mencionado periodo de la historia hispanoamericana estuvo exento de las relaciones de dominación extranjera y explotación con las que se identifica el uso actual y moderno de "colonia", modelado más bien a partir del llamado "Segundo Imperio Británico" (1776-1914), sobre todo en Sudáfrica y la India. Sin duda, hubo muchos aspectos que hoy llamaríamos coloniales en el tratamiento de la población indígena, según cada individuo veía su posibilidad de identificarse con otros explotados principalmente por su origen indiano y la opresión de un dominador común: la autoridad española. Pese a los esfuerzos de la Corona por dictar leyes protectoras y a los alegatos valientes de miembros del clero que echaban mano del género arbitrista para denunciar las atrocidades y aprovechamientos cometidos por numerosos oficiales de la Corona, la aplicación del control tributario y de las normas de extracción minera caía muy lejos de lo oficialmente establecido.

La idea central es, entonces, volver a poner sobre el tapete la peculiaridad del sistema de dominación española, que permitió también —quizá a su pesar— el surgimiento de grupos protohegemónicos, como el de los criollos beneméritos, y de grupos intersticiales, como el de los mestizos y las numerosas castas, que con el tiempo se harían fundamentales en la formación de las nuevas colectividades que conocemos hoy con el nombre de "nación" en su sentido moderno y posilustrado.

Desde un punto de vista moderno, en efecto, y proyectando retrospectivamente un ideal transregional y transracial, esos grupos, junto con las mayorías indígenas del siglo XIX, pasarían a constituir deseos, más que realidades, de naciones modernas. Basta examinar el panorama social y discursivo de los siglos anteriores para entender que no deberíamos sorprendernos en absoluto del fracaso de las formaciones mal llamadas nacionales en América Latina, particularmente en países con altos porcentajes de población indígena.[10] Me refiero a que un tema que suele soslayarse en la discusión sobre la colonialidad es el de la existencia de naciones étnicas en constante disputa desde fines del siglo XVI, disputas que no se resuelven ni adquieren visos de modernidad en la fundación de las repúblicas independientes. En otras palabras, la colonialidad y su desarrollo en la llamada teoría decolonial requiere de un refinamiento teórico más apropiado a la realidad histórica de América Latina, particularmente para el periodo preilustrado.

En tal sentido, los estudios coloniales latinoamericanos se descongelan de su aparente desvinculación con los problemas de hoy para echar luz sobre urgencias contemporáneas. Para ello es importante asumir que dentro de la legislación de la época, la de la "república de españoles" y la "república de indios", distintos grupos asumían el nombre de naciones en su sentido étnico, premoderno. Se entiende por "nación étnica" al grupo familiar extenso o social-regional, con fuertes rasgos de unidad cultural, religiosa y lingüística, y casi siempre identificable por la aceptación común de una dinastía fundadora. De igual manera, el término "nación" aludía a un común "origen en cierta provincia, región o reino", según Luis Monguió (462). Por su parte, Enrique Florescano, aclara acertadamente que

---

10 Y quizá, más que fracaso, un paradójico éxito si de mantener las relaciones de dominación étnica se trataba, pues, como dice Alfredo Saad-Filho, "los estados latinoamericanos fueron creados para mantener los principios de la exclusión social, el poder oligárquico y la despiadada explotación de la mayoría, incluyendo a la población nativa, los esclavos, los inmigrantes pobres y, más recientemente, los campesinos y los trabajadores formales e informales. Dichos estados tienden a responder tajantemente cuando la desigualdad y los privilegios son cuestionados desde abajo; en contraste, reaccionan de manera ambigua y solo débilmente cuando las reglas del juego son cuestionadas por sectores de la élite" (222, traducción mía).

> en la antigüedad, la idea de nación se identificó con la existencia del grupo étnico. Era una concepción universal, manifiesta en todas las civilizaciones bajo las formas más diversas. Sin embargo, también sabemos que fue bruscamente alterada por el concepto de nación que brotó de la revolución francesa. Los patriotas franceses rompieron con sus antiguas lealtades territoriales, lingüísticas y afectivas en 1789, y proclamaron su entrega a la nación francesa por sobre todas las cosas (16-17).

En oposición, la tesis archiconocida de Benedict Anderson, llamada "modernista", ubica el nacionalismo como artefacto cultural a partir de la Ilustración y de la circulación de impresos periódicos y diarios de viajeros en la segunda mitad del siglo xviii.[11] Partiendo de estas premisas, no interesa especialmente para el periodo al que quiero referirme, el de los siglos xvi y xvii, caracterizar las relaciones entre distintas "naciones" étnicas, incluida la criolla, en términos ni de raza ni de colonia, ni mucho menos de nacionalismo moderno.

Sin embargo, hay que notar que un rasgo característico de un sector de la nación criolla es su discurso de autoridad cultural frente a los peninsulares en lo que se refiere al tratamiento y conocimiento de la población indígena. Es larga la lista de alegatos, crónicas, denuncias y recusaciones que revelan una autoasumida superioridad ética y epistemológica frente a todos los otros grupos.[12] Pese a la generalizada explotación económica y la discriminación, un puñado de criollos y algunos peninsulares casi siempre naturalizados, alzaron su voz en defensa de los nativos, iniciando lo que bien podríamos llamar una primera ola de indigenismo preilustrado y asumiendo una mirada oblicua hacia la población local.[13]

Así, paralelo al desarrollo de los estudios coloniales latinoamericanos, surge desde los años noventa el llamado pensamiento decolonial, que identifica el poder político republicano como una prolongación del colonialismo, lo que permite explicar la carga de discriminación racial que coincide con la étnica y de clase en América Latina el día de hoy. Inspirado en algunos trabajos de Quijano y Enrique Dussel, el pensamiento decolonial plantea que el origen occidental de la episteme reguladora de la dominación interna en nuestros países es parte del legado colonial, y que la auténtica liberación política y cultural se daría a través de la revalorización de los sistemas de pensamiento y formas de organización social nativas. Esta noble

---

11 Al respecto, véanse las siguientes secciones del libro de Benedict Anderson: Introducción y capítulo 4 para el caso hispanoamericano.

12 Para el caso peruano, puede ser útil consultar el capítulo 2 de mi libro *Lima fundida*. Para el de México, véanse los estudios de Enrique Florescano y de Pedro Cebollero.

13 Sobre este asunto, véase también Mazzotti, "Indigenismos de ayer".

propuesta, sin embargo, no solo prolonga el gesto de autores y militantes indigenistas, en que el tema de la autorrepresentación queda soslayado, sino que a la vez pierde la perspectiva en cuanto a la peculiaridad de las formaciones étnicas nacionales dentro de los contextos virreinales de México y Perú. Asimismo, como señala Jeff Browitt:

> Los proponentes del discurso decolonial latinoamericano entran en contradicción performativa cuando utilizan las herramientas de la teoría crítica europea para deconstruir el discurso de la modernidad eurocéntrica: tratan de poner en cuarentena sus propias construcciones discursivas e ideológicas y protegerlas de la misma revisión. Ciegos a las aporías de la teoría, piensan que pueden tomar una posición epistemológica moralmente superior y trascendente a través de su contacto con los mundos indígenas y afrodescendientes. Este proceso de apropiación ideológica simplemente invierte los opuestos simplistas que los teóricos decoloniales dicen que quieren evitar (26).

A estas atingencias hay que añadir que la episteme indígena resulta un concepto algo gaseoso cuando no se trabaja de cerca con una mayor conciencia de las cerca de seiscientas lenguas indígenas del territorio latinoamericano y de la urgente documentación y revitalización que requieren. Es decir, se suele reducir el conjunto de ejemplos de categorías de pensamiento indígena a los conceptos de *sumaq kawsay*, *pachakuti*, *yanantin*, *nepantla* y otros provenientes de lenguas y grupos consolidados como el quechua, el aimara, el guaraní, el náhuatl y el maya. Si bien es cierto que cada uno de esos grupos es muy heterogéneo en su interior y sufren en conjunto el legado colonial y expoliador moderno, también lo es que hay muchísimos otros grupos que han tenido menor contacto con la dominación occidental y quedan más vulnerables a la desaparición. Pensemos, por ejemplo, en los cientos de naciones étnicas amazónicas, decenas de las cuales viven aún en aislamiento voluntario. De hecho, los campos semánticos de sus lenguas y sus formas de organización social revelan un conocimiento del medioambiente y prácticas comunales que se ven amenazadas tanto por el desarrollismo neoliberal como por el desarrollismo meramente extractivista de algunos gobiernos de la llamada marea rosada.

En otras palabras, para hablar de colonialidad puede resultar útil examinar la trayectoria de las etnicidades y sus conflictos dentro de espacios supuestamente nacionales en el sentido moderno. Se trata de conflictos de larga data, que preceden la relación colonial tal como la entendemos hoy, es decir, la que se forma en rigor en el siglo xviii. Del mismo modo, esta reflexión puede ayudar a entender mejor que la colonialidad del poder no basta como categoría de análisis cuando hablamos de identidades colectivas oriundas del mismo territorio en que se dan las relaciones de dominación. El caso del criollismo es un ejemplo de lo compleja que es la relación entre las etnias nacionales de origen premoderno transformadas en fallidas naciones contemporáneas. Asimismo, la relación de las llamadas epistemes indígenas con la modernidad no tiene por qué ser de contraposición ni rechazo. Basta recordar los poemas "Oda al jet" y "A Vietnam" de José María Arguedas para advertir que formas de modernidad alternativa son concebibles como estrategias para escapar de la colonialidad implícita en el concepto de modernidad.

Hay mucho más que desbrozar, naturalmente, pero dejo el resto en el tintero con la esperanza de retomar el tema en un diálogo posterior.

Obras citadas

Adorno, Rolena. "El sujeto colonial y la construcción cultural de la alteridad". *Revista de Crítica Literaria Latinoamericana*, vol. 14, n.º 28, 1988, pp. 55-68.

— "Reconsidering Colonial Discourse for Sixteenth and Seventeenth-Century Spanish America". *Latin American Research Review*, vol. 28, n.º 3, 1993, pp. 135-145.

Anderson, Benedict. *Imagined Communities: Reflections on the Origin and Spread of Nationalism.* London: Verso, 1983.

Boone, Elizabeth Hill y Walter Mignolo (eds.). *Writing Without Words: Alternative Literacies in Mesoamerica and the Andes.* Durham: Duke University Press, 1994.

Browitt, Jeff. "La teoría decolonial: buscando la identidad en el mercado académico". *Cuadernos de Literatura*, vol. 18, n.º 36, 2014, pp. 25-46.

Cebollero, Pedro. *Discurso, retórica y agencia del criollo mexicano en "Nuevo Mundo y Conquista" de Francisco de Terrazas.* Saarbrücken: VDM Verlag, 2009.

Cornejo Polar, Antonio. *Crítica de la razón heterogénea. Textos esenciales de Antonio Cornejo Polar*, editado por José Antonio Mazzotti. Lima: Fondo Editorial de la Asamblea Nacional de Rectores, 2013.

Covarrubias Horozco, Sebastián de. *Tesoro de la lengva castellana, o española.* Por L. Sánchez, impressor del rey n. s., 1611, editado por Martín de Riquer. Barcelona: Alta Fulla, 1998.

Florescano, Enrique. *Etnia, Estado y nación. Ensayo sobre las identidades colectivas en México.* Ciudad de México: Aguilar, 1997.

García-Bedoya Maguiña, Carlos. *La literatura peruana en el periodo de estabilización colonial, 1580-1780.* Lima: Universidad Nacional Mayor de San Marcos, 2000.

Garrido Ramos, Beatriz. "Colonialismo, colonialidad y modernidad". *ArtyHum. Revista de Artes y Humanidades*, vol. 8, 2010, pp. 68-80.

Klarén, Peter Flindell. *Peru. Society and Nationhood in the Andes*. Oxford: Oxford University Press, 2000.

Klor de Alva, Jorge. "Colonialism and Post Colonialism as (Latin) American Mirages". *Colonial Latin American Review*, vol. 1, n.º 2, 1992, pp. 3-23.

Levene, Ricardo. *Las Indias no eran colonias*. Madrid: Espasa-Calpe, 1951.

Loury, Glenn C. *The Anatomy of Racial Inequality*. Cambridge: Harvard University Press, 2002.

Mazzotti, José Antonio. "Indigenismos de ayer: prototipos perdurables del discurso criollo". *Indigenismo hacia el fin de milenio. Homenaje a Antonio Cornejo Polar*, editado por Mabel Moraña. Pittsburg: Instituto Internacional de Literatura Iberoamericana, 1998, pp. 77-102.

— "El criollismo y el debate (pos)colonial en Hispanoamérica". *Poéticas de lo criollo: la transformación del concepto "criollo" en las letras hispanoamericanas (siglos* XVI *al* XIX*)*, editado por Juan M. Vitulli y David M. Solodkow. Buenos Aires: Corregidor, 2009, pp. 445-484.

— *Lima fundida. Épica y nación criolla en el Perú*. Madrid/Frankfurt: Iberoamericana/Vervuert, 2016.

— (ed.). *Agencias criollas. La ambigüedad "colonial" en las letras hispanoamericanas*. Pittsburg: Instituto Internacional de Literatura Iberoamericana, 2000.

Mignolo, Walter. "Colonial and Postcolonial Discourse: Cultural Critique or Academic Colonialism?". *Latin American Research Review*, vol. 28, 1993, pp. 120-131.

— "Signs and Their Transmission: The Question of the Book in the New World". *Writing Without Words: Alternative Literacies in Mesoamerica & the Andes*, editado por Elizabeth Hill Boone y Walter Mignolo. Durham: Duke University Press, 1994, pp. 220-270.

Millones Santa Gadea, Luis. *Perú colonial. De Pizarro a Túpac Amaru II*. Lima: Corporación Financiera de Desarrollo del Perú, 1995.

Monguió, Luis. "Palabras e ideas: 'patria' y 'nación' en el virreinato del Perú". *Revista Iberoamericana*, vol. 44, n.º 174-175, 1978, pp. 453-470.

Quijano, Aníbal. "Colonialidad del poder, eurocentrismo y América Latina". *La colonialidad del saber: eurocentrismo y ciencias sociales. Perspectivas Latinoamericanas*, compilado por Edgardo Lander. Buenos Aires: Consejo Latinoamericano de Ciencias Sociales, 2000, pp. 201-246.

Quintero, Pablo. "Notas sobre la teoría de la colonialidad del poder y la estructuración de la sociedad en América Latina". *Papeles de Trabajo*, vol. 19, 2010, <www.scielo.org.ar/pdf/paptra/n19/n19a01.pdf>.

Rama, Ángel. *La ciudad letrada*. Hanover: Ediciones del Norte, 1984.

Rojo, Grínor. "Crítica del canon, estudios culturales, estudios poscoloniales y estudios latinoamericanos: una convivencia difícil". *Kipus. Revista Andina de Letras*, vol. 6, 1997, pp. 5-17.

Saad-Filho, Alfredo. "The Political Economy of Neoliberalism in Latin America". *Neoliberalism: A Critical Reader*, editado por Alfredo Saad-Filho y Debora Johnston. London: Pluto Press, 2005, pp. 222-229.

Suárez, Margarita. *Desafíos transatlánticos: mercaderes, banqueros y el estado en el Perú virreinal, 1600-1700*. Lima: Fondo de Cultura Económica, 2001.

Zamora, Margarita. "Sobre la cuestión de la raza en los *Comentarios reales*". *Renacimiento mestizo: los 400 años de los* Comentarios reales, editado por José Antonio Mazzotti. Madrid/Frankfurt: Iberoamericana/Vervuert, 2010, pp. 361-380.

Las convulsiones del orden colonial: enfermedad, memorias cientificistas y formas locales de curar

Silvia Juliana Rocha Dallos
Washington University in St. Louis

La relación entre la presentación de la corporalidad colonial y los estudios latinoamericanos se ha caracterizado por un rastreo del sustrato epistémico, funcionalidad y significados del cuerpo humano. Los cuerpos se han insertado y han sido representados en tratados filosóficos y mitológicos antiguos, acentuando su potencialidad literaria a través de su presencia en espacios transitados por seres maravillosos o terroríficos, portadores de mensajes y profecías. A partir de esas vertientes, la categoría y las materializaciones de lo corporal se han proyectado ligadas a temas socioculturales, relacionados con el poder, la violencia, el mestizaje, la enfermedad, la salud y la muerte. Intrínsecamente ligado al discurso religioso, a la construcción del imperio y a las reflexiones sobre comunidad, libertad y soberanía, el cuerpo colonial ha condensado posicionamientos teóricos, creencias y tesis en torno a la naturaleza de lo social y lo político, llegando a constituir un lugar común del pensamiento crítico latinoamericano.

Más allá de los distintos énfasis entre la historia natural y la historia cultural, entre lo social y lo biológico, entre la vida y la política, el cuerpo colonial trae al centro de la escena tensiones, desplazamientos y ambivalencias que no se dejan reducir a una perspectiva biológica, abriendo una zona de intercambios y de transformaciones que alteran a la vez todo esencialismo y todo relativismo cultural. En este sentido, puede decirse que el problema del cuerpo colonial marca un límite para cada disciplina: al mismo tiempo que estas investigaciones exhiben la constitución histórica, cultural y política del cuerpo, "se ven obligadas a confrontar los materiales y las temporalidades de la cultura con series heterogéneas como la de los discursos y prácticas médicas, los dispositivos policiales, la economía y la demografía, los descubrimientos y experimentaciones biológicas y genéticas, etc." (Giorgi 69). Es esa intersección, sus continuidades y sus cortes, lo que las diferentes disciplinas enfrentan como desafío y como problema epistemológico. En esta investigación se introducen algunos conceptos relacionados con la corporalidad colonial y las aproximaciones psicosomáticas, estéticas, culturales y sagradas hechas al cuerpo desde diferentes disciplinas. Las conceptualizaciones mencionadas nos permiten establecer un diálogo entre diseños políticos (imperiales) y economías de poder que, pasando por los cuerpos de otros raciales, apuntan a reconstruir la realidad social, interviniendo tanto en la escala del individuo a través de su identidad y su lugar en la cartografía, así como a nivel de las poblaciones, a partir de su capacidad para enfrentar el medioambiente, o fenómenos como la enfermedad, las condiciones de salubridad y la cuestión racial.

El presente artículo analiza una serie textos de carácter patográfico, producto del debate entre José Celestino Mutis (1732-1808)[1] y Sebastián José López Ruiz (1741-1832),[2] en torno a desórdenes como la epilepsia,

---

1 Doctor y botánico español que está entre los iniciadores del conocimiento científico en el Nuevo Mundo. Después de recibir un título de la Universidad de Sevilla en 1753, Mutis estudió Medicina en Madrid y en 1757 se convirtió en médico de la Casa Real con Fernando VI. Mutis estudió Botánica hasta 1760, cuando fue nombrado doctor del virrey de la Nueva Granada, siendo uno de los primeros discípulos españoles del botánico sueco Carolus Linnaeus. En 1764, tres años después de llegar a Bogotá, Mutis pidió apoyo financiero para establecer un jardín botánico, pero fue rechazado por falta de fondos. En 1766 se instaló en los Andes, en Pamplona, donde reorganizó la enseñanza de la Medicina, desarrolló métodos modernos de minería e investigó los poderes curativos de la quina. También enseñó Botánica y registró cada una de las plantas cultivadas para usos medicinales y agrícolas. Con la llegada de un nuevo virrey en 1782, Mutis fue nombrado primer botánico y astrónomo de la Expedición Botánica del Nuevo Reino de Granada. Construyó un jardín botánico en la ciudad de Mariquita y estableció una de las mejores bibliotecas del Nuevo Mundo. Junto con su equipo de artistas, zoólogos y botánicos, reunió miles de dibujos, una colección de pieles de aves y animales y un herbario con más de 24.000 plantas. Escribió cientos de papeles botánicos, pero su *Flora de Bogotá de Nueva Granada*, con más de 6.000 ilustraciones, era tan grande que el gobierno español no podía darse el lujo de imprimirla. En 1791 la Expedición Botánica se trasladó a Bogotá, donde, algunos años más tarde, construyó el primer conservatorio.

2 Sebastián José López Ruiz fue médico, naturalista, profesor y escritor, nacido en Ciudad de Panamá. A pesar de no ser un personaje muy estudiado por los investigadores colombianos, cuatro de sus textos más importantes, diferentes de los tratados en este trabajo, entraron en discusión con los debates científicos de José Celestino Mutis: la "Relación del viaje de don Sebastián José López Ruiz al istmo de Panamá, su tierra natal, por Comisión del Rey, para confirmar el descubrimiento de minas de azogue vivo", de 1790; la "Comisión al Caquetá, que presenta al Virrey Antonio Caballero", de 1783; la "Defensa y demostración del verdadero descubridor de las quinas del Reyno de Santa Fé" de 1802; y la "Conversación sobre la fidelidad y obediencia al Soberano" (donde defiende la unidad de América a España) hacia 1816.

la rabia y la hipocondría en el Nuevo Reino de Granada. El examen de la narrativa de enfermedades de "carácter mental" a través de los registros médico-científicos ofrece un material privilegiado para reconocer dichos "(des)órdenes" o "convulsiones" como fenómenos individuales y sociobiológicos, en los que el conocimiento ilustrado y las formas locales de curar convergen durante el siglo xviii. Este texto reconstruye las raíces sociales de alteraciones relacionadas con el funcionamiento de la "razón" en el Nuevo Reino, demostrando que la denominada narrativa patográfica "originates from possible associations with insanity, and can be defined as a historical biography from a medical and psychological viewpoint" (Bolwig 445). Finalmente, esta investigación permite entender cómo a partir de la aparición de esta clase de relatos sobre alteraciones "de la mente" se produjeron intervenciones sobre cuerpos enfermos y se llamó la atención sobre la experiencia de estar enfermo y los métodos empleados para curar. Se describe en estos textos la presencia y "posesión" de un (des)orden, de un trastorno o de estados de inconsciencia que afectan al cuerpo con epilepsia o síntomas afines. Sin embargo, el énfasis aquí es el cuerpo en tanto reproductor de prácticas sociales y núcleo de experimentaciones científico-patológicas.

En concreto, se examinan cuatro registros patográficos: el primero, es el diagnóstico de Mutis "Acerca de la mejoría que se ha experimentado en la salud del presbítero don José Ángel Manrique", eclesiástico del pueblo de Tocaima y quien sufrió constantes "insultos epilépticos"; el segundo, escrito por López Ruiz, surge como una "Contextación a la consulta sobre la enfermedad del Dr. Dn. Manuel José Mosquera", un religioso que soportó varios ataques de epilepsia; el tercero, la carta remitida a Mutis por el Sr. Dn. Josef Armero y Ruiz, reportando una epidemia de rabia en el pueblo de Mariquita; y el cuarto, una consulta hecha también a Mutis sobre un profesor de medicina que sobrellevaba los síntomas de hipocondría en la ciudad de Santafé. Los cuatro casos establecen una jerarquía socio-racial y médica a través de aspectos como el discurso, el sujeto y el desorden diagnosticados, las características del lugar donde reside el enfermo y sus formas de curación. Del centro a la periferia del virreinato, cada uno de los registros patográficos establece un control médico del enfermo mental, siguiendo el determinismo geográfico promulgado por el pensamiento ilustrado.[3]

---

3 Al respecto, véase el texto publicado por Francisco José de Caldas en el *Semanario del Nuevo Reino de Granada*, titulado "El influjo del clima sobre los seres organizados" (1808). Caldas participó en la Real Expedición Botánica organizada por Mutis y acompañó a Humboldt en sus viajes de reconocimiento del territorio neogranadino.

"La Epilepsia, que padece el Dr. Dn. Manuel Mosquera, es una enfermedad cuio carácter es tan obscuro, como difícil de explicar: sus síntomas, y accidentes, un espectáculo espantoso, que sus insultos no son de los más violentos; hay turbación, y desorden en toda la economía animal" (López Ruiz 2). El señor Mosquera no fue el único caso de "insultos epilépticos" (Mutis 134) registrado en el Nuevo Reino de Granada durante el siglo XVIII. A la "dilatada enfermedad", también padecida por el presbítero José Ángel Manrique en el pueblo de Tocaima, pueden sumarse las asociaciones narrativas entre epilepsia, desorden social, posesión divina, sangre viciada, hipocondría e irritabilidad, mencionadas en las fuentes de la época. Incluso, los estragos causados por una jauría de perros rabiosos a un niño de trece años y al mutado Lorenzo cuando "el dolor de la mordedura les fue subiendo hasta la cabeza" (Mutis, "Sobre un caso" 135) han asignado un lugar en el debate científico-médico a términos como "cuerpo epiléptico" y, en general, a este desorden o "desgracia extraordinaria del órgano del sentido" (López Ruiz 7).

Los discursos médicos y sobre el cuerpo enfermo surgieron en el territorio neogranadino por tres sucesos que coincidieron en las últimas décadas del siglo señalado: la epidemia de viruela de 1782, las reformas borbónicas que en materia de salubridad se dictaron y el ciclo de expediciones botánicas que inauguró Mutis hacia 1783.[4] Y si bien la mayoría de narrativas de carácter médico-científico remitían a la acción y propagación del virus de la viruela,[5] otros discursos —considerados en este estudio "conocimiento científico-médico con carácter local" (Armus, *Disease* 2)— revisitan los

4 Gracias a José Celestino Mutis se tienen noticias sobre el estado de la medicina en la Nueva Granada durante el siglo XVIII. Sus relaciones e informes estaban dirigidos a las autoridades reales y consagraban, además de la exposición de los problemas que se presentaban en este sentido en el virreinato, las formas que —a juicio de los médicos— eran las más pertinentes para remediarlos. En su texto "Informe sobre el estado de la medicina, cirugía y farmacia en el Nuevo Reino de Granada", por ejemplo, Mutis retoma expresamente el tema de la presencia de médicos y curanderos en el territorio. Dicho tema aparecía, del mismo modo, en los estudios redactados por otros galenos del virreinato, como Antonio Burdallo (1796), Sebastián López Ruiz (1790 y 1799) y Honorato Vila (1800). Del mismo modo, se detiene en la exposición de algunos aspectos que formaban parte de la política ilustrada de salud que buscaba establecer la Corona en las Indias. Al respecto, véanse los estudios sobre Mutis por Adriana María Alzate Echeverry, *Los oficios médicos del sabio* (1999); Mauricio Nieto, *Remedios para el imperio: historia natural y la apropiación del Nuevo Mundo* (2000); Renán Silva, *Los ilustrados de Nueva Granada, 1760-1808: genealogía de una comunidad de interpretación* (2000).

5 Sobre el tema de las epidemias de viruela en la Nueva Granada, véanse las investigaciones de Renán Silva sobre las epidemias de la viruela de 1782 y 1802 en la Nueva Granada, y de Marcelo Frías Núñez, *Enfermedad y sociedad en la crisis colonial del Antiguo Régimen. Nueva Granada en el tránsito del siglo XVIII al XIX: las epidemias de viruelas.*

saberes heredados de la revolución científica (pre-*Enlightenment*) y proponen, tempranamente, tratamientos para curar los desórdenes "de la mente" que afectaban al cuerpo social y al orden del Reino. En el contexto neogranadino, la apropiación del conocimiento médico se vio renovada en sus aspectos teóricos y prácticos, extendiendo sus intereses a nuevas fuentes del saber como la física, la química, la botánica y la anatomía. Fue a partir de dichos avances que se reconfiguraron los fundamentos de la práctica médica en este periodo: la fisiología, entendida como el estudio del funcionamiento del organismo; la patología, dedicada a la indagación por las causas de las enfermedades; y la materia médica, encargada de la preparación, manejo y conocimiento de las propiedades de los remedios vegetales (Rodríguez y Morales). A ello, se sumó la renovación de la cirugía, tanto en lo referido al desarrollo de técnicas como al aumento del prestigio social de sus practicantes. La medicina amplió su alcance social, intentando romper con la tradición aristocrática y vinculando a los sectores marginados a la atención médica (niños, mujeres, ancianos y enfermos mentales). De igual manera, el despliegue de un creciente interés por las enfermedades laborales y el descubrimiento de las "raíces sociales de la enfermedad" derivaron en la consolidación de la higiene, la salud pública y la medicina preventiva.

El entendimiento de los principios fisiológicos y mentales del cuerpo se inscribió dentro de una tendencia que llevaba a considerar la salud y la enfermedad como experiencias individuales y discusiones colectivas. Dicha extensión produjo una serie de cambios de orden político y epistemológico, y desembocó en dos procesos, determinados por Santiago Castro-Gómez y Adriana María Alzate, "biopolíticas imperiales" (141) y "razón higiénica" (*Geografía* xv), es decir, en dos fenómenos a través los cuales se reforzaba el control sobre los individuos desde mecanismos que se llevaban a cabo en el cuerpo y con el cuerpo. Para la sociedad colonial, la razón biológica, somática o corporal fue convirtiéndose en un eje categórico en el que el cuerpo era una entidad biopolítica, un espacio de conocimiento simbólico que debía obedecer los patrones del ordenamiento imperial, mientras la medicina se constituía en la estrategia para ejercer tal saber técnico en lo tocante al mantenimiento y recuperación de la salud y de la norma sanitaria. La vinculación del proyecto borbónico de la biopolítica demandaba, de este modo, el impulso de acciones tendientes a fortalecer el aumento de la población, lo cual exigía un combate entre los dos grandes enemigos: la enfermedad y la mendicidad. Se hacía necesaria una reforma de la política hospitalaria, que hasta entonces había entendido la enfermedad como un problema individual y la mendicidad como un problema de caridad cristiana (Castro-Gómez 146). Ambos problemas, la enfermedad y la mendicidad, dejarían de ser asuntos privados para convertirse desde ese momento en asuntos públicos, administrados por la racionalidad científico-técnica y burocrática del Estado. Tales circunstancias permitían, además, entender por qué la salud y la enfermedad pasaron a ser parte importante de una élite neogranadina, cuyas ideas colonizadoras y socio-racialmente enraizadas defendían que "las poblaciones sanas producían más riqueza que las enfermas" (Alzate, *Geografía* 3).

Las continuas quejas presentadas tanto por Mutis y sus discípulos, así como las noticias que llegaban a España sobre el lamentable estado de la medicina en el Nuevo Reino, dieron lugar a requerimientos por parte de las autoridades, de informes sobre la situación médica del virreinato (Frías 114). Un informe preparado por Mutis sobre el estado de la medicina y de la cirugía neogranadina, del año 1801, ya subrayaba, por ejemplo, los factores que habían transformado el territorio y su población en una suerte de espacio improductivo, enfermizo y débil. Haciendo énfasis en la ausencia de instituciones educativas que se dedicasen a la enseñanza de las llamadas ciencias útiles y de maestros que instruyesen a los criollos en los principios básicos de la medicina, Mutis criticaba la existencia de curanderos o sujetos que decían saber curar los males básicos del cuerpo, a la par de la ausencia de profesionalización de la medicina: otorgamiento de licencias, nombramiento de visitadores de boticas, creación de planes de estudio y permisos para ejercer la farmacéutica (Domínguez 94-95). Su referencia a las enfermedades y *desviaciones* que atacaban a los cuerpos neogranadinos era clara: enfermedades tropicales, endémicas, virales y desórdenes fisiológicos y del temperamento, así como epidemias de viruela, sarampión, coqueluche[6] y lepra habían azotado a la población, transformándola en gente estéril e improductiva para el imperio:

> Un reino medianamente opulento... camina a pasos lentos en su población a causa de las enfermedades endémicas que resultan de la casual y arbitraria elección de los sitios en que se han congregado sus pobladores, ... los desórdenes de los alimentos, bebidas y mal régimen: reunidas tantas calamidades forman la espantosa imagen de una población achacosa, que se mantiene inutilizada para la sociedad y felicidad pública ("Estado de la Medicina" 35).

Al otro lado del debate, el *Informe sobre el estado de la medicina*, escrito por López Ruiz hacia 1799, usaba la metáfora anatómica para criticar la atención dada a otras ramas del "cuerpo" político colonial, por parte del monarca. Su alegato señalaba que, aunque en el territorio neogranadino "los tres reinos, vegetal, mineral y animal son fecundísimos de sus preciosas

6 Término que se emplea para denotar los signos y síntomas de la tos ferina cuando no se puede demostrar la presencia de *Bordetella pertussis*, como ocurría en el siglo XIX.

producciones", el virreinato no contaba con facultades de Ciencias Naturales, Medicina y Quirúrgica, o con laboratorios de farmacia y química que tuvieran los profesores e instrumentos necesarios. La falta de centros educativos y de "verdaderos médicos" había puesto el saber sobre la enfermedad en la "universidad del vulgo". Por ello,

> se fatiga el discurso viendo muchos sanadores que por insuficiencia, mal herida de vena, causan molestas úlceras, o inflamaciones, o pican alguna arteria o tendón con detrimento del miembro principal, y aún de la vida: y cuando no los juzgue tan imperitos que al ingreso de las afecciones ejecuten las sangrías, de ordinario ordenadas por el mismo paciente, o por iguales conocimientos, suelen con poca consideración hacer excesivas evacuaciones, sin que el médico pueda socorrer con prontitud al enfermo (85-86).

Su diatriba insistía en el atraso académico, pero también en la voluntad de controlar el cuerpo social. La propuesta de formación de médicos que hicieron Mutis y López Ruiz podía leerse como el acercamiento a un saber disciplinario y a un saber colonizador, pues se necesitaba conservar una población sana que se vinculara de forma eficaz en la producción de rentas para la metrópoli y, a la vez, un plan de estudios que permitiera tener confianza en la calidad de médicos que producía la universidad. De esta manera, el estado intervenía en la construcción de un saber que se acomodara a las necesidades de salud de la colonia y que fuera capaz de reflexionar, cuestionar e intervenir los cuerpos con (des)órdenes de la "razón" y el "temperamento".

Racionalizando los síntomas y curaciones del enfermo mental

> Don Ángel Díaz me ha dicho que el remedio más cierto es las unciones dadas en las pantorrillas, muslos y en los mismos términos de los brazos, quien me ha ofrecido dirigir dicha curación y se ha preparado con purga de maná, lavativas y una sangría que se le sacó cosa de seis onzas de sangre y mañana por la tarde se la van a comenzar las unciones, que sin embargo no quisiera hacer sin el dictamen de vuestra merced (Armero y Ruiz, "Sobre un caso de rabia" 136).

Cuando don Josef Armero y Ruiz remitió esta carta a Mutis, no solo explicaba la lamentable situación que se vivía en el poblado de Mariquita, luego que una jauría de perros rabiosos asechó su vereda y mordió a sus esclavos, a sus mulatos y a su hijo de trece años. También pedía una explicación "racional" a los síntomas que había observado en sus hombres de servicio y demandaba una aprobación a los remedios locales con los cuales intentaba curar las heridas de los enfermos. Armero, en otras palabras, buscaba transferir a Mutis una referencia sobre una alteración (mental), describiendo, según su criterio, la percepción del sujeto contagiado. La situación registrada en Mariquita, un poblado ubicado al noroeste de la capital del virreinato y reconocido por ser ruta del comercio de quina y sede de la Expedición Botánica, era pues el resultado de un estado patológico de rabia.

¿Cómo veían los otros al enfermo mental? ¿Cómo leía la biopolítica imperial al cuerpo epiléptico o con enfermedades afines? ¿Qué ocurría cuando las formas locales de curar se mezclaban con los efectos de una enfermedad y la construcción socio-biológica de un trastorno dependía de una concepción médica, de la voz del enfermo y de sus parientes? Siguiendo a Olga Marcela Cruz, en el periodo colonial, el diagnóstico de las patologías del "temperamento" no era efectuado por un médico especializado y no obedecía a clasificaciones precisas, puesto que términos como 'loco' o 'furioso' eran inexactos, aunque lucieran equivalentes a lo que se denominaba manía, rabia, esquizofrenia o epilepsia (50). Reconocidos en el discurso europeo del siglo XVIII como "the falling sickness", esta clase de (des)órdenes fueron explicados a partir de una "interpretación racionalista de una posesión" (220), en la que siguiendo a Owsei Temkim, los expertos en trastornos mentales "were inclined to consider the patients epileptic, or at least suffering from a disease closely related to epilepsy —such as rabies and hypochondria— especially if convulsions were present" (224). Tales estados convulsivos eran, además, diagnosticados en el individuo por la aparición epidémica. En la Nueva Granada, Mutis y López trasladaron estos discursos a sus gabinetes, descifrando los síntomas y determinando la patología de las alteraciones de la "mente" más comunes del reino. El diálogo con el pensamiento racionalista europeo, así como las transacciones que acercaron a los dos científicos a un estudio de estos trastornos, puede observarse en aspectos como: la mención hecha a las teorías occidentales en los registros patográficos, la descripción del enfermo mental y las afectaciones sociales causadas por estos sujetos patógenos en espacios públicos y privados. De sus aportes sobre las formas de aislamiento y de la estigmatización de los enfermos pueden, asimismo, intuirse las formas de segregación racial y socioeconómica de la época. En este último punto, vale resaltar que es gracias a sus anotaciones sobre la rabia, la epilepsia y la hipocondría, que el estudio del tratamiento y la de terapéutica para estos desórdenes se constituyó en uno de los ejes fundamentales en torno a los cuales fue posible rastrear la mentalidad colonial neogranadina; esto, porque de los tipos de los remedios empleados y de las políticas implementadas para el tratamiento de los enfermos es posible extraer la forma en la que los individuos se percibían a sí mismos y cómo se concebían frente a los sujetos patógenos con los que debían cohabitar en espacios públicos y privados —la plaza, la hacienda, el campo, el espacio doméstico—.

Si bien aún no se puede hablar de una descripción nosológica de la enfermedad, sí se observa en los textos de Mutis y López de un intento por describir y explicar algunos de los procesos patológicos. Para estos letrados, los desórdenes de la "mente" estaban asociados con síntomas como la "privación de razón", la "incapacidad de entendimiento" o la "falta de juicio", a través de los cuales se hacía referencia a una facultad del pensamiento que en los enfermos estaba distorsionada. Del mismo modo, se incluían referencias a una "degeneración" corporal, un "ataque" o un "desorden en el sentido" (López 5); también se hacía mención a "trastornos por el sacudimiento" (López 6), "dilataciones de la mente" (Mutis, "Acerca" 134), "congestiones de la sangre, el humor y la materia" (López 12), o "furores uterinos" (López 8) —para el caso de las mujeres—. Sin embargo, una cosa era sufrir de "pasiones" hipocondríacas en las que "todo era malo, indiferente... [llegándose] a perturbar la tranquilidad de ánimo por tanto tiempo cuanto baste a descomponer la máquina del cuerpo" (Mutis, "Sobre los hipocondriacos" 120), y ser reconocido como médico prestante de Santafé; y, otra muy diferente, era ser un presbítero en la provincia de Popayán,[7] y además de ser diagnosticado con epilepsia y semejar a un animal feroz. Un sujeto cuyo

> sentido interior estaba muy lastimoso... con constantes demostraciones de furor, y rabia... vivamente irritado, con violentas convulsiones, y contracciones de todos, o de algunos musculos del cuerpo... [con un] espantoso aspecto de los ojos, que parece salirse fuera de sus órbitas... [más] feroces gritos...; con excupido, rechinar de sus dientes y la espuma en su boca (López 4).

Lo anterior nos conduce a una de las preocupaciones de las élites criollas: el afán de distinción, es decir, la búsqueda de aquellos elementos que acentuaran la *diferencia* psíquica y corporal entre castas, géneros y jerarquía social en la Nueva Granada. La geografía y el discurso ilustrado sobre la naturaleza no solo demarcaban los límites territoriales o taxonómicos, sino

---

7 La provincia de Popayán, también llamada Gobierno de Popayán durante la época imperial española, fue una entidad administrativa y territorial de la Nueva Granada, creada el 13 de enero de 1537 en el virreinato del Perú, correspondiendo en aquella época a una de las cuatro grandes provincias en las que se dividía el actual territorio colombiano. En 1717 una real cédula expedida por el rey Felipe V de España creó el virreinato de Nueva Granada, por medio de la cual la provincia fue agregada a este último, siendo adherida a la presidencia de Quito. Para fines de esta investigación es interesante ver que la ciudad de Popayán detentaba, desde tiempos coloniales, el título de "Ciudad Blanca", siguiendo los patrones ya establecidos para la diferenciación de castas.

que de forma simultánea separaban a los criollos con desórdenes del resto de la población. Los escritos de Mutis y López mostraban un esfuerzo por *marcar* a los sujetos y a los objetos del conocimiento, por acentuar la diferencia entre "nosotros" y "ellos" (Nieto 93). El dispositivo de la biopolítica se articulaba con el dispositivo de la blancura y con los imperativos políticos de salud y orden. En estos discursos operaban claramente "textual performances through inconsistencies or gaps in the overarching metaphors that purport to collapse corporeal difference with ethnic, cultural, and gender differences, or with identity as generalized otherness" (Antebi 2). Bajo el gobierno de los Borbones, hemos pues de afirmar, que los discursos sobre la enfermedad y la medicina pasaron a ser los textos (des) habilitadores de *otras* corporalidades.

Citando a los expertos de las enfermedades de la "razón" en el siglo XVIII, Mutis y López inscribieron sus anotaciones médicas en el debate no europeo, pero sí colonial hispanoamericano, sobre dichos trastornos. Textos como *Aforismos sobre el diagnóstico y la curación de las enfermedades* (1709), de Herman Boerhaave (1668-1738),[8] fueron el punto de partida para definir tales desórdenes "like a convulsive nervous disease" (Temkim 226) "and disorder[s] that comprised various patterns of tonic-clonic fit" (Eadie y Bladin 41). Trastornos como la epilepsia, la rabia y la hipocondría, como constatan Mutis y López, se *diferenciaban* por una delgada línea que, para el caso del virreinato, operaba más en el ámbito socio-racial, que a nivel del discurso científico-médico: "all were some kind of mental infection, that could be transmitted from one person to another" (Temkim 227). Las descripciones sobre enfermedades como la rabia confirman los niveles patológicos de la enfermedad mental y nos invitan a reflexionar sobre fenómenos sociobiológicos como epidemias, plagas, contagio e infección. En el caso de rabia, que padecía el mulato Lorenzo —aquel que fue mordido por un perro y cuya descripción patográfica tenemos gracias a la voz de don Josef de Armero—, la enfermedad y el discurso excluyente, racial e ilustrado, confluyen para demostrar que existía una distribución *diferencial* y compulsiva entre los cuerpos provinciales o periféricos, y entre lo considerado normal y patológico:

8 Médico y humanista holandés, es considerado uno de los científicos y profesores más influyentes del siglo XVIII. Fue profesor de Medicina en Leiden, Holanda, logrando gran fama en Europa. Como muchos científicos de los años 1600 y 1700, Boerhaave entendía el cuerpo como un objeto mecánico y recalcaba la importancia del uso de la razón, además de la observación, la comparación y la indagación. Las conferencias y publicaciones de Boerhaave proporcionaron a sus estudiantes de medicina una síntesis de los mecanismos del cuerpo y de su funcionamiento (Lama T. y Van Wijngaarden).

> Que el 9 de octubre pasado viniendo los criados de mi hacienda a prima noche dispersos unos de otros había en la vereda un perro con mal de rabia y al ir pasando iba mordiéndolos de forma que hizo este daño a siete y a una mula; dicho Lorenzo que fue el 2do mordido en la espinilla de la pierna izquierda recibió un gran daño, pues sacó tantas heridas cuantos dientes, colmillos y muelas tenía el animal ("Sobre un caso" 137).

Coincido con Gabriela Nouzeilles en que una de las derivaciones paradójicas del temor *ilustrado* a la plaga y al contagio es que a todo brote epidémico le corresponde una explosión paralela de relatos fijados en ella ("La plaga" 175). A esto se suma que cuando enfermedades como la rabia son refractarias a la comprensión, su explicación se carga de connotaciones culturales y raciales. En el caso fechado el primero de enero de 1795 en Mariquita, el número de perros rabiosos aumentaba, mientras el mulato Lorenzo, como cuerpo portador del (des)orden, demandaba la atención ilustrada a partir de la voz de Armero, su patrón. No obstante, el proceso patológico operaba de otra forma en la población infantil, pues las descripciones hechas por el mismo Armero sobre su hijo imponen una distancia *casi imperial* entre el mulato y la herencia castellana: en España, Armero había visto perros, pero estos no transmitían rabia, como los hallados en los pueblos ribereños del Nuevo Reino de Granada:

> que a la cuenta estaba con la rabia a mi hijo José Patricio, en la pierna arriba del tobillo y le hizo varias cicatrices, sin embargo, de tener dentadura gastada por ser perro viejo le hizo unas cuatro cicatrices hondas; dicho mi niño cumple en 17 de marzo 13 años y como todos han sido por aquí de opinión que aquí rabian los perros, o que hacen el daño que no hacen en España en las gentes... ("Sobre un caso de rabia" 135).

El discurso que demandaba la atención de Mutis torna el cuerpo de este niño —con aparente ascendencia hispánica— en un objeto disímil para la medicina letrada. Por supuesto, el hijo de Armero sobrevivió a la rabia, pero no ocurrió lo mismo con el mulato Lorenzo. Aquí, el conocimiento ilustrado y sus instrumentos multiplicadores en la periferia imperial constituyeron una tribuna para la exposición de autoridad científica y moral. En la Nueva Granada, según afirma Renán Silva, "la Ilustración fue un esfuerzo de distinción; la cultura a la que se accedía se constituía como una forma de separación social que se sumaba a las formas de clasificación dominantes en la sociedad tradicional: la nobleza, el honor, la propiedad y la superioridad de la raza blanca" (209), estableciéndose un contraste entre los modos de ver y diagnosticar la enfermedad y la salud pública. Esto dicho, el caso presentado por Armero a Mutis cuestiona entonces un concepto social, ya que el honor de una familia o de una casa no era presentado como un bien privado, sino un bien público. En el honor se fundaba el buen nombre y fama de una persona o de una familia. A través de actos simbólicos, de rumores o de injurias verbales, los vecinos ejercían un control y un castigo sobre quienes *lucían diferentes*, siendo un estado de inestabilidad de la "mente" el motivo para "esconder" a un familiar o iniciar un rumor sobre contagio, más si se trataba de un mulato con rabia. En esta lectura del cuerpo enfermo, sea el del criollo, el religioso, el niño o el mulato, no solo se analiza la corporalidad como un instrumento de laboratorio, o se le ubica entre una lectura de carácter científico y otra de carácter natural. El cuerpo poseedor de un desorden mental es primero juzgado y luego diagnosticado, debido a lo extraño de sus síntomas o al peligro que representaba para la sociedad. El caso del presbítero Mosquera —examinado directamente por López y desde la periferia payanesa— es, por consiguiente, un objeto patológico, un sujeto socialmente marcado porque "le temblaban todos los miembros del cuerpo, gritaba como animal feroz, tenía extraordinarios movimientos del pecho, dificultades para respirar y no conservaba memoria alguna luego de sus ataques" (4).

Las narrativas patográficas de Mutis y López nos enfrentan a dos problemas más. De una parte, el análisis crítico de los discursos originados en la medicina y, de otra, los usos metafóricos de la enfermedad y los modos en que las enfermedades han servido para hablar de cuestiones no estrictamente médicas, llegando a definir y a alterar la construcción social del cuerpo determinado como "normal". Inevitablemente combinados, estos dos marcos interpretativos nos permiten entender, en primer lugar, la medicina y la enfermedad como "recursos normalizadores y constitutivos de la modernidad" (Armus, "Cultura" 13), o como discursos enmarcados en el moderno e ilustrado proyecto de la medicina, cuyos esfuerzos de racionalización desarrollaron conocimientos y lenguajes disciplinares destinados a controlar a los individuos y a los cuerpos. En segundo lugar, estos mismos discursos plantean los usos metafóricos de la enfermedad a partir de la exploración de las relaciones entre patologías y literatura, enfatizando en las voces experienciales de médicos, pacientes y enfermos, a la par que en los *vacíos discursivos* hallados en el registro patográfico de enfermedades como la epilepsia, la rabia y la hipocondría, las cuales, siguiendo a John Wiltshire, se enfrentan al reto de lo no-significado cuando se alcanza la etapa de agudización del paciente que sufre de enfermedades de esta categoría:

> One says perhaps because addition and chronic illness can just as effectively produce chaos in the life-world of the family. The need to create meaning, the prevalent in the pathography in any case, becomes pressing when the patient, the very subject of the narrative, while apparently physically well

> enough, incarnates the disruption or bafflement of normal meaning-making activity, and seems in fact to be a different 'self' or to have lost the self that they were (413).

Hasta aquí, hemos observado cómo en la obra científica de Mutis y López se entremezclan historias psicosomáticas con relatos de tipo social. Para ello, se recurre al relato médico y se adoptan las estructuras narrativas del caso clínico: etiología, diagnóstico, tratamiento y pronóstico. Médicos, testigos y pacientes nos han señalado cómo se diagnosticaron sus enfermedades y cómo se ha construido un correlato socio-biológico de un cuerpo patológico. Después de todo, ¿existía un tratamiento para curar la epilepsia, la rabia o la hipocondría, según la visión de Mutis y López? ¿Qué ocurría cuando el tratamiento no funcionaba? Tanto Mutis como López, aunque eran médicos de profesión, nunca ejercieron la medicina en un sentido práctico. La divergencia entre catedrático y médico, o entre catedrático y curandero, era el punto de partida para intervenir a los cuerpos con alteraciones de la "mente". Enfermedades como la epilepsia y la hipocondría pueden determinarse, por lo tanto, como *(des)órdenes de gabinete*. A diferencia de la rabia, la epilepsia y la hipocondría no eran descritas como eventos epidémicos, sino como enfermedades de carácter "privado", capaces de hacer "convulsionar" el espacio doméstico y el gabinete del letrado, es decir, eran patologías que imponían otra clase de diagnóstico ante el paciente. El enfermo epiléptico y el hipocondriaco eran un objeto de observación, más que un objeto de disección. La convulsión operaba en el marco del discurso científico, y aunque la descripción sintomática y la terapéutica del paciente suponían procedimientos similares, no se observa en la documentación de la época una intervención directa sobre los cuerpos enfermos. Nótese, por ejemplo, la forma en que le recomendaba Mutis al médico hipocondríaco de Santafé, que hiciera su proceso terapéutico:

> Alimento blando y humectante; bebida de la misma naturaleza. Lavativas frecuentes de agua y un ejercicio moderado a pie o a caballo. *Cuídese mucho de no hablar de su mal*, gastando mejor el tiempo en alguna lección inocente y divertida, que le haga olvidar casi de sí mismo, ocupe su imaginación en los objetos que le prestaren tales libros. La lectura de *El Quijote* hace admirables efectos ("Sobre los hipocondriacos" 121-122, mi énfasis).

Los saberes ilustrados se "apoderaban" del (des)orden hipocondriaco en todo el sentido de la palabra: curaciones ilustradas para cuerpos letrados. En el proceso de curación del mulato Lorenzo se observa lo contrario, pues la escala de dolor sufrida por el mulato es proporcional a la jerarquización de su tipo racial. En el discurso del señor Armero se establece una distancia entre centro y periferia, entre teoría y práctica médica, entre clase y raza, entre la causa patológica y los remedios para curar. La enfermedad y su curación son reconocidas como disfunciones que bien podrían ser "domesticadas" por la racionalidad científico-médica —la respuesta terapéutica de Mutis—, pero que, en la voz de Armero, le dan autoridad al conocimiento local. La voz de don Josef Armero nos entrega un doble testimonio de su ejercicio pseudomédico y periférico y, por tanto, su figura re-significa el concepto de medicina ilustrada, al proponer la curación de su mulato por medio de una terapéutica que incluía procedimientos como los aquí presentados:

> Luego que llegaron a casa se lavaron con orines y les hice aplicar manteca caliente aunque les supuraron algún humor las heridas, a los cortos días sanaron perfectamente... Se la sajaron en ella ventosas y echó unas cortas gotas de sangre haciendo espuma y esto a las repetidas veces que se le aplicó la ventosa hasta este día; al medio día tomó algún alimento seco haciendo esfuerzos y a los líquidos mucho más, particularmente al agua (137).

En este formato patográfico el discurso luce tan contagioso como la rabia del mulato. La ley de su propagación reproduce los mismos síntomas y patologías, y en la medida en que los síntomas de la rabia consumen el cuerpo del mulato Lorenzo, su observador, el señor Armero, produce en una relación inversamente proporcional con el cuerpo textual o con lo que podríamos determinar como su diario médico. La rabia surge como el acelerador de la narración y el punto de fuga y a la vez el creador de suspenso. La denominada "neuromímesis" que producen ciertas narrativas contagia, de este modo, a las subjetividades excesivas —(dis)funcionales o patológicas—, porque logra transmitir —como las enfermedades—, conductas desviadas del orden (González-Stephan 171). La escritura del señor Armero y el dolor del mulato Lorenzo representan "a case which should therefore remain as faithful as possible to the sufferer's own account. But because pain and illness, it resists translation into words, hence the physician must also interpret the patient's words and the objective signs" (Davis 117). La rabia "periférica" del mulato Lorenzo puede leerse como una enfermedad en la cual el nivel de dolor del proceso curativo es el medidor de la *diferencia* racial y colonial. Esto, porque su principal interlocutor o traductor, era su patrón, un sujeto ilustrado y criollo, quien circulaba en los espacios letrados de Mutis.

En este artículo se ha mostrado la confluencia entre el debate médico europeo, los saberes locales y las formas tradicionales de curar los (des)órdenes de la "mente" y el "temperamento", a partir de relatos sobre la rabia, la epilepsia o la hipocondría. Los registros patográficos de López y Mutis han asignado una función pseudomédica a sujetos del común, cuyas experiencias patológicas no pueden interpretarse solo como episodios de la "jerga médica" dirigida a científicos o a un público ilustrado. El discurso médico proveyó a letrados como Mutis y López de presupuestos epistemológicos acerca del cuerpo patógeno, así como de un criterio de autoridad para legitimar ciertos prejuicios coloniales sobre la enfermedad y lo que se convertiría en la *diferencia* mental un siglo más tarde en el Nuevo Reino de Granada.

Obras citadas

Alzate Echeverri, Adriana María. *Los oficios médicos del sabio. Contribución al estudio del pensamiento higiénico de José Celestino Mutis*. Medellín: Universidad de Antioquia, 1999.

— *Suciedad y orden. Reformas sanitarias borbónicas en la Nueva Granada (1760-1810)*. Bogotá: Instituto Colombiano de Antropología e Historia, 2007.

— *Geografía de la lamentación. Institución hospitalaria y sociedad Nuevo Reino de Granada, 1760-1810*. Bogotá: Universidad del Rosario, 2012.

Antebi, Susan. *Carnal Inscriptions: Spanish American Narratives of Corporeal Difference and Disability*. Basingstoke: Palgrave Macmillan, 2009.

Armus, Diego (ed.). "Cultura, historia y enfermedad. A modo de introducción". *Entre médicos y curanderos. Cultura, historia y enfermedad en la América Latina moderna*. Bogotá: Norma, 2002, pp. 11-27.

— (ed.). "Disease in the Historiography of Modern Latin America". *Disease in the History of Modern Latin America. From Malaria to AIDS*. Durham: Duke University Press, 2003, pp. 1-24.

Bladin, Peter F. y Mervyn J. Eadie. *A Disease Once Sacred: A History of the Medical Understanding of Epilepsy*. Abingdon: John Libbey, 2001.

Bolwig, Tom G. "Pathography and Clinical Virtues". *Acta Psychiatrica Scandinavica*, vol. 114, n.º 6, 2006, p. 445.

Castro-Gómez, Santiago. *La hybris del punto cero: ciencia, raza e ilustración en la Nueva Granada (1750-1816)*. Bogotá: Pontificia Universidad Javeriana, 2010.

Colmenares, Germán. *Relaciones e informes de los gobernantes de Nueva Granada*. Bogotá: Banco Popular, 1989.

Cruz Montalvo, Olga Marcela. "Expresiones de la locura en el virreinato de la Nueva Granada durante el siglo xviii". *FRENIA*, vol. 9, 2011, pp. 47-66.

Frías Núñez, Marcelo. *Enfermedad y sociedad en la crisis colonial del Antiguo Régimen. Nueva Granada en el tránsito del siglo xviii al xix: las epidemias de viruelas*. Madrid: CSIC, 1992.

Hernández de Alba, Guillermo (comp.). *Archivo epistolar del sabio naturalista don José Celestino Mutis*. Bogotá: Instituto Colombiano de Cultura Hispánica, 1983.

Lama T., Alexis y Dagmar Van Wijngaarden. "Boerhaave: una mente brillante, un carácter virtuoso". *Revista Médica de Chile*, vol. 130, nº 9, 2002, pp. 1067-1072.

López Ruiz, Sebastián José. *Contextacion a la consulta sobre la enfermedad del Dr. Dn. Manuel José Mosquera*. Bogotá, 1783. Manuscrito.

— *Informe sobre el estado de la medicina. Santa Fe, 31 de octubre de 1799. Sebastián José López Ruiz (1741-1832). Sus escritos médicos y el ejercicio de la medicina en el Virreinato de Nueva Granada durante la segunda mitad del siglo xviii*. Málaga: Universidad de Málaga, 1996, pp. 71-88.

Mutis, José Celestino. "Sobre los hipocondríacos". *Escritos científicos de don José Celestino Mutis*, editado por Guillermo Hernández de Alba. Bogotá: Instituto Colombiano de Cultura Hispánica, 1983, pp. 121-122.

Nieto Olarte, Mauricio. *Remedios para el imperio. Historia natural y apropiación del Nuevo Mundo*. Bogotá: Instituto Colombiano de Antropología e Historia, 2000.

Nouzeilles, Gabriela. "La plaga imaginaria: histeria, semiosis corporal y disciplina". *Revista de Crítica Literaria Latinoamericana*, vol. 26, n.º 52, 2000, pp. 173-191.

Rodríguez, Diana Farley y Elquín Alfonso Morales. "La medicina en el siglo de la razón". Biblioteca Nacional de Colombia, <registrounico.bibliotecanacional.gov.co/content/medicina-en-el-siglo-de-la-raz%C3%B3n-0>.

Rodríguez, Pablo. *Sentimientos y vida familiar en el Nuevo Reino de Granada. Siglo xviii*. Barcelona: Planeta, 1997.

Sacristán, María Cristina. *Locura e inquisición en Nueva España 1571-1760*. Ciudad de México: Fondo de Cultura Económica, 1992.

Silva, Renán. *Las epidemias de la viruela de 1782 y 1802 en la Nueva Granada*. Cali: Universidad del Valle, 1992.

Wiltshire, John. "Biography, Pathography, and the Recovery of Meaning". *Cambridge Quarterly*, vol. 29, 2000, pp. 409-22.

"Realismo mágico": reflexiones sobre la crítica literaria africana y latinoamericana

Ineke Phaf-Rheinberger
Rheinisch-Westfälische Technische Hochschule Aachen[1]

Discrepancias

Esta contribución propone formular algunas observaciones sobre coincidencias y discrepancias en la crítica literaria africana y latinoamericana. Para esta última, el término "realismo mágico", mencionado en el título, conmemora la larga e interminable discusión iniciada a partir de la publicación de *Cien años de soledad*, del colombiano Gabriel García Márquez,[2] una novela que influyó tanto al chino Mo Yan, Premio Nobel de Literatura 2012, como al autor Sony Labou Tansi de la República del Congo solo para dar algunos ejemplos. Este término también refiere a la crítica africana, como queda documentado en el ensayo "Magical Realism and the African Novel", escrito por Ato Quayson e incluido en *The Cambridge Companion to the African Novel*. Por lo tanto, se trata de preguntarnos de qué manera este concepto de "realismo mágico" contribuye a construir un puente entre la crítica latinoamericana y la africana, dos campos académicos separados debido a su organización por áreas geográficas.

No cabe duda de que para la crítica africana, la clásica división histórica entre literatura colonial, el siglo XIX y la literatura contemporánea en América Latina, es problemática. El siglo XIX en América Latina simboliza la ruptura colonia-independencia, mientras que en África este proceso ocurre

---

1 Agradezco a Ana Barahona Echeverría (UNAM) por el tiempo que tomó para revisar mi texto.

2 Traducción al inglés, *One Hundred Years of Solitude*, por Gregory Rabassa (1970).

mucho más tarde, con la independencia de Ghana y el importante discurso de su primer presidente, Kwame Nkrumah (1909-1972), sobre la "africanidad" de los estados del continente, el 6 de marzo de 1957:

> And, as I pointed out... from now on, today, we must change our attitudes and our minds. We must realise that from now on we are no longer a colonial but a free and independent people. But also, as I pointed out, that also entails hard work. That new Africa is ready to fight his own battles and show that after all the black man is capable of managing his own affairs. We are going to demonstrate to the world, to the other nations, that we are prepared to lay our foundation –our own African personality ("Ghana Independence Speech").

Hablando de África, Nkrumah se dirige a las anteriores colonias de Inglaterra, Francia, España y Portugal, la llamada África "subsahariana" o "negra" ("the black man"). El dato de su independencia coincide con el de las islas del Caribe no-hispánico, como Nigeria con Jamaica en 1962, o Angola con Surinam en 1975. Así, se entiende que, a partir de 1990, el análisis de los textos literarios escritos por autores de aquellos países en África y el Caribe empezara a figurar bajo la categoría poscolonial en los estudios culturales, mientras que la crítica de la literatura latinoamericana siempre se mostrara reticente a adoptarla, como sabemos de los volúmenes editados por Mabel Moraña.[3] Sobre todo, para Moraña, llama la atención la negación de que los estados latinoamericanos tuvieran que negociar sus parámetros culturales desde principios del siglo XIX y que esto influyera de manera decisiva en su corpus literario. Este panorama constituye un gran contraste con la situación africana, en la que aquel siglo simbolizó el inicio de un proceso de expansión colonizadora más rígida, como consecuencia de la Conferencia Congo, realizada en Berlín en 1884-1885. Este evento, en la opinión del historiador Frederick Cooper, impulsó la desglobalización del continente africano, debido a la demarcación decisiva de las fronteras de las colonias europeas y a la cláusula, en el documento final, con respecto a la obligación de promover una colonización más "eficaz" (189-213). A lo largo de los siguientes años, sus efectos fueron destruyendo las redes internas de comercio y de organización social, dando paso a una administración burocrática, al trabajo (forzado) previo contrato y a la migración de europeos a África.

3 Algunos de esos títulos son: *Políticas de la escritura en América Latina. De la colonia a la modernidad* (1997); *Coloniality at Large. Latin America and the Postcolonial Debate*, editado junto a Carlos A. Jáuregui y Enrique Dussel (2008); *Revisiting the Colonial Question in Latin America* (2008); y *Colonialidad y crítica en América Latina. Bases para un debate* (2008).

La novela

Debido a este desarrollo histórico diferente, en África no existe un debate sobre "civilización y barbarie" como fue formulado por Domingo Faustino Sarmiento, o un corpus novelesco de relaciones interculturales como en las *Ficciones fundacionales* de Doris Sommer. En *The Cambridge Companion to the Latin American Novel*, Efraín Kristal dedica todo un capítulo a la novela del siglo XIX, algo que, lógicamente, no se encuentra en *The Cambridge Companion to the African Novel*, arriba mencionado. Sin embargo, en ambos volúmenes se incluyen ensayos sobre un autor arquetípico que concibe la transición de un pueblo tradicional del siglo XIX al mundo global contemporáneo, como en *Things Fall Apart* del nigeriano Chinua Achebe[4] o en *Cien años de soledad*, de García Márquez.[5]

Es interesante observar que, en el volumen sobre la novela africana, el concepto de "realismo mágico" no se aplica a la novela de Achebe, a pesar de que sus personajes conviven con los muertos, quienes, además, intervienen en sus vidas. Achebe describe la saga de la vida de Onkwoko, el héroe de un pueblo en el periodo antes de la independencia de Nigeria, mientras que García Márquez cuenta la saga de la familia Buendía y su coronel Aureliano en el siglo XIX y las primeras décadas del siglo XX. En ambos casos, los autores ponen un fin radical a la época narrada, con la muerte explícita del protagonista, enfatizando el papel crucial de la memoria escrita. Achebe termina diciendo que un inglés escribirá la historia de su pueblo en un libro con el título *The Pacification of the Primitives Tribes of the Lower Niger*, mientras que García Márquez se enfoca en el desciframiento del manuscrito en sánscrito dejado por Melquíades, el cual contiene toda la verdad sobre la familia Buendía y su tiempo. Se trata, pues, de la conmemoración de este periodo de transición, de hacerlo inolvidable; se trata de la vida de personas en regiones muy alejadas, al margen de los grandes centros urbanos.

En la contemporaneidad es más difícil encontrar regiones alejadas de estas características. La modernización comunicativa con Internet y los teléfonos celulares afecta al globo de la misma forma que la desmesura de la expansión de sus megalópolis, como México, São Paulo, Río de Janeiro, Buenos Aires, Dar es-Salam, Johannesburgo, El Cairo, Luanda, Kinshasa,

---

4 Al respecto, véase el artículo de Dan Izevbaye, "Chinua Achebe and the African Novel" (31-50). La obra de Chinua Achebe se ha traducido al castellano en *Todo se derrumba* (1989) y *Todo se desmorona* (1997), reeditada en 2010 como libro de bolsillo y con prólogo de Marta López Rodríguez.

5 Véase el artículo de Steven Boldy, "*One Hundred Years of Solitude* by Gabriel García Márquez" (258-269).

Lagos, Kuala Lumpur y Tokio, entre otras. En general, estos fenómenos se asocian poco con el "realismo mágico". Por lo tanto, sorprende que esta asociación se represente en una novela mencionada en el ensayo "Magical Realism and the African Novel", de Quayson, profesor de la Universidad de Toronto y quien nació en Ghana. Sirva como ejemplo *O desejo de Kianda* (El deseo de Kianda) del escritor angoleño Pepetela.[6] En este texto, Pepetela describe el periodo de transición del socialismo hacia un sistema capitalista a partir de la perspectiva de la capital de Angola. Se vive el "síndrome de Luanda", un fenómeno tan sensacional que hasta fue comentado en el *Frankfurter Allgemeine* o el *New York Times*, atrayendo a turistas de todas partes del mundo para observarlo. Por razones desconocidas, las casas construidas en la plaza Kinaxixi poco a poco van derrumbándose, de ahí que Quayson anote:

> [...] the story is set in a period just after Angola's civil wars, when the earlier communist government is transforming itself into a post-war capitalist bureaucratic order. The main realist emphasis in the story is placed on the progressive embourgeoisement of the character of Carmina Evangelista, who was a former cadre in the MPLA's (Popular Movement for the Liberation of Angola) Youth Wing and in the novel represents the disturbing transformation of the Angolan revolutionary class into a modern-day capitalist elite. Her husband João provides a lazy and skeptical counterpart to the narrative of this elite (166).[7]

Pepetela narra este significativo episodio de la historia de Angola como una novela de suspense, un *thriller* en el que el lector se queda con la pregunta acerca de este derrumbe paulatino y misterioso que no hace daño a nadie, ni siquiera a los muebles y las propiedades de los habitantes. No se encuentra una explicación científica y se sospecha en la prensa todo tipo de conspiraciones secretas. Pepetela posiciona su trama en la década de 1990, cuando llega una gran migración del interior a Luanda con la intención de tener condiciones de vida más pacíficas en comparación con las otras regiones del país, donde las guerras nunca parecen terminar. Al mismo tiempo la ciudad se expande hasta convertirse en una metrópolis con millones de habitantes mientras que el sistema político cambia del socialismo al capitalismo debido al final de la Guerra Fría. La esposa de

6 Otras de sus novelas son: *El deseo de Kianda* (1999) y *The Return of the Water Spirit* (2002).

7 De 1975 a 1991, Angola tiene un gobierno socialista y después se transforma en una sociedad capitalista. El país sufre una guerra civil de 1975 hasta 2002, con algunas interrupciones breves.

João, Carmina Evangelista, es el prototipo de la identificación incondicional con cualquier gobierno. De una militante activa en el Partido Único, se convierte en diputada del gobierno democrático y funda simultáneamente una empresa internacional de exportación e importación.

Quayson explica el significado del título de la novela de Pepetela, elemento clave para entender la moral de la historia. El autor sitúa su narración en la plaza Kinaxixi, donde se encuentran edificios legendarios, como el de un moderno mercado y otro de muchos pisos que se empezó a construir a principios de los años setenta y todavía está sin acabar. En este último viven muchas personas pese a que ni hay electricidad ni condiciones sanitarias; la falta de apartamentos en una ciudad en crecimiento explosivo y la localización céntrica en Luanda no les dejan otra opción. Entre los habitantes se encuentra una niña pequeña que ayuda a solucionar el enigma del síndrome de Luanda. Ella escucha una canción proveniente de un pozo al lado del edificio, resto de una antigua y gran laguna, nunca drenada del todo, que en ocasiones inunda los pisos más bajos. Ella no sabe de dónde viene ni quién la canta. Junto con otro habitante del edificio, un viejo ciego, piensan que debe ser la canción de Kianda, el espíritu del agua del río Kwanza, que siempre vivió en la laguna de Kinaxixi antes de que se construyera la plaza en el mismo lugar. Kianda, en su canción, manifiesta su protesta contra esta planificación urbana que se llevó a cabo sin haberle pedido permiso o siquiera traído ofrendas. Por esta falta de respeto decide hacer desaparecer los edificios.

La palabra 'Kianda' deriva de la lengua kimbundu y se refiere a un "espíritu del agua" en la tradición oral y popular de la región alrededor de la capital de Angola, Luanda. El sociólogo y etnólogo Virgílio Coelho explica en un significativo ensayo que Kianda pertenece a los "genios" de la naturaleza.[8] Siempre está en relación con el agua: el océano, los ríos, los lagos, las lagunas o las *cacimbas*, los depósitos o tanques de agua. Coelho sostiene que todos los que visitan Luanda escuchan hablar de *kyàndà*, un "ser fantástico y extraordinario" que también habita los lugares húmedos de los bosques y montañas, a veces escondido en árboles grandes como el *imbondeiro*, tan central en el pensamiento angoleño como la ceiba en la obra novelesca del cubano José Lezama Lima. Igualmente, Coelho señala que a principios de los años noventa, el gobernador de la ciudad denominó su territorio como la Ciudad de Kianda, para unificar a los habitantes que venían de todas las provincias del país, así que no es nada excepcio-

---

8 "Imagens, símbolos e representações, 'Quiandas, Quitutas, Sereias': Imaginários locais, identidades regionais e alteridades. Reflexões sobre o quotidiano urbano luandense na publicidade e no universo do marketing".

nal que Pepetela escoja esta ciudad para dejar claro que su trama se sitúa en Luanda. Pepetela es uno de los escritores más distinguidos de Angola, participó en la lucha anticolonialista y es un prolífico autor de novelas. El 3 de septiembre de 2016, fue nombrado presidente de la recién fundada Academia de Letras de Angola. Su obra se puede comparar con la de Alejo Carpentier, en el sentido de que Pepetela toma en cuenta la interpretación de las diversas épocas históricas como eje de sus narrativas.

Quayson menciona dos novelas más[9] para apoyar su conclusión de que "[...] all the African magical realist texts draw on the polysemy of oral discourse to establish the essential porousness of what might be taken as reality. In this they extend the real of such oral discourses while placing them in completely new literary contexts" (175). Obviamente, haciendo énfasis en la transición política y en el cambio urbano, establece una conexión con la tradición oral en tanto polisémica y multinterpretable en contextos literarios nuevos.

Quianda o Kianda se introduce en la literatura en los años de la lucha contra la colonia[10] en los textos de Arnaldo Santos,[11] indicando una discrepancia entre la filosofía oral y la escrita, interconectadas no obstante por sus visiones aparentemente contrapuestas. Con su intervención mediante leyendas, mitos, proverbios, cuentos etnológicos y registros de eventos acronológicos, se comentan los momentos problemáticos de esta conexión. En el caso de Luanda, Kianda emerge como un principio guía, un elemento fluido, fugaz, que acompaña una "reflection of the original coming-into-being of a manifestly complex reality" (Quayson 162), mostrando lo efímero de su existencia y dando señales de la resistencia a los efectos destructivos y a la falta de respeto hacia el pasado.

COINCIDENCIAS

En este sentido, encontramos un punto de coincidencia con la literatura latinoamericana y la influencia quechua o maya en narrativas como *Agua* (1935), un relato del peruano José María Arguedas, o *Chac Mool* (1954), del mexicano Carlos Fuentes. Sobre *Agua*, Moraña escribe que

9 *The Last Harmattan of Alusine Dunbar. A Novel of Magical Vision* (1990), de Syl Cheney-Coker y *The Famished Road* (1991), de Ben Okri.

10 Véase, por ejemplo, la obra de Fernando Pinto Cebrián, *Historias de la Kianda, la "sirena" angoleña* (2013).

11 Sobre este autor, véase *Quinaxixe* (1ª edición 1965, 2ª edición 2015) y *A casa velha das margens* (2010).

> en esta convergencia de amor y odio es donde se genera justamente el dilema de la lengua, el *double bind*, que Arguedas alude como un "trance", como un "inconveniente aturdidor" en el que las dimensiones no-privilegiadas de la modernidad, lo local y lo íntimo, afloran como registros ineludibles de la subjetividad individual y colectiva. Y allí también es donde se urden los "sutiles desordenamientos" [...] al analizar el problema lingüístico, las disrupciones de la convención comunicativa, la desconvencionalización del sistema sígnico, el opacamiento del lenguaje como representación metonímica de la invisibilización del sujeto y su necesidad de aflorar como ruptura, como subversión (*Arguedas/Vargas Llosa* 185).

En la crítica literaria latinoamericana se empezó a discutir esta representación metonímica y el dilema de la lengua como una cuestión identitaria en relación a la cultura popular. En su estudio *Culturas híbridas. Estrategias para entrar y salir de la modernidad*, Néstor García Canclini analizó la integración de esta cultura popular en la representación mediática y la comercialización de sus contenidos tradicionales y comunitarios. El año de la publicación de su libro constituye el punto de arranque para los estudios culturales, documentado en la fundación de revistas críticas dedicadas a esta cuestión.[12] También en la novela de Pepetela, este asunto de la mediatización tecnológica y comercial desempeña un papel. El "síndrome de Luanda" muestra su dimensión global, mientras que João Evangelista, en las cercanías de la plaza Kinaxixi, se dedica todo el día a juegos de ordenador, enfocándose en temas de colonización y conquista. Vive en un mundo virtual y paralelo a la realidad en la que reside Kianda, el espíritu-guía de la oralidad, invisibilizado.

Agua, ríos, mares, y océanos, en relación con la modernidad urbana, son temas poco estudiados en la crítica literaria latinoamericana. En África se los estudia con más frecuencia. Carmen Secco, por ejemplo, interpreta este enfoque como la reacción a la imposición del "mar portugués" a partir de la colonización de Angola (Secco 27-72), la cual en la literatura contemporánea recibe una respuesta crítica.[13] El nigeriano Mahdu Khrishnan menciona igualmente este esfuerzo de descolonización y de la asociación con el mar en la conciencia local anglófona de la costa occidental africana, como una prueba de la emergencia de nuevos grupos urbanos en la literatura (Krishnan 1-18). De esta manera se explica el énfasis en Mami Wata, Kianda, o la Mãe-de-Agua en la literatura africana, algo que también se

---

12 *Journal of Latin American Cultural Studies*, a partir de 1995; *Journal of African Cultural Studies*, a partir de 1998; *European Journal of Cultural Studies*, a partir de 1998; *Inter-Asia Cultural Studies*, a partir de 2000.

13 Al respecto, véanse los artículos de Ana Sobral, "'Oceans of Pain': The Sea as Memory and Metaphor in Angolan Poetry and Rap Music" y de Ineke Phaf-Rheinberger, "Oceanic Modernity in Contemporary Narratives-Remembering Slavery in Brazil and Angola".

encuentra en la literatura de Cuba y de Brasil, orientadas a la ascendencia africana bajo nombres como Yemayá, Ochún, Angorô (el arcoíris) o *riozinho de sangue* (Phaf-Rheinberger, *Modern Slavrey*). Se los relaciona en los textos con las migraciones recientes desde las islas del Caribe a los Estados Unidos, y desde el Mediterráneo hacia Europa, actualizando así el recuerdo de la trata transatlántica de África a América en el pasado.

Estas observaciones requieren algunos comentarios. Por un lado, en un contexto interdisciplinario y ecológico, es bien sabido que el tema del agua es un gran problema contemporáneo en ciudades de África y América Latina. De esta forma, centrarse en su interpretación en la literatura contribuirá a fortalecer la conciencia y la sensibilidad en cuanto a la diversidad de su representación. Por otro lado, en relación a la historia social, el tema del agua coincide con el argumento de la descolonización en cuanto al trabajo forzado. En el siglo XIX, ya se empieza a problematizar la existencia del sistema de esclavitud de manera crítica en las novelas de Cuba, Brasil, Angola y Cabo Verde. Este asunto, por lo tanto, establece una conexión temática en la literatura de ambos continentes, que en el presente continúa desarrollándose hasta convertirse en un tema coetáneo, ya que, por ejemplo, en los GLS (Global Labor Studies) —un campo académico recién establecido— se sostiene que el trabajo esclavo está tan presente en la actualidad como en el pasado.[14] La abolición oficial de la esclavitud solo puso fin a la legalidad de este fenómeno dando lugar a una "esclavitud moderna" ilegal, relacionada con la migración ultramar de refugiados y nativos de África en busca de un futuro, o conectada con las balsas de cubanos y caribeños en dirección a los Estados Unidos. Esta dinámica produce un encuentro de religiones, lenguas diversas y sexualidades complejas, discutido en diferentes textos que nos confrontan con convergencias y discrepancias de la historia social de una época. El "genio de la naturaleza", Mami Wata, por ejemplo, no se deja contaminar por ninguna de estas complejas situaciones diarias. En la novela *Faire l'aventure*, de Fabienne Kanor, libro con el que ganó el Prix Carbet de la Caraïbe et du Tout-Monde en 2014, en medio de la confusión de la migración ilegal de los senegaleses hacia Europa para "hacer la aventura", Mami Wata sale de compras con toda tranquilidad a las *boutiques* de París y Londres. No necesita pasaporte o transporte, es completamente autosuficiente. Una caracterización similar, justamente, es válida para Kianda en la novela de Pepetela. La expansión de Luanda hace comprensible que se necesiten nuevas obras

---

14 Sobre este punto véanse las investigaciones de Laura Murphy, *Survivors of Slavery. Modern-Day Narratives* (2014); Gelba Cavalcante Cerqueira *et al.*, *Trabalho escravo contemporâneo no Brasil. Contribuções críticas para sua análise e denuncia* (2008); y Marcel van der Linden, *Workers of the World. Essays toward a Global Labor History* (2008).

urbanas de vivienda y de comunicación. Sin embargo, en el barrio alrededor de la plaza Kinaxixi se cuenta que un árbol sangró durante días cuando comenzaron a drenar la laguna de Kianda. Además, el viejo ciego le asegura a la niña que esta espiritualidad nunca jamás se manifestaba en la apariencia de una sirena, la versión europea y colonial, muchas veces adoptada por los propios colonizados. En su versión local, Kianda tiene apariencias múltiples de acuerdo con la circunstancia de su interpretación.

Pepetela también se refiere a los patronos sociales del pasado esclavista que se personaliza en el carácter de un vago, según Quayson "a lazy and skeptical counterpart to the narrative of this elite" (166), como João Evangelista, un hombre crítico con criterio independiente. Este carácter, en la tradición de los países africanos de lengua portuguesa, deriva de la categoría del "indígena" o "negro libre" que no quiere trabajar para el colono, quien en consecuencia le ve como vago y perezoso. Es un carácter heredado del pasado discriminador, de una mentalidad que se perpetúa en la contemporaneidad. João le critica a su esposa Carmina que tenga una actitud racista: no permite que su sirvienta negra se enamore de un carpintero portugués blanco, ya que esta relación podría dar lugar al nacimiento de mulatos. Esta problematización de la continuidad de este complejo de "colonialidad" a la inversa —según la definición de Aníbal Quijano[15]—, discutido entre una pareja negra, explica el final de la novela. Kianda, durante siglos siempre fuera de cualquier control social, se rebela contra la continuación de patrones coloniales en el proceso de urbanización republicana, derrumbando hasta el último edificio en la plaza Kinaxixi de manera pacífica. Una inundación bíblica pone fin a toda su historia moderna mientras Kianda se refugia en el océano. La magia o la tradición oral intervienen como intermediarias dejando ver la realidad precaria y su interpretación imaginaria de la modernidad, simbolizada en un signo acuático, que cuestiona su lógica racionalista dando a conocer su energía descolonizadora, *topos* que merece más discusiones e interpretaciones críticas en el futuro.

Obras citadas

Achebe, Chinua. *Things Fall Apart*. Portsmouth: Heinemann, 1958.

— *Un mundo se aleja*, traducida por Jorge Sarrió. Barcelona: Círculo de Lectores, 1966.

— *Todo se derrumba*, traducida por Fernando Santos. Barcelona: Círculo de Lectores, 1989.

15 Sobre Quijano, véase "Coloniality of Power, Eurocentrism, and Social Classification".

— *Todo se desmorona*, traducida por José Manuel Álvarez Flórez. Barcelona: Editorial del Bronce, 1997.
— *Todo se desmorona*. Barcelona: Editorial del Bronce, 2010.
ARGUEDAS, José María. *Agua. Los escoleros. Warma kuyay*. Lima: Cía. de Impresiones y Publicidad, 1935.
BOLDY, Steven. "*One Hundred Years of Solitude* by Gabriel García Márquez". *The Cambridge Companion to the African Novel*, editado por F. Abiola Irele. Cambridge: Cambridge University Press, pp. 258-269.
CAVALCANTE DE CERQUEIRA, Gelba *et al.* (eds.). *Trabalho escravo contemporâneo no Brasil. Contribuções críticas para sua análise e denúncia*. Rio de Janeiro: Editora UFRJ, 2008.
CEBRIÁN PINTO, Fernando. *Historias de la Kianda, la "sirena" angoleña*. Barcelona: Miraguano, 2013.
CHENEY-COKER, Syl. *The Last Harmattan of Alusine Dunbar: A Novel of Magical Vision*. Portsmouth: Heinemann, 1990.
COELHO, Virgílio. "Imagens, símbolos e representações, 'Quiandas, Quitutas, Sereias': Imaginários locais, identidades regionais e alteridades. Reflexões sobre o quotidiano urbano luandense na publicidade e no universo do marketing". *Os Túmúndòngò – os "génios" da natureza e o Kílàmbà- Estudos sobre a sociedade e a cultura kímbúndú*. Luanda: Kilombelombe, 2010, pp. 195-280.
COOPER, Frederick. "What is the Concept of Globalisation Good for? An African Historian's Perspective". *African Affairs*, vol. 100, n.º 399, 2011, pp. 189-213.
FUENTES, Carlos. "Chac Mool". *Los días enmascarados*. Ciudad de México: Era, 1983, pp. 9-27.
GARCÍA CANCLINI, Néstor. *Culturas híbridas. Estrategias para entrar y salir de la modernidad*. Ciudad de México: Grijalbo, 1989.
GARCÍA MÁRQUEZ, Gabriel. *Cien años de soledad*. Buenos Aires: Sudamericana, 1967.
— *One Hundred Years of Solitude*, traducida por Gregory Rabassa. New York: Harper & Row, 1970.
IZEVBAYE, Dan. "Chinua Achebe and the African Novel". *The Cambridge Companion to the African Novel*, editado por F. Abiola Irele. Cambridge: Cambridge University Press, pp. 31-50.
KANOR, Fabienne. *Faire l'aventure*. Paris: JC Lattès, 2014.
KRISHNAN, Mahdu. "Mami Wata and the Occluded Feminine in Anglophone Nigerian-Igbo Literature". *Research in African Literature*, vol. 43, n.º 1, 2012, pp. 1-18.
KRISTAL, Efraín (ed). *The Cambridge Companion to the Latin American Novel*. Cambridge: Cambridge University Press, 2006.

Linden, Marcel van der. *Workers of the World. Essays toward a Global Labor History* (*Studies in Global Social History*). Boston: Brill, 2008.

Moraña, Mabel (ed.). *Políticas de la escritura en América Latina. De la colonia a la modernidad.* Caracas: ExCultura, 1997.

— *Arguedas/Vargas Llosa. Dilemas y ensamblajes.* Madrid/Frankfurt: Iberoamericana/Vervuert, 2013.

Moraña, Mabel *et al.* (eds.). *Coloniality at Large. Latin America and the Postcolonial Debate.* Durham: Duke University Press, 2008.

Moraña, Mabel y Carlos A. Jáuregui (eds.). *Colonialidad y crítica en América Latina. Bases para un debate.* Puebla: Benemérita Universidad Autónoma de Puebla, 2008.

— (eds.). *Revisiting the Colonial Question in Latin America.* Madrid/Frankfurt: Iberoamericana/Vervuert, 2008.

Murphy, Laura. *Survivors of Slavery. Modern-Day Narratives.* New York: Columbia University Press, 2014.

Nkrumah, Kwame. "Ghana Independence Speech", <panafricanquotes.wordpress.com/speeches/ghana-independence-speech-by-kwame-nkrumah/>.

Okri, Ben. *The Famished Road.* London: Vintage, 1991.

Pepetela. *O desejo de Kianda.* Lisboa: Quixote, 1997.

— *El deseo de Kianda*, traducido por Eduardo Naval. Madrid: Alianza, 1999.

— *The Return of the Water Spirit*, traducido por Luis R. Mitras. Portsmouth: Heinemann, 2002.

Phaf-Rheinberger, Ineke. "Oceanic Modernity in Contemporary Narratives-Remembering Slavery in Brazil and Angola". *Beyond the Line. Cultural Narratives of the Southern Oceans*, editado por Michael Mann e Ineke Phaf-Rheinberger. Berlin: Neofelis, 2014, pp. 233-271.

— *Modern Slavery, Water Spirituality, and Urban Rhythms.* Frankfurt: Peter Lang, en prensa.

Quayson, Ate. "Magical Realism and the African Novel". *The Cambridge Companion to the African Novel*, editado por F. Abiola Irele. Cambridge: Cambridge University Press, 2009, pp. 159-176.

Quijano, Aníbal. "Coloniality of Power, Eurocentrism, and Social Classification". *Coloniality at Large. Latin America and the Postcolonial Debate*, editado por Mabel Moraña *et al.* Durham: Duke University Press, 2008, pp. 181-224.

Santos, Arnaldo. *A casa velha das margens.* Porto: Chá de Caxinde, 2010.

— *Quinaxixe.* Lisboa: Casa dos Estudantes do Império, 1965-2015.

Secco, Carmen Lucía Tindó Ribeiro (ed.). *Antologia do mar na poesia africana de língua portuguesa do século XX. Angola*, vol. 1. Luanda: Kilombelombe, 2000.

SOBRAL, Ana. "'Oceans of Pain': The Sea as Memory and Metaphor in Angolan Poetry and Rap Music". *Beyond the Line. Cultural Narratives of the Southern Oceans*, editado por Michael Mann y Ineke Phaf-Rheinberger. Berlin: Neofelis, 2014, pp. 199-232.

SOMMER, Doris. *Ficciones fundacionales. Las novelas nacionales en América Latina*. Ciudad de México: Fondo de Cultura Económica, 2009.

Días de la selva: inmunización y comunidad en la 'novela de la selva' y el testimonio guerrillero

Jens Andermann
Universität Zürich

> … insectos, plantas, agua, aire, el hombre mismo, se confunden en su arbolado espejismo y todas las vidas sorben allí su propio instante como una simple emanación del bosque. Para producir fruta, el suelo ha de hallar una semilla capaz de incorporarse a la esencia entrañable de la tierra, de transformar sus elementos químicos en hojas y flores. Para producir una cultura humana, la selva ha de encontrar una raza capaz de poseer su hondura y destilar a la luz su fuerza sombría (Frank, "La selva" 24).

En uno de los momentos más intensos de *La montaña es algo más que una inmensa estepa verde* (1982), narración testimonial de la revolución sandinista, Omar Cabezas narra la marcha de la pequeña columna por una estrecha quebrada, perseguida por la Guardia Nacional que acaba de sorprender y asesinar a Tello, el guerrillero veterano que había adiestrado a los combatientes jóvenes en la lucha selvática. El momento es de una crisis de fe intensa: si Tello había sido el mejor de los guerrilleros y aun así, murió sin siquiera presentar combate, entonces probablemente también "el Che habría sido un quijote como Tello, como nosotros, y el mismo Frente Sandinista era un quijote, a lo mejor" (144). Pero en este instante clave, la marcha a duras penas, resistiendo al cansancio y a los dolores de la *leishmaniasis* —la "lepra del monte"— es referida como prueba iniciática en la que el protagonista vence a sus propias dudas al imponer su voluntad sobre el ambiente traicionero. Tello, escribe Cabezas, era un símbolo no solo para sus compañeros sino también para la montaña misma,

> porque vivía con ella. Estoy seguro que vivió con ella, que tuvo relaciones con ella, le parió hijos a Tello […] y cuando Tello muere, ella siente que se va

> a acabar. La montaña siente que ya no tiene ningún compromiso [...] Pero cuando ve [al] grupo de hombres marchando ahí, sobre ella, en el corazón de ella, como que siente que Tello no es el fin del mundo [...] Ella tenía que darse cuenta que Tello era el comienzo del mundo porque después de él veníamos nosotros [...] Como que se dio cuenta que había metido las patas, que no se debió haber quedado callada aquella tarde en que Tello murió, sino que debió haber seguido meciéndose aunque fuera por neutralidad; pero nosotros la doblamos, le fracturamos la neutralidad a los grandes árboles, a los ríos, la devolvimos, porque el ruido cambió después de nosotros, porque nosotros poseímos el río y le imprimimos a ese río nuestro propio ruido [...] Entonces como que ella se dio cuenta que había metido las patas, no tenía más remedio, y la persuadimos a verga (151-52).

El episodio trae ecos de otro, también iniciático, donde Marcos Vargas, el héroe modernizador de *Canaima* (1935), del venezolano Rómulo Gallegos, consigue derrumbar por fin las vallas civilizatorias que hasta entonces le habían impedido avanzar hacia su verdadera y salvaje esencia. Corriendo desnudo por la selva huracanada, la misma que lo había dejado hasta ese momento en un trance de irritación y ansiedad, Marcos Vargas siente una suerte de liberación. De repente, "advirtió que la selva tenía miedo" (Gallegos 182):

> —¿Qué hubo? ¿Se es o no se es?
>
> El Marcos Vargas del grito alardoso ante el peligro, del corazón enardecido ante la fuerza soberana, otra vez como antes gozoso y confiado [...] Las raíces más profundas de su ser se hundían en suelo tempestuoso, era todavía una tormenta el choque de sus sangres en sus venas, la más íntima esencia de su espíritu participaba de la naturaleza de los elementos irascibles y en el espectáculo imponente que ahora le ofrecía la tierra satánica se hallaba a sí mismo, hombre cósmico, desnudo de historia, reintegrado al paso inicial al borde del abismo creador (Gallegos 183-184).

Una escena es casi el espejo de la otra: el héroe liberal le dobla el pulso a la tormenta, el héroe socialista a la quietud. Ambos triunfan sobre los elementos naturales al mimetizarse con ellos. Cabezas y su columna son los hijos de la montaña; Vargas adquiere los poderes del propio espíritu selvático, Canaima, y "habla con los palos del monte y lo ha sido él también algunas veces" (Gallegos 210).

¿Cómo pensar esos ecos, esas continuidades y reapariciones, entre dos textos y entre las series en donde se inscriben la distopía liberal de la novela de la selva y la épica revolucionaria del testimonio guerrillero? La historiografía literaria latinoamericana de las últimas décadas, más notablemente los trabajos de Carlos J. Alonso (1990), Roberto González Echevarría (2000) y Françoise Pérus (1982, 1998), ha enfocado a la novela de la selva ante todo como una suerte de despliegue "orquestal" de los tonos y timbres del vocerío nacional, en cuyos enfrentamientos y seducciones mutuas se plasmaban, como si fuera en un mapa, los conflictos sociales y políticos que agrietaban el proyecto de modernidad nacional. El *ambiente* selvático —el conjunto de elementos no humanos en ese ensamble sinfónico— figuraba en esas lecturas apenas como un fondo que, del mismo modo que los cambios de escenografía entre un acto teatral y el próximo, permitía el despliegue de esas tensiones que eran, no obstante, de carácter temporal antes que espacial: remitían al acceso desigual a la modernidad y a las combinaciones e hibridaciones entre formas no-simultáneas de experiencia histórica que resultaban de aquel. Leída en otra clave, sin embargo, más enfocada en la dimensión biopolítica de esa modernidad, la ambientación rural y silvestre del conflicto agonal entre la multiplicidad de voces y su captura por la escritura que nos han revelado con tanta riqueza estos abordajes críticos, adquiere un interés menos lateral. Porque, lo que el ambiente selvático trae a luz en este proyecto moderno de *transcripción* es precisamente su carácter *inmunológico*, que se remonta a una larga tradición *farmacéutica* del *topos* selvático (la mitología colonial del Dorado es sin duda su expresión más famosa) en la que se quieren movilizar para fines transformadores del mundo "civilizado" las energías "salvajes" que la selva detiene en tanto exterior radical. Ese *pharmakon* selvático conoce, en la modernidad literaria y política del siglo XX latinoamericano, dos iteraciones novedosas, las cuales, como quiero mostrar en este trabajo, echan mano a su "remedio" al mismo tiempo que tratan de circunscribir sus "venenosos" efectos de contagio y destrucción:[1] la novela de la selva, asociada al proyecto liberal de modernización nacional, y los testimonios de la guerra de guerrillas que surgen tras el triunfo de la Revolución cubana en 1959. De esta manera, propongo, ambas series narrativas adquieren una actualidad novedosa, en tanto ellas habrían construido unas articulaciones tempranas de lo que, con Dipesh Charkrabarty, podríamos pensar como la historicidad propia del antropoceno: un tipo de narración que "pon[e] las historias globales del capital en conversación con la historia del hombre en tanto especie" (212).

En su estudio fascinante *Forests: The Shadow of Civilization* (1992), Robert Pogue Harrison traza una arqueología literaria del bosque en Occidente, en tanto origen y límite abismal de una civilización que encuen-

---

1 Los trabajos que más han indagado en la dimensión política, económica y cultural de esa sobredeterminación farmacéutica de la selva son, sin duda, los de Michael Taussig (1983, 1987). Sobre la semántica histórica del concepto del *pharmakon*, véase también Hermann Herlinghaus (2012).

tra ahí su alteridad definitoria: "forests represent an opaque mirror of the civilization that exists in relation to them" y, por lo tanto, son también los repositorios de "its fantasies, paradoxes, anxieties, nostalgias, self-deceptions, and even its *pathos*" (108). De las metamorfosis ovidianas al romanticismo, Harrison sugiere que lo oscuro del bosque es donde las diferencias constitutivas entre las formas de la creación se diluyen y confunden en la continuidad indiferenciada de lo viviente y aún informe. El ciclo que va y viene de la putrefacción a la germinación y el florecimiento es la cifra mayor de esta recaída de una vida diferenciada y calificada (*bios*) en lo meramente viviente (*zoë*): "al pie del coloso que se derrumba, el germen que brota; en medio de los miasmas, el polen que vuela; y por todas partes el hálito del fermento, los vapores calientes de la penumbra, el sopor de la muerte, el marasmo de la procreación" ,como exclama un asqueado Arturo Cova en *La vorágine* (Rivera 296). El bosque es donde la *bios* se reconoce otra vez como *zoë*: es la imagen de ellos mismos que les devuelve el espejo opaco de la selva, la que horroriza y perturba a los héroes de la novela.

Esa continuidad de lo viviente es, precisamente, lo que la introducción de dispositivos inmunológicos debe contener al realizar una cuidadosa selección entre especies "dañinas" y "aliadas". La alianza inmunitaria se establece al trazar un límite, una división, por dentro de la comunidad de lo viviente: la inmunización se realiza renunciando a la comunidad. "Si *communitas* —propone Roberto Esposito, para quien el 'paradigma inmunitario' es el rasgo distintivo de la biopolítica moderna— es aquel tipo de relación que, al atar a sus socios a una obligación de donación recíproca, suspende a la identidad individual, *immunitas* es la condición de exención de una tal obligación y, por lo tanto, la defensa contra las tendencias expropiativas de la *communitas*" (50). La novela de la selva y el relato de la lucha guerrillera en la selva y en la sierra, quisiera sugerir, recurren de distintas maneras a esa *inmuno-lógica* asociada al ambiente silvestre. Pueden ser pensadas como reconfiguraciones de un pacto o alianza inmunitaria propia de la modernidad. No solo el proyecto de modernización liberal, que intenta salvar los héroes de la novela de la selva al precipitarlos contra su límite, sino también el de la transformación revolucionaria que, a partir de la victoriosa campaña de la Sierra Maestra, será pensada y puesta en marcha en América Latina como "guerrilla" basada en remotas zonas selváticas y montañosas, es en realidad una lucha a dos frentes: contra la ciudad "alienada", sede local de un poder neocolonial y extranjerizante, pero también, y crucialmente, *contra la selva*, a la cual el combatiente guerrillero —como antes el explorador-empresario—, impone su voluntad transformadora de sí mismo y de su entorno, a la par que se nutre de sus energías. Los testimonios guerrilleros actualizan la *inmuno-lógica* biopolítica del proyecto liberal modernizador, recurriendo alternadamente a los poderes curativos y destructivos de la ciudad y de su contraparte selvática. A nivel del texto, la relación "testimonial" entre voz y letra es donde esta *inmuno-lógica* se traduce en una forma particular de expresión; una relación entre voz y letra que remite también a la relación "antropogénica" entre capitalismo e historia de la humanidad en tanto especie.

"Catedrales de la pesadumbre"

El crítico uruguayo Fernando Aínsa ha caracterizado la novela de la selva como una literatura cartográfica en cuyas tramas de búsqueda y fuga se organiza un "sistema de lugares" (90-91). Este sistema distribuye a través del espacio recorrido por el héroe unos valores residuales que en su conjunto conforman mapas del Estado-nación como trama espacializada de conflictos y tensiones. La selva, sugiere Aínsa, representa el borde constitutivo de ese sistema de lugares ya que, en tanto vacío fundacional, permite poner en escena el gesto constitutivo de inscripción/nombramiento del que la propia escritura deriva su poder representacional y valorativo. Como ha sugerido González Echevarría, el texto que más claramente revela ese carácter al mismo tiempo constitutivo y aporético de un mapa nacional escrito desde el límite y que, por lo tanto, empuja hacia su propio límite al género de la novela de búsqueda, es *Los pasos perdidos* de Alejo Carpentier (23-27); texto que —como *La vorágine,* su precursor más importante— es también la ficción de una voz imposible, una "voz-escritura" que sostiene el discurso narrativo desde un "más allá" aporético. El paradójico carácter biopolítico de la selva como sitio de emergencia de una vida indiferenciada se repite y desdobla en un discurso narrativo que pretende colapsar en un mismo plano voz y escritura, oralidad y archivo.

Las características principales que comparten, con algunos matices, los grandes textos de la novela de la selva son al menos tres: en primer lugar, una temporalización antagónica entre el héroe quien, en su avance hacia la selva, inscribe un vector de modernización, y su entorno donde el avance espacial corresponde a una regresión histórica gradual. En toda la serie, la travesía por distintos espacios y tiempos hasta llegar a la tribu primitiva donde se refugia Marcos Vargas o a los petroglíficos en las alturas de Santa Mónica de los Venados que cobijan "la vegetación diabólica que rodeaba el Paraíso Terrenal antes de la Culpa" (Carpentier 213), también permite revisitar todas las edades anteriores de la "evolución americana", en una suerte de historia natural al revés. Por eso, y esa es la segunda característica genérica, las novelas de la selva representan textos híbridos donde a cada compartimento espacio-temporal le corresponde un cronotopo narrativo distinto, a veces —como en *La vorágine*— literalmente a través de un cambio de voz narrativa. Finalmente, la transición entre un escenario y el próximo pasa por relaciones sexuales entre el protagonista y mujeres nativas quienes son construidas, de esa manera, como guardianas del umbral y como alegorías de una naturaleza feminizada que resiste, cede o envuelve voluptuosamente al acecho masculino del héroe modernizador: "He viajado a través de los tiempos —lo resume el narrador de Carpentier, en una actitud conscientemente autorreflexiva acerca de la serie genérica en donde inscribe su relato—, pasé a través de los cuerpos y de los tiempos de los cuerpos, sin tener conciencia de que había dado con la recóndita estrechez de la más ancha puerta" (285), puerta que vendría a abrirse hacia el más allá de la escritura misma, a un espacio-tiempo de pura inmediatez.

Ese doble movimiento de la novela de la selva —avance espacial, regresión temporal— inscribe una tensión entre ecología e historia que se manifiesta en un vaivén por parte de héroes y narradores entre la denuncia crítica del violento proceso de acumulación primitiva y el fatalismo determinista que atribuye sus excesos al mismo ambiente "salvaje". La exposición y crítica a veces aguda de la política clientelista y de las relaciones explotativas de trabajo —las caucheras amazónicas en *La vorágine*; el caciquismo criminal de la Guayana venezolana en *Canaima*, la explotación petrolera en *Los pasos perdidos*— da lugar a trances de "resignación ambiental" en los cuales la espiral de violencia vuelve a inculpársele a la "selva sádica y virgen" (Rivera 297) en su venganza por el ultraje sufrido a mano de los hombres.

En un trabajo reciente, Lesley Wylie resalta el carácter intertextual y metaliterario de la novela de la selva en tanto reescritura poscolonial del viaje al Nuevo Mundo. Los elementos más destacados de estos pastiches narrativos son la ironía y el mimetismo colonial; elementos que, según el crítico, caracterizan la reinscripción del punto de vista itinerante y de su función de autoridad epistémica y garante de veracidad (1). El héroe poscolonial —sujeto híbrido que no pertenece plenamente a la modernidad cosmopolita (su lugar de origen suele estar en el litoral del propio mundo colonial) ni al interior selvático que por tanto aborda como si fuera un extranjero— no puede sino sobreactuar el papel de descubridor que le asigna la tradición genérica, a sabiendas de que está apenas repitiendo una convención, un repertorio de gestos ya ensayados, pero que ya no detienen poder alguno de revelación fundacional. Ese discurso narrativo caracterizado por la inautenticidad y el mimetismo, concluye Wylie, ya no puede enfocar la selva como un silencioso afuera del texto sino que la abarca como intertexto, como aquello que media entre un corpus y su reescritura. Las novelas de la selva se embarcan, pues, a "la selva no solo como un espacio físico sino también como un símbolo de los límites de la escritura europea del trópico" (Wylie 3). Sin embargo, como señala Lúcia Sá, la narrativa latinoamericana moderna estaría confrontando esa impregnación por los intertextos del viaje colonial y naturalista a través del recurso a un sistema diferente de intertextos, un contra-archivo de mitos amazónicos indígenas (al cual se accede, irónicamente, recién a partir del archivo europeo de viaje) (39-40). El caso paradigmático sería el de *Macunaíma* (1928), la "rapsodia" picaresca de Mário de Andrade, quien reapropia los relatos transcriptos por el etnólogo alemán Theodor Koch-Grünberg de sus informantes Pemón en el curso de su viaje por el norte brasileño y las Guyanas, recopilados bajo el título *Vom Roraíma zum Orinoco* (1924).

La selva, en estas narrativas modernas, se transforma en una zona abismal al interior de la propia escritura donde ambos archivos —viaje colonial y mitología amazónica— se mezclan y confunden, pero también donde estalla la violencia lingüística que uno vierte sobre el otro. Por eso, no es apenas la zona de silencio donde enmudece una voz narrativa-silencio que, como en el epílogo de *La vorágine*, solo es posible señalar a través de múltiples enmarques: "El último cable de nuestro cónsul, dirigido al señor ministro y relacionado con la suerte de Arturo Cova y sus compañeros, dice textualmente: 'Hace cinco meses búscalos en vano Clemente Silva. Ni rastro de ellos. ¡Los devoró la selva!'" (Rivera 385). Crucialmente, es ahí donde se proyecta el origen aún mudo de un lenguaje *futuro* nacido de la confluencia de ambos archivos o sistemas de intertextualidad: una suerte de *infans* nacional que, como el hijo mestizo y homónimo de Marcos Vargas que regresa de la selva en *Canaima* para embarcarse a sus estudios ultramarinos, algún día pronunciará lo que el texto aun solo puede anticipar como silencio cargado, profetizar desde su propio enmudecimiento.[2]

Esa actitud vacilante de un texto que reinscribe irónicamente un discurso narrativo que a la vez denuncia como caduco, invocando en su lugar a una voz futura que solo puede figurar como silencio y como meta y destino del periplo narrativo que se posterga una y otra vez, corresponde al proyecto liberal de modernización nacional que encarnan los héroes criollos de la

---

2 Eduardo González analiza en detalle la construcción abismal del *locus* enunciativo en *Los pasos perdidos*, como escritura (o "diario de viaje") producido desde un espacio-tiempo que esa misma narración postula como inmediatez pura a raíz, precisamente, de la imposibilidad de escribir (es la falta de papel, o sea, de recursos para la escritura-composición, la que impele al narrador a emprender el viaje de regreso desde Santa Mónica a los Estados Unidos). El "diario de viaje", como escritura-habla, sería entonces de manera ostensiva una "voz ficcional" —una voz que devela, en términos de verosimilitud interna, su carácter de pura "ficción de voz"— y desdoblamiento interno de la "obra futura" aún por realizar.

novela de la selva. Al tomar las riendas del relato, estos pretenden disputar la soberanía sobre el espacio-tiempo que su itinerario abarca: así como lo hace el propio texto respecto del régimen narrativo que usurpa, lo que pretenden sus héroes en un momento inicial no es sino arrancarles a los neocolonizadores, los capitalistas "intrusos" de ultramar, el control sobre las relaciones de producción. La soberanía nacional es la toma por parte del "buen" empresario criollo de las relaciones de producción instauradas por la acumulación primitiva colonial: "Al buen trato que él les daba a sus peones debíase, indudablemente, el considerable aumento de la producción del Guarampín, comparada con la de años anteriores…", comenta con aprobación el narrador de *Canaima* acerca de la gestión modernizadora del héroe en las caucheras guayanas (Gallegos 164). Pero los "derechos de propiedad" que invoca ese reclamo de soberanía son en rigor un cheque sin fondos, al remitirse a una lengua futura que se proyecta a un más allá silencioso del propio texto, a una zona de pura presencia que surgirá de la confusión utópica de archivos antagónicos pero que el texto posterga más allá de su propio límite. Léase: el modo de producción extractivo (que objetiviza a "la naturaleza" en materia prima y a sus habitantes en mano de obra explotable o en cuerpos femeninos invariablemente disponibles) es reivindicado por el discurso liberal-nacionalista al invocar y diferir simultáneamente su eventual superación.[3] El proyecto de captura escritural de la voz selvática remite, entonces, a otro de índole política y económica, de inmunización nacional por la construcción de un pacto, una alianza, donde el interior selvático y el litoral metropolitano (ese límite entre mar y tierra y entre la comunidad nacional-productiva y el mercado global que atraviesa la voz narrativa al principio y final de *Canaima*) estén escudándose mutuamente contra los efectos dañinos latentes en cada uno: proyecto reivindicado una y otra vez a pesar de su trágico fracaso en la trama novelesca.

PA(I)SAJE FOQUISTA: LA SIERRA COMO ECTOPÍA

Si *Los pasos perdidos*, como texto-antología del género, aspira a constituirse en su último eslabón —en aquel que escribe, una vez por todas, el silencio

3 Esta operación no hace sino replicar la propia estructura crediticia en la que, como ha mostrado Taussig, estaba basada la expansión capitalista hacia las caucheras amazónicas a comienzos del siglo XX, estructura que por lo tanto incluía como elementos fundamentales al fetichismo, la magia, la irrealidad, la violencia y el terror —un modo de producción que reflejaba, como un espejo opaco y como caricatura o "realismo mágico"—, al mundo "salvaje" que proyectaba hacia su alrededor (*Shamanism* 127-135).

liminar que fundaba su escritura y acechaba desde sus bordes— tal vez su secuela más acabada sea *Pasajes de la guerra revolucionaria*, donde el vector narrativo e ideológico que había trazado el viaje del héroe liberal es prolongado e invertido hacia la ciudad-capital (posibilidad que ya había anticipado el héroe de *Canaima* en sus ensueños de un gran levantamiento indígena). La sierra, para el relato del Che Guevara y para la teoría de la acción revolucionaria que de ahí deriva, es un *no-lugar*, no en tanto *utopos* o lugar imaginario de "buena vida" sino porque permanece ausente del texto en tanto paisaje o lugar narrado. La sierra proporciona apenas el escenario para la acción; nunca es objeto de narración en y por sí mismo, porque lo que debe proporcionar a la acción es un no-lugar, una imposibilidad de *localizar* al foco guerrillero gracias al movimiento perpetuo en que este se encuentra. Movimiento que, estratégica y narrativamente, debe transformar al sistema de lugares del enemigo en un *espacio liso* propicio a la construcción de una máquina de guerra. Así, la voz narrativa en *Pasajes* tiende a disolver en acción narrativa cualquier impulso de descripción, necesario apenas para bosquejar en unos pocos trazos un escenario para la acción militar que es, en la lógica textual, el destino inequívoco de toda descripción:

> Estábamos en el valle llamado El Hombrito, porque vista la Maestra desde el llano un par de lajas gigantescas, superpuestas en la cima, semejan la figura de un pequeño hombrecito. Todavía era muy novata la fuerza, había que preparar a los hombres antes de someterlos a trajines más duros, pero las exigencias de nuestra guerra revolucionaria obligaban a presentar combate en cualquier momento [...] El 29 de agosto, mejor dicho, la noche del 29 de agosto un campesino nos informaba que había una tropa grande que estaba por subir la Maestra, precisamente por el camino de El Hombrito, que cae al valle o sigue al Altos de Conrado para cruzar la Maestra (Guevara 124).

Las descripciones topográficas, en *Pasajes*, no componen paisajes sino escenarios para combates hipotéticos o efectivamente acontecidos: nunca se hacen a título propio sino puramente en función del sintagma accional, a cuya "estricta veracidad" deben contribuir. La sierra es un no-lugar porque el narrador nunca se detiene a reconocer y relatarlo como lugar discursivizado; pero también lo es en tanto proporciona la zona liminal en espacio y tiempo para la producción individual y colectiva del "hombre nuevo". Como sugiere Juan Duchesne Winter, "en la concepción de Guevara lo político comienza cuando se plantea la demanda de igualdad y justicia desde un *fuera de lugar* que busca escindir el orden establecido a partir de la contradicción antagónica entre explotados y explotadores. Ese *fuera de lugar* es el umbral de pasaje donde adviene el sujeto revolucionario" (*La guerrilla* 26).

La zona liminal —la sierra, la selva, el monte— se encuentra "fuera de lugar" no solo porque es el destino de un éxodo que la convierte en un territorio de repliegue táctico, sino también porque está ubicada "entre dos tiempos", entre el pasado de la sociedad explotadora con la que han roto sus vínculos los integrantes del foco y el futuro de la sociedad revolucionaria. La selva cobija el entre-tiempo de la espera, abierto hacia el futuro:

> el *todavía no aquí* se convierte en la narrativa del Che en el *fuera de lugar*, la *ectopía* dialéctica desde la cual la nueva subjetividad se predispone a atravesar el lugar de lo establecido [...] el foco plantea un hiato, un vacío entre la destrucción de una esfera institucional y la construcción de la esfera alterna (Duchesne, *La guerrilla* 36, 38-39).

Es decir, la estrategia del foco *espacializa* el corte en el tiempo que debe trazar todo pensamiento revolucionario y lo hace proponiendo (a través de la tríada éxodo-liminalidad-regreso) una dinámica iniciática de transición para el grupo guerrillero que, al atravesar sus eslabones sucesivos, se convierte en vanguardia de la revolución, en el núcleo adelantado de "hombres nuevos".

Corriendo en paralelo a la narración de los hechos bélicos, esa trama iniciática interna atraviesa el texto de *Pasajes* en dos niveles: en primer lugar, el de la transformación del narrador, de médico expedicionario del *Granma* en comandante de la columna que tomará Santa Clara (metamorfosis anticipada, como ya lo reconocía Julio Cortázar en su reescritura de la secuencia en el cuento "Reunión", por el pequeño episodio iniciático casi al final del "bautismo de fuego" en Alegría de Pío cuando, en plena huida, el Che debe decidir entre llevar consigo una mochila de medicamentos o una caja de balas, optando por supuesto por la segunda). En segundo lugar, como si hiciera de fondo para esa trama de transformación individual, se relata el desarrollo de la columna que va madurando y creciendo hasta convertirse en ejército victorioso; proceso que es referido a modo de microrrelatos de actos individuales de heroísmo e infamia, donde el sacrificio se le opone de manera nítida a la traición del débil, quien no puede soportar las privaciones de la lucha. Relato de un aprendizaje colectivo, el triunfo de la guerrilla es narrado aquí en una serie de refocalizaciones entre la trama colectiva y los individuos que la componen, mostrándolos a estos últimos en un instante clave de decisión ética muchas veces decisiva y final: en el momento de apoteosis en que el combatiente decide jugar su vida por el colectivo, instante que marca, para Guevara, la emergencia del "hombre nuevo", la *decisión* de romper cualquier lazo con el sujeto burgués anterior.[4]

Es por eso que la figura del Che, pasando de la contemplación de un árbol a la ensoñación musical y filosófica, tendrá que esperar *otra* textualidad, la reescritura "literaria" del desembarco en Cabo Cruz por parte de Cortázar, cuyo cuento "Reunión" puede pensarse como un primer paso a la monumentalización de la guerrilla que el propio Guevara trata de evitar a casi cualquier costo. A pesar de la importancia fundamental que Guevara le asigna al "campo" como "terreno de la lucha armada [...] en la América subdesarrollada" ya que "los lugares que ofrecían condiciones ideales para la lucha eran campestres" (14, 51), no hay ni puede haber en su escritura más que descripciones someras y casi cartográficas de estos escenarios. Pese al papel clave del ambiente serrano para la teorización posterior de la experiencia cubana, detenerse descriptivamente en estos escenarios en y por sus características intrínsecas hubiese socavado los objetivos pragmáticos del texto y de su narrador-protagonista. *Pasajes* no es apenas el recuento posterior de hechos recordados de manera "autobiográfica" por un actor-testigo para relatar los hitos de la guerra a lectores que no habían estado presentes en ellos. Por el contrario, el texto aún pertenece al dispositivo accional que describe, en tanto pretende constituirse en instancia de formación militar y política, y es por eso que el vector de pura acción no puede tolerar interrupción alguna so pena de cortar la transmisión escritural entre actores pasados y futuros, de importancia clave para el proyecto guerrillero.

El paisaje está en las antípodas de la acción, parece decir Guevara: hay que suprimirla como pausa en la narración ya que tiende a abrir una brecha entre actor y entorno, a estriar el espacio liso sobre el que se debe desplegar la lucha guerrillera como pura práctica espacial:

> Muerde y huye, espera, acecha, vuelve a morder y huir y así sucesivamente, sin dar descanso al enemigo [...] Característica fundamental de una guerrilla es la movilidad, lo que le permite estar en pocos minutos lejos del teatro específico de la acción y en pocas horas lejos de la región de la misma, si fuera necesario; que le permite cambiar constantemente de frente y evitar cualquier tipo de cerco (*La guerra* 26).

---

4 J. P. Spicer Escalante sugiere que en este doble desmontaje, del sujeto individual burgués y del paisaje-entorno frente al cual este se constituye y que dispone en torno de sí como un espacio a ser poseído y consumido visual y materialmente, el Che construye una "escritura guerrillera de viaje" (*guerrilla travel writing*), un tipo de escritura "alternativa, subversiva y transcultural" a las convenciones coloniales o capitalistas del género del relato de viaje (400).

La acción pura suspende al paisaje, como otra prueba más de la inmunización alcanzada por los combatientes contra un entorno cuyas ventajas tácticas ellos saben aprovechar porque, como la narración que los envuelve, nunca se detienen ante cualquier "accidente" del terreno. En cambio, será como *acción suspendida* que el ambiente-paisaje volverá, tras la debacle en Bolivia y la frustración de las primeras tentativas foquistas en Centroamérica, a hacerse presente en dos textos escritos hacia finales de los setenta y principios de los ochenta. Ambos relatos están comprometidos con propuestas más heterodoxas de lucha guerrillera: el ya mencionado testimonio del nicaragüense Cabezas, *La montaña es algo más que una inmensa estepa verde* —Premio Casa de las Américas en la categoría testimonio en 1982— y *Los días de la selva*, del guatemalteco Mario Payeras, que había recibido el mismo galardón dos años antes.

"El hombre nuevo empieza a nacer con hongos, picado de zancudos"

Ambos textos desarrollan aspectos que habían tenido que quedar al margen del sintagma narrativo de *Pasajes*, dando más lugar a la afectividad del narrador o a las dinámicas internas del grupo; aspectos que el Che, con la excepción del antecedente juvenil de *Diarios de motocicleta*, había purgado de su escritura a fin de reducir al mínimo imprescindible la distancia que separaba a esta de la acción narrada y luchas futuras: la escritura tenía que recortar ahí la experiencia a lo modélico y ejemplar, al manual de guerra. En cambio, los testimonios centroamericanos *se detienen* en la selva y la sierra en tanto escenarios materiales y lugares narrativos. El paisaje, el lugar descrito, reemerge como correlato de una reconceptualización de la propia temporalidad de la lucha guerrillera, giro estratégico que en la época recibió el nombre de "guerra popular prolongada" y donde el enraizamiento y aprendizaje profundo del ambiente y la elaboración de lazos con sus habitantes nativos primaban sobre el nomadismo y la velocidad del núcleo foquista. No obstante, ambos textos, el del nicaragüense y el del guatemalteco, no podrían ser más diferentes uno del otro. Si, para Cabezas, la montaña es ante todo un marco para el surgimiento de una nueva sociabilidad, una zona, en palabras de Duchesne Winter, "de desarrollo de un poder alternativo, donde el individuo y la colectividad reconstituyen desde nuevas bases [...] el marco de las relaciones humanas" (*La narrativa* 145-146) —razón por la cual el texto "no parte de una idealización de la naturaleza"—, en el relato de Payeras el poder farmacéutico del ambiente selvático, de ensamblaje y transformación de nuevas alianzas inmunitarias, es reinstaurado en una escritura conscientemente tributaria de la tradición literaria que la precede.

Los días de la selva narra los intentos por parte del Ejército Guerrillero de los Pobres entre 1972 y 1976 de implantar en el departamento fronterizo del Quiché una "semilla" revolucionaria, opción estratégica que pretendía hacerse eco del duro revés sufrido por las guerrillas de la década anterior, todavía de neto corte foquista.[5] Su temporalidad no podría estar más lejos del ritmo frenético de *Pasajes*: hasta bien entrado al capítulo seis no acontece combate alguno; en lugar del movimiento veloz del foco guevariano, aquí el objeto principal de la narración es el lento enraizamiento de la pequeña columna inicial de la guerrilla en el ambiente selvático. En un primer instante, la guerrilla debe compenetrarse con la selva, aprender a moverse por ella y abastecerse de sus recursos; recién en un segun-

5 Las primeras guerrillas guatemaltecas habían surgido a principios de los años sesenta por iniciativa de ex oficiales del ejército (Luis Trejo, Marco Antonio Yon Sosa, Luis Turcios Lima), leales al gobierno constitucional arbencista derrocado por el golpe militar de 1954. En su mayoría, estaban vinculados al Partido Guatemalteco del Trabajo, de orientación comunista, que sostenía logística y financieramente la lucha armada. Bajo el impacto del reciente triunfo de la Revolución cubana y ante la clausura de cualquier forma de resistencia civil ante la férrea represión militar auspiciada por los Estados Unidos, las primeras guerrillas buscaban poner en práctica los modelos foquistas sistematizados por el propio Che y por Régis Debray en *Revolución en la revolución* (1967). Tras la muerte de sus líderes principales y el desbande de la mayoría de los focos rurales a partir de 1967, algunos veteranos refugiados en México y en otros países centroamericanos formaban nuevas organizaciones ideológicamente heterodoxas (con fuertes influencias de la teología de la liberación y del pensamiento indigenista) entre las cuales se destacan el Ejército Guerrillero de los Pobres (EGP), liderado por Ricardo Ramírez (comandante Rolando Morán) —quien firma el prólogo de *Los días de la selva*— y la Organización del Pueblo en Armas (ORPA), comandada por Rodrigo Asturias (quien adoptara como seudónimo el nombre de un personaje literario de su padre Miguel Ángel: Gaspar Ilom). Ambos grupos surgen a partir de un disenso con la línea principal de las Fuerzas Armadas Rebeldes (dirigidas por Jorge Soto, alias comandante Pablo Monsanto), creadas en 1963 y de orientación marxista-leninista ortodoxa, quienes tras el repliegue de finales de la década de 1960 retomarán las actividades armadas recién a partir de 1978. El EGP y la ORPA harán hincapié en la "cuestión india" buscando atraer a su causa a poblaciones indígenas y campesinas de la zona del Ixcán, en el norte del país, en el caso del primero, y en la zona de volcanes y llanuras de los departamentos de San Marcos, Quetzaltenango, Sololá y Chimaltenango, en el de la segunda. En ambos casos, habrá colisiones y relaciones tensas con los esfuerzos contemporáneos de colonización y cultivo de tierras comunitarias coordinados por misioneros católicos y protestantes, sobre todo a partir de la escala ascendente de violencia contrainsurgente por parte del Estado que adquiere dimensiones genocidas a partir de 1980. En respuesta, las guerrillas abandonan la estrategia de guerra prolongada debido a la imposibilidad de replegarse en poblaciones víctimas de campañas de exterminio y vuelve a proponerse la toma del poder a corto plazo, ofensiva y que es derrotada en poco tiempo por el Ejército regular. Para una discusión pormenorizada de la guerrilla guatemalteca, véase Yvon Le Bot (1996) y Santiago Santa Cruz Mendoza (2004).

do momento pasa a entablar relaciones con sus moradores campesinos e indígenas para, una vez cumplidos ambos ciclos, desencadenar la acción armada. El relato guerrillero, compuesto y publicado cuando esa estrategia de implantación profunda había mostrado ya su vulnerabilidad ante la feroz represión gubernamental,[6] anticipa también la literatura de neto corte ecologista que Payeras escribiera hacia finales de su vida al revisitar el escenario selvático de sus tiempos de comandante guerrillero.[7] En *Los días de la selva*, en lugar de la constante acción guevariana narrada en un pasado simple casi monocorde, predominan los tiempos verbales que remiten a duraciones largas y a una semántica de aprendizaje y germinación que amalgaman los procesos naturales con la "maduración" gradual del propio proyecto revolucionario:

> Estos primeros días los empleamos en aprender las verdades elementales de la selva. Llegábamos a un mundo triste, donde solo con el tiempo aprendía la inteligencia a encontrar puntos de referencia. [...] Quienes entre nosotros conocían el monte nos enseñaron a diferenciar entre los distintos linajes de serpientes. Explicaban las costumbres del coral, con su conjunción mortal de anillos rojinegros, y describían la apariencia aterciopelada de la barbamarilla, de índole fatídica. [...] Aunque todos los días hallábamos huellas de danta, algunos de nosotros tardamos meses en ver la primera (Payeras 18-19).

La larga fase de "implantación" del núcleo guerrillero que consume varios años es, en palabras de Ricardo Roque-Baldovinos, "una lección en la vivencia del tiempo" en sentido contrario a la precipitación vertiginosa del foco guevariano. En la selva de Payeras, "se aprende a esperar, a vivir en consonancia con otros ritmos, pero, paradójicamente es este asfixiante letargo, este desesperante compás de espera lo que habrá de permitir el desencadenamiento de ese gran vértigo de tiempo que es la revolución" (Roque-Baldovinos "Prohibido decir"). Aquí, a diferencia de Guevara, esa precipitación del tiempo requiere en primer lugar de un paciente trabajo de politización, a través del aprendizaje y el acercamiento mutuo, de las diferentes capas de temporalidad histórica en que viven los integrantes del núcleo y sus referentes campesinos e indígenas; multitemporalidad

6 Para una visión crítica y devastadora del EGP y de las guerrillas guatemaltecas de los Setentas, véase el relato testimonial de Mario Roberto Morales, *Los que se fueron por la libre* (1998). El propio Payeras, en *Los fusiles de octubre*, obra de "ensayos militares" escrita tras la salida del EGP por desacuerdos políticos y estratégicos con su conducción, denunciara los errores de la opción por la "guerra popular prolongada" que aún defendía en *Los días de la selva*.

7 La obra "ecológica" de Payeras está reunida en su libro de ensayos *Latitud de la flor y el granizo* (1991) y la colección lírica *Poesías de la Zona Reina*, publicada por primera vez en 1997 tras la muerte de Payeras, y revisada y editada por su compañera Yolanda Colom.

sedimentada en los distintos ambientes del territorio nacional que solo la lucha revolucionaria compartida podrá amalgamar nuevamente en *un* espacio-tiempo nacional en el que se fundirán todas las singularidades, "todas las sangres" de la patria. No es casual que *Los días de la selva* sea de lejos el texto más consciente y deliberadamente "literario" de la serie de testimonios guerrilleros, ya que su proyecto de refundación nacional a través de la inmersión selvática del héroe redentor (la guerrilla) es deudora directa de la novelística liberal-moderna que el texto cita abiertamente. Son frecuentes las alusiones a los tiempos germinales de Santa Mónica de los Venados o de Macondo, referentes literarios que asimismo integran "la espléndida biblioteca" que el grupo lleva a cuestas al entrar en la selva, solo para abandonarla —imagen carpenteriana si las hay— al poco tiempo a los comejenes y las lluvias:

> Desde el refugio perenne de la selva cultivamos pacientes la amistad de los aldeanos y vigilamos esperanzados el curso de los días. Llegaron los meses de construir chozas en el monte y almacenar granos para largas temporadas, en previsión del invierno [...] Fue la época de los grandes inventos y del aprendizaje de la vida sedentaria. Inventamos el pan, descubrimos la bota de hule y aprendimos el arte de navegar en balsa. [...] Todo lo sobrellevábamos con paciencia, pues para esa época habíamos comprendido que la empresa iniciada sería asunto de años, y estaba bien que así fuera (Payeras 65-67).

El modelo político-narrativo aquí esbozado, que busca desencadenar el salto revolucionario a un tiempo colectivo preñado de futuridad al reemprender, por parte de la guerrilla, la cadena de "recomienzos históricos" atribuidos a los espacios-tiempos selváticos y campesinos y así articularlos a la lucha nacional-revolucionaria, no escamotea su filiación literaria. Se trata, según observa Duchesne Winter, de "una yuxtaposición comparable a las realizadas en *Los pasos perdidos* de Carpentier [...] Propone reunir los tiempos desencontrados mediante la forja de un proyecto revolucionario guatemalteco" (*La narrativa* 120-121). El agente de esa fusión de tiempos y espacios no puede ser sino el que los ha atravesado a todos, el grupo guerrillero. Expedición naturalista antes que foco guevarista, el núcleo del EGP narrado por Payeras reinscribe, una vez más, la trama del viaje colonial y su toma de posesión del espacio atravesado, como recurso visual y narrativo, y como lugares de asentamiento y colonización futuros. En su afán por moldear el ambiente a las pautas genéricas del viaje a la selva donde esta figura como "el fuera-de-lugar [...] desde el cual, literalmente, comienza a escribirse la utopía guerrillera", el narrador omite, además, "que las comunidades dispersas del desierto verde del Ixcán, en contacto unas veces indiferente, otras hostil y otras solidario con la guerrilla, pertenecen a un amplio movimiento social de colonización de tierras y autogestión" (Duchesne Winter, *La guerrilla* 96). El ambiente selvático liminal y sus habitantes "primitivos" surgen en el relato de Payeras gracias a esa omisión deliberada de los procesos de colonización y ocupación de tierras, emprendida desde fines de la década de los sesenta en respuesta al avance de la frontera agraria y el destierro forzado en contextos de violencia estatal contrainsurgente. *Los días de la selva*, en cambio, reemplaza la historia por una pura "naturaleza" para que de esta pueda surgir el héroe salvífico, la guerrilla, compenetrada por completo con la temporalidad fundacional del ambiente y, por eso, preparada para dar el salto al futuro.

Esta construcción textual de una selva-naturaleza de alteridad radical no solo reproduce en Payeras una topología de origen colonial, sino que también responde a la dinámica de un proyecto que es fundamentalmente de orden *inmunológico*, en cuanto la guerrilla, para enderezarse y tornarse una máquina de guerra eficaz, necesita primero sumergirse (estar *inmerso)* en el ambiente selvático para aumentar sus defensas en la confrontación con este. Sin embargo, esta lógica de fortalecimiento del grupo contradice y hasta socava el proyecto del EGP de construir una interlocución cultural y política con indígenas y campesinos y atraerlos a su causa, una vez que las necesidades inmunitarias del grupo impiden continuamente la comunidad. Esta se da, en cambio, cuando estas propias comunidades, expuestas a la violencia contrainsurgente del Estado, buscan cobijarse tras el escudo inmunitario de la guerrilla, poniendo en riesgo al dispositivo: "a los núcleos locales afluía multitud de campesinos, trayendo consigo sus apremios de siglos [...] Pero, al propagarse con rapidez, la organización había perdido en calidad" (Payeras 121-122). Abrirse hacia las "bases campesinas" es poner en peligro el escudo inmunitario tan prolijamente construido; dilema al que el texto de Payeras responde cerrándose sobre sí mismo y evitando cuidadosamente cualquier apertura dialógica hacia ese nuevo sujeto social que acude a la guerrilla, casi siempre aludido por el relato en forma genérica y etnicizante: "Los campamentos tomaban por algunos días el aspecto de las animadas ferias de la región, poblándose de hombres que llegaban con el cotón de lana y la violineta a escuchar la palabra de la revolución" (Payeras 117). El relato asume en estos pasajes, en los términos de J. P. Spicer Escalante (397-398), la perspectiva más de un "turista político" que de un "viajero guerrillero", al reinscribir —en lugar de la colectivización del sujeto de la acción y la transformación consecuente del ambiente-paisaje que confronta al protagonista solitario en escenario de experiencias colectivas— un punto de vista punto etnográfico que procura solidarizarse con una otredad idealizada que permanece a la distancia.

La contracara de esa "literarización" del texto que prefiere la imagen genérica a la apertura testimonial, la escucha y transcripción de la palabra de ese otro que acude al grupo guerrillero por convicción o necesidad, es el "ensimismamiento narcisista" (Duchesne Winter, *La guerrilla* 108) de la guerrilla, cada vez más inmersa en su propio afán inmunizador. En busca de autoperfeccionamiento, el grupo se repliega sobre sí mismo, en un "aprendizaje" cuyo perfeccionismo no tarda en tornarse homicida. Para alcanzar su "madurez" la guerrilla debe deshacerse de las semillas podridas, como cuando, en plena época de "inventos y cosechas", se decide fusilar a un combatiente "resentido" que "dudaba del apoyo popular" y se había convertido en "una fuente de desmoralización" (Payeras 69). El relato casi sobreactúa el contraste entre el presunto idilio selvático y el sacrificio que debe realizar el grupo para deshacerse del elemento contagioso que amenaza con socavar esa "aclimatización" tan trabajosamente alcanzada:

> Lo fusilamos en abril, una mañana en que cantaban muchos pájaros. Era el grato ruido del mundo que el condenado dejaría de oír en poco tiempo. [...] En el momento supremo, muy pálido, desvió la mirada del pelotón de fusilamiento. Al volver a nuestros puestos, un silencio significativo se hizo en el campamento. La guerrilla había alcanzado la madurez. Probablemente, a partir de entonces, todos fuimos mejores (Payeras 71).

Muchas lecturas del texto han querido ver en ese pasaje sobre todo un exceso monstruoso: la inscripción del rito purgatorial en una temporalidad germinal y cíclica con la que contrasta —los tiros entrecortan los ruidos primaverales del bosque— y al cual es devuelto enseguida en una semántica de maduración y crecimiento. Desde otra perspectiva, más atenta a la filiación literaria y política del texto con la novela de la selva, la asociación entre violencia y naturaleza selvática resurge como una constante ya presente desde *La vorágine* y los cuentos misioneros de Horacio Quiroga: esa escalación violenta remitía a la tensión entre alianzas contrarias entre fuerzas "naturales" y humanas y así, su origen era atribuido a la propia "naturaleza" y al sujeto urbano que las desafiaba. Si, entonces, el conflicto constitutivo que movilizaba las tramas de la novela de la selva surgía de la tensión irresuelta entre una violencia *de* la naturaleza y una violencia *contra* la naturaleza —entre *communitas* e *immunitas*—, en Payeras la violencia hacia el interior del grupo aparece en cambio como la última prueba de "asimilación al ambiente", lograda paradójicamente a través de un gesto inmunizador: la eliminación de la parte "contagiada" del cuerpo colectivo. La relación entre forma textual y dispositivo inmunológico es exactamente la inversa que en los *Pasajes* del Che: no es la potencial influencia debilitadora del ambiente la que debe ser contenida a través de un riguroso ascetismo descriptivo; en cambio, lo que debe ser expurgado para alcanzar la madurez, en una narración rica en descripciones ambientales, es el elemento todavía portador de resquicios citadinos, insuficientemente compenetrado con su entorno.

De igual forma, en *La montaña es algo más que una inmensa estepa verde*, el testimonio de Cabezas sobre la revolución sandinista, la selva figura como el ambiente liminal de transformación iniciática del joven activista estudiantil en combatiente guerrillero. Es ahí donde, gradualmente y con altibajos físicos y anímicos que son narrados cándidamente y con altas dosis de humor, los jóvenes militantes de origen diverso se van fundiendo en una máquina de guerra, tras haber pasado por el dispositivo inmunizador del "entrenamiento". Pero en la obra del nicaragüense, el ambiente selvático no es un fin en sí mismo, un "estado natural" con el cual debe compenetrarse la guerrilla en su proceso de implantación y germinación, antes de saltar a la acción, inoculada por su poder farmacéutico. En Cabezas, la selva es un catalizador de transformaciones, incluso físicas —"se te fortalecen las piernas, aprendés a manejar el machete... y ya con el tiempo el pelo te va creciendo [...] el poco baño te curte la piel, luego han pasado periodos de periodos en que te desaparecen los rayones y vienen otros rayones y heridas hasta que las manos y los brazos empiezan a coger otro color" (Cabezas 104)— pero estas son solo el signo exterior de algo que es antes una experiencia política que militar, antes afectiva que física: la emergencia del "hombre nuevo" quien redefine e intensifica su individualidad al entregarla sin reservas al colectivo. "La solidez de la Vanguardia del FSLN no es una palabra", como afirma Cabezas:

> el Frente Sandinista de Liberación Nacional fue desarrollando con su práctica tanto en la montaña, en la ciudad, como en el campo, un temple de hierro, de acero, un contingente de hombres con una solidez granítica [...] Porque nosotros, como dicen los cristianos, nos negamos a nosotros ahí. [La] soledad nosotros la tradujimos en fraternidad entre nosotros mismos; nos tratábamos toscamente pero en el fondo nos amábamos con un amor profundo, con una gran ternura de hombres. [...] El hombre nuevo empieza a nacer con hongos, con los pies engusanados, el hombre nuevo empieza a nacer con soledad, el hombre nuevo empieza a nacer picado de zancudos, el hombre nuevo empieza a nacer hediondo. Esa es la parte de afuera, porque por dentro, a fuerza de golpes violentos todos los días, viene naciendo el hombre con la frescura de la montaña, un hombre, pareciera mentira, un tanto cándido, sin egoísmos... (Cabezas 104-107).

La selva proporciona el cronotopo para la maduración del proyecto político individual iniciado en el Frente Estudiantil hacia una conciencia-acción revolucionaria, y ese proceso de aprendizaje se reproduce a nivel del texto a través de una escritura que se autotransforma constantemente en voz, y en "voz común", en una lengua que —como reconocía uno de los primeros lectores del texto, Julio Cortázar— se forja en la interpelación dialógica, creando (en palabras del argentino al amigo nicaragüense)

> en el lector una inmediata relación de proximidad con vos en tanto autor y protagonista del relato. No hay barreras ni distancias, de entrada vos sos mi amigo y yo lo soy de vos, porque lo que me estás contando no solamente es una experiencia auténtica y profunda sino que me lo estás contando en un plano de contacto y de participación totales (Cabezas "Contratapa").

Se sabe, por afirmaciones del propio Cabezas, que esa interpelación del lector como oyente-confidente (y, por tanto, como masculino: uno más de la comunidad de ternura homosocial que nació en la montaña) era en realidad el efecto de un artificio complejo: se trata de la versión editada de un relato previamente grabado como discurso oral, en sesiones que Cabezas solía compartir con amigos-oyentes con comida y vino de por medio. Al lector, en otras palabras, el texto le asigna el lugar ocupado por el oyente-huésped, tal como la escritura recoge y reproduce la voz oral grabada: el texto recrea la situación *coloquial* en la que fue producido inicialmente e invita a una lectura compartida, reproducida en voz alta o comentada y discutida entre amigos. Un lenguaje de la amistad que, como notara José Coronel Urtecho en ocasión de la publicación del libro en 1982, "conlleva el nacimiento literario, no de la lengua española sino de la lengua de la revolución nicaragüense" (cit. en Narváez, 194).

Esa lengua de la revolución —que busca plasmar en la escritura, según Duchesne Winter, "una lengua coloquial-popular, magnetizada, por así decir, por el conjunto de percepciones y valores de una cultura nicaragüense en transición hacia una *hegemonía* popular" (*La narrativa* 139)— se parece asombrosamente, por otra parte, a la lengua extática con la que soñaban los narradores héroes de la novela de la selva. Es el artificio devuelto a su origen, la escritura que nunca deja de ser voz (como la música selvática en *Los pasos perdidos* que brotaba del cuerpo del chamán). Voz y letra pueden fundirse, extáticamente, en cuanto enlazadas en la misma cadena de acción política: en cuanto autores y lectores, oyentes y testimoniantes participen de un mismo devenir revolucionario (y el texto no es sino reactualización performativa de esa comunalidad de un tiempo militante). Se trata de una voz escritural encargada de producir experiencia histórica compartida: por eso el texto culmina no con la entrada triunfal en Managua sino, en cambio, con la escena del encuentro de un viejo campesino, don Leandro, quien había sido compañero de armas de Sandino y en cuyo relato Cabezas reconoce el sentido histórico de su propia acción. Él dice:

> cuando yo encuentro a ese hombre y me dice todo eso yo me siento hijo de él, me siento hijo del sandinismo, siento que soy hijo de la historia, comprendo mi propio pasado, me ubico, tengo patria, reconozco mi identidad histórica con aquello que me decía don Leandro. [...] Y abracé a don Leandro con un escalofrío de gozo y de emoción, sentí que estaba parado sobre la tierra, que no estaba en el aire, que no era hijo solo de una teoría elaborada, sino que estaba pisando sobre lo concreto, me dio raíz en la tierra, me fijó al suelo, a la historia. Me sentí imbatible (Cabezas 252-253).

El texto cierra con una imagen de sí mismo —de su génesis textual— narrando lo que, a partir de ahí, definirá su propio procedimiento testimonial y político: pasar del habla y de la escucha al abrazo, del reconocimiento a la identidad. Es ahí, dice Cabezas, escuchando los relatos de don Leandro sobre el general Sandino, que le vinieron "ganas de tener una grabadora en ese momento" (249) como para mantener presente la voz del guerrillero veterano y dejar que sigan repercutiendo sus palabras. Traspaso de una experiencia que marca en el propio texto, el paso de la acción al relato por parte de Cabezas, quien cierra su texto no con el triunfo de la Revolución sino con ese momento al que aspira (aunque sin poder alcanzarlo) el texto de Payeras: el establecimiento de una comunalidad histórica que *realiza* el tiempo de la Revolución aún antes de la victoria militar. El encuentro con don Leandro es —como antes el encuentro iniciático con el viejo revolucionario al final de los *Diarios de motocicleta* del Che o, más adelante, el del viejo Antonio con el subcomandante Marcos en la selva lacandona— un cuento de origen de la propia textualidad. A partir de ahí, la voz-escritura del testimoniante se sabe anclada en la renovación del lazo narrativo que produce una continuidad experiencial y política entre las luchas de pasado y presente, arraigándolos en el suelo común de un mismo devenir.

Conclusión

En lo que podríamos llamar "el mapeamiento biopolítico de América", la selva ocupa un lugar clave. Como ha apuntado Aínsa, en la topografía narrativa de la novelística latinoamericana, "la selva es el punto más lejano al que se puede *retroceder* alejándose del límite de la circunferencia constituido por las grandes ciudades. El centro del continente supone la máxima distancia a la que se puede *ir-hacia*, porque a partir de él, ya se empieza a 'salir' en otra dirección" (269). La selva marca el punto de inversión de un movimiento 'hacia adentro' para otro 'hacia afuera', movimiento que, además del desplazamiento espacial implica una compleja trama temporal que remite a la inscripción contradictoria y parcial de América Latina en la modernidad occidental. En cuanto *topos* —lugar escritural—, la selva es un palimpsesto donde, como ha mostrado González Echevarría (50-51), se acumulan y sobreimprimen las inscripciones; empero, también es una suerte de marasmo o zona de evasión donde esas inscripciones se metamorfosean en su otro: en mito, leyenda, rumor. Macondo, el caserío levantado en plena selva donde "muchas cosas carecían de nombre, y para mencionarlas había que señalarlas con el dedo" (García Márquez 59) representaría, como antes Santa Mónica de los Venados, un avatar emblemático de ese lugar-archivo selvático soñado por la escritura. La selva es una zona de inversión, transformación y borradura porque —contrario al jardín, que organiza los elementos naturales en función del medio urbano— es el estado silvestre en su carácter radical de indiferenciación de lo viviente, donde los límites de especie, género, raza, etc. van colapsando. La escritura, al someter esa "naturaleza" a sus regímenes de representación, moviliza una y otra vez las dos grandes vertientes de la forma paisaje que son el archivo estético del Nuevo Mundo: en los términos propuestos por Alain Roger (1997), el paisaje *in visu*, imagen del "estado natural" confeccionada por el expedicionario itinerante (ya "ordenada" desde una visión cultural que comporta su eventual usufructo material), alterna con el paisaje *in situ*, la naturaleza ya convertida en jardín-huerta por parte de Adelantados o por núcleos guerrilleros compenetrados con sus tiempos de fundación. Pero, crucialmente, hemos visto cómo en las series modernas de narrativización de la selva, ese orden "paisajista" debe quedar expuesto en su recaer hacia lo viviente en estado indiferenciado, como para liberar otra vez a partir de ese pliegue interior en el régimen de representación, el poder farmacéutico, inmunizador, propio del ambiente silvestre.

La selva es "más que una inmensa estepa verde", es el origen mismo de la lengua de la revolución. Pero el precio de ese relato iniciático (y de las prácticas político-militares que supo movilizar por más de tres décadas), es haber tenido que sobrescribir, en su construcción del espacio-tiempo fundacional de una sociedad de "hombres nuevos", las múltiples luchas campesinas, obreras, estudiantiles, femeninas e indígenas cuyos aportes a la transformación social quedan concluidos casi por completo. Al restringir el relato de la revolución al ambiente selvático y a su épica de inscripción fundacional y autopoética del grupo guerrillero, el testimoniante se impone una limitación de consecuencias no apenas literarias sino también políticas ya que debe marginar por completo las otras modalidades de praxis política y subsumir lo político en lo militar. En el borde selvático —en el "estado natural"—, la guerrilla pretendía inmunizarse antes que nada contra la historia, para poder reiniciarla desde un tiempo cero: pero esta, como ya habían tenido que aprender los héroes de la novela de la selva, ya no conoce *terra incógnita* alguna; ya ha inscripto su nombre aún en el borde más remoto.

La politización de la "naturaleza" surgía en la novela de la selva de esa imbricación con la historia, de la transformación de la selva y la montaña en biozonas de contacto y de emergencia. La re-escritura guerrillera de ese tópico de "naturaleza insurgente" proveniente de los regionalismos literarios de la primera mitad del siglo, habría partido entonces de un *misreading* estratégico, al entender en un sentido literal la ecuación biopolítica que insinuaban estas escrituras. Como la "Anaconda" de Quiroga (613), las guerrillas se proponían volcar "toda la zona tropical" contra el legado opresivo de la historia, como si la Revolución fuese, al fin, el tiempo de América, su verdadera historia natural. Simultáneamente, esas re-activaciones del *pharmakon* selvático se muñían del escudo inmunizador de las escrituras anteriores, o más bien, acudían a la selva con el objetivo de reconstituirlo, para que, de ese núcleo inmunizado de "hombres nuevos" pudiera surgir la *communitas* nacional.

Obras citadas

AÍNSA, Fernando. *Los buscadores de la utopía.* Caracas: Monte Ávila, 1977.

ALONSO, Carlos J. *The Spanish American Regional Novel: Modernity and Autochthony.* Cambridge: Cambridge University Press, 1990.

ANDRADE, Mário de. *Macunaíma, o heroi sem nenhum carácter.* São Paulo: Oficinas Gráficas de E. Cupolo, 1928.

CABEZAS, Omar. *La montaña es algo más que una inmensa estepa verde.* Managua: Nueva Nicaragua, 1982.

CARPENTIER, Alejo. *Los pasos perdidos.* La Habana: Compañía General de Ediciones, 1971.

CHAKRABARTY, Dipesh. "The Climate of History: Four Theses". *Critical Inquiry*, vol. 35, 2009, pp. 197-222.

DUCHESNE WINTER, Juan. *La narrativa de testimonio en América Latina: cinco estudios.* San Juan: Universidad de Puerto Rico, 1992.

— *La guerrilla narrada. Acción, acontecimiento, sujeto.* San Juan: Ediciones Callejón, 2010.

ESPOSITO, Roberto. *Bíos. Biopolitics and Philosophy*, traducido por Timothy Campbell. Minneapolis: University of Minnesota Press, 2008.

FRANK, Waldo. "La selva". *Sur*, vol. 1, 1931, pp. 19-52.

GALLEGOS, Rómulo. *Canaima.* Barcelona: Plaza y Janés, 1984.

GARCÍA MÁRQUEZ, Gabriel. *Cien años de soledad.* Madrid: Espasa-Calpe, 1988.

González Echevarría, Roberto. *Mito y archivo: una teoría de la narrativa latinoamericana.* Ciudad de México: Fondo de Cultura Económica, 2000.

González, Eduardo G. "*Los pasos perdidos*: el azar y la aventura". *Revista Iberoamericana*, vol. 38, n.º 81, 1972, pp. 585-613.

Guevara, Ernesto Che. *Pasajes de la guerra revolucionaria.* Ciudad de México: Era, 1986.

— *Diarios de motocicleta.* Melbourne/La Habana: Ocean Sur/Proyecto Editorial Che Guevara, 2004.

— *La guerra de guerrillas.* Melbourne/La Habana: Ocean Sur/Proyecto Editorial Che Guevara, 2007.

Herlinghaus, Hermann. "*Pharmakon* und *pharmakos*. Annäherung an ein literarisches Feld epistemischer Grenzerweiterung". *Wissensformen und Wissensnormen des Zusammenlebens*, editado por Ottmar Ette. Berlin: Walter de Gruyter, 2012, pp. 128-141.

Le Bot, Yvon. *La guerra en tierras mayas. Comunidad, violencia y modernidad en Guatemala 1970-1992.* Ciudad de México: Fondo de Cultura Económica, 1996.

Marcone, Jorge. "Nuevos descubrimientos del Gran Río de las Amazonas: la 'novela de la selva' y la crítica al imaginario de la Amazonía". *Estudios: Revista de Investigaciones Literarias y Culturales*, vol. 8, n.º 16, 2000, pp. 129-140.

Morales, Mario Roberto. *Los que se fueron por la libre. Historia personal de la lucha armada y la guerra popular.* Ciudad de Guatemala: Editorial Praxis, 1998.

Narváez, Jorge. *Esencia del testimonio en el sistema literario nacional: 1972-1982.* Santiago de Chile: Ceneca, 1982.

Payeras, Mario. *Los días de la selva.* San Juan: Piedra Santa, 1998.

Pérus, Françoise. *Historia y crítica literaria. El realismo social y la crisis de la dominación oligárquica.* La Habana: Casa de las Américas, 1982.

— *De selvas y selváticos. Ficción autobiográfica y poética narrativa en Jorge Isaacs y José Eustasio Rivera.* Bogotá: Universidad Nacional de Colombia, 1998.

Pogue Harrison, Robert. *Forests: The Shadow of Civilization.* Chicago: The University of Chicago Press, 1992.

Quiroga, Horacio. *Todos los cuentos*, editado por Napoleón Baccino Ponce de León y Jorge Lafforgue. Nanterre *et al.*: ALLCA XX, Colección Archivos, 1993.

Rivera, José Eustasio. *La vorágine*, editado por Montserrat Ordóñez. Madrid: Cátedra, 2006.

Roger, Alain. *Court traité du paysage.* Paris: Gallimard, 1997.

ROQUE-BALDOVINOS, Ricardo. "Prohibido decir 'yo': *Los días de la selva* y la voz de la vanguardia revolucionaria". *Istmo*, vol. 16, 2008, <istmo.denison.edu/n16/articulos/roque.html>.

SÁ, Lúcia. *Rain Forest Literatures: Amazonian Texts and Latin American Culture.* Minneapolis: University of Minnesota Press, 2004.

SANTA CRUZ MENDOZA, Santiago. *Insurgentes. Guatemala, la paz arrancada.* Santiago de Chile: Ediciones LOM, 2004.

SPICER ESCALANTE, J. P. "Ernesto 'Che' Guevara, *Reminiscences of the Cuban Revolutionary War*, and the Politics of Guerrilla Travel Writing". *Studies in Travel Writing*, vol. 15, n.º 4, 2011, pp. 393-405.

TAUSSIG, Michael. *The Devil and Commodity Fetishism in Latin America.* Chapel Hill: University of North Carolina Press, 1983.

— *Shamanism, Colonialism and the Wild Man. A Study in Terror and Healing.* Chicago: University of Chicago Press, 1987.

WYLIE, Lesley. *Colonial Tropes and Postcolonial Tricks. Rewriting the Tropics in the Novela de la Selva.* Liverpool: Liverpool University Press, 2009.

Los límites del latinoamericanismo en el Nuevo Cine Latinoamericano: las décadas de los sesenta y setenta

Adela Pineda Franco
Boston University

El pensamiento latinoamericanista que acompañó a las guerras de independencia fue replanteado con un ímpetu revolucionario en los años sesenta y setenta. La inseparabilidad de la vida y la obra que definió el pensamiento de José Martí reapareció con la ideología del compromiso sartreano (Terán). El intelectual se manifestó como agente de cambio social, en contra de las políticas oligárquicas que dominaban los estados nacionales. La distancia entre la realidad social que se vivía (y que se explicaba desde los presupuestos de la dependencia) y las expectativas de transformar esa realidad en un futuro socialismo continental se asumían como un periodo de transición. En ese espacio indefinido de tiempo se construyó el campo intelectual; ahí se fraguó el sentido, si bien precario, del intelectual y del compromiso revolucionario. La voz poética martiana que anunciaba el hijo por despertar durante el fin de siglo XIX se revitalizó durante la transición, también con sentido profético.[1] El Che Guevara anunciaba el porvenir con la imagen del hombre nuevo, destacando, empero, el arduo entretanto: ese periodo en que se libraba la contienda de la revolución y el tránsito del intelectual comprometido al revolucionario militante. En la transición, escribe Claudia Gilman, la imagen del hombre nuevo está inacabada y la espera que marca ese sentido de inconclusión permite procesar la autoimagen del intelectual, con todas sus contradicciones, en espera de su final desaparición.

En el marco de la Guerra Fría, la transición se definió por la contienda de un "nosotros", los revolucionarios, en contra de un "ellos", pronom-

1 "Oigo un suspiro, a través / De las tierras y la mar, / Y no es un suspiro, —es / Que mi hijo va a despertar" (*Versos sencillos* 130).

bre plural asociado principalmente al intervencionismo estadounidense, así como a las oligarquías latinoamericanas que lo apoyaban. De aquí que "América Latina" adquiriera relevancia geopolítica bajo la noción generalizada de "Tercer Mundo", la cual definía asimismo la descolonización africana y la guerra de Vietnam. Esta relevancia hacía impostergable el vínculo entre política y cultura, un vínculo definitorio de la práctica intelectual de esos años (Del Valle; Terán).

El llamado Nuevo Cine Latinoamericano (NCL) participó de este latinoamericanismo al definirse en términos políticos y caracterizarse por un impulso voluntarista. Los cineastas congregados en torno a esta definición afirmaban la necesidad de construir un espacio latinoamericano en el cual discutir la gran diversidad de prácticas cinematográficas de la región (López). Para estos cineastas, el común denominador del latinoamericanismo era la lucha en contra del subdesarrollo y el neocolonialismo (Pick). Tal voluntarismo rebasaba el ámbito de la representación; se hacía patente en los postulados teóricos de los cineastas y los grupos, y en manifiestos tales como el del "Tercer Cine" de Fernando Solanas y Octavio Getino, el "Cine Imperfecto" de Julio García Espinosa o la "Estética del Hambre" de Glauber Rocha.[2] Los festivales de cine y la emergencia de numerosas asociaciones también constatan el carácter vanguardista y voluntarista del NCL. Entre estas últimas, cabe mencionar: la Asociación Latinoamericana de Cineastas Independientes (ALACI), creada en 1958, en Uruguay, para buscar soluciones a los problemas de producción y distribución del cine independiente; la Unión de Cinematecas de América Latina (UCAL), constituida en el Festival de Mar del Plata, en 1964-1965, con el fin de formar un archivo audiovisual para preservar la cinematografía regional; el Centro Latinoamericano del Nuevo Cine que pretendió reunir y divulgar los movimientos independientes, surgidos de Viña del Mar en 1967; la Cinemateca del Tercer Mundo, fundada en Uruguay, también en 1967, como espacio de difusión y debate del Nuevo Cine Latinoamericano; el Comité de Cineastas de América Latina, formado en Caracas, en 1974, con un propósito de integración cinematográfica, solidaridad social y combate frente a los medios masivos hegemónicos; y finalmente el Mercado del Cine Latinoamericano (MECLA), surgido a raíz del Festival Internacional del Nuevo Cine, en La Habana, en 1979 (Flores). A través de ese carácter voluntarista, patente en manifiestos, festivales y asociaciones, el NCL se propuso consolidar una esfera pública audiovisual alternativa.

---

2 Un resumen de dichos manifiestos se encuentra en el texto de Susana Velleggia y Octavio Getino, *Cine de las historias*.

El Festival de Viña del Mar de 1967 fue el más emblemático de los festivales. La muestra de cine exhibida y discutida evidenció que una de las principales preocupaciones del NCL era su relación con el pueblo (Aguilar, *Más allá*). El NCL se distanció de las representaciones convencionales del pueblo melodramático del cine de la época de oro. Si bien dialogó con la imagen de pueblo como objeto de denuncia, articulada por el neorrealismo italiano, el NCL se propuso ir más allá de la representación, al pensar el pueblo como una potencia, como una voluntad que desencadenara la acción revolucionaria. En este sentido, Gonzalo Aguilar describe el cine político de esas décadas como un catalizador. Se esperaba que el espectador abandonara la sala para salir a la calle, a encontrarse con la realidad (*Más allá*). El NCL no solo representó al pueblo sino también lo construyó en el proceso cinematográfico, un proceso dialógico entre la producción y la recepción.

Desde la mirada retrospectiva del revisionismo histórico, el latinoamericanismo de los sesenta y setenta constituyó una expectativa frustrada de emancipación a la que se añadió la muerte del pueblo y del intelectual como agentes de cambio social. Signo de dicho fracaso fue el enjuiciamiento a la militancia por parte de los propios miembros. Tal es el caso de Regis Debray, quien brindó una imagen melancólica de ese periodo; los grupos revolucionarios retornaron en la memoria como una comunidad espectral en torno a la cual se gestó una visión ciega y equivocada del mundo (cit. por Gilman). Al abordar la evaluación del pasado militante que llevaron a cabo intelectuales como Debray, Gilman se pregunta si tales revaluaciones posibilitaron una lectura crítica de ese pasado o si, en su lugar, descartaron otras posibilidades interpretativas a la luz de los golpes militares de los setenta: ¿el fracaso revolucionario era consecuencia de un error de cálculo? ¿Del radicalismo de los revolucionarios? ¿O acaso las relaciones de poder habían cambiado, con la instauración de las dictaduras, suprimiendo la posibilidad de un cambio estructural en las sociedades latinoamericanas? (52-53) Reflexiones como la de Gilman han sido frecuentes y la incógnita sigue abierta. De cualquier forma, la imagen de anunciación guevarista y la utopía socialista, motor del voluntarismo en el interludio de la transición, se disipó, y el pueblo, la revolución y el lazo social se trocaron en realidad fantasmal: "Nube que enturbia el cielo" ("Dos Patrias" 106), para rememorar otro verso de Martí.

En el marco de la globalización, de los medios electrónicos, de las migraciones, del crimen organizado y de la sustitución de la política por la competencia que regula el mercado internacional, se ha llegado a poner en duda la voluntad histórica que hacía de esta región un proyecto sociopolítico y cultural viable. En décadas posteriores, particularmente en los noventa, el latinoamericanismo emigró al ámbito académico, sobre todo en los Estados Unidos, con particular obsesión autorreflexiva y metadiscursiva. Si el influjo de la deconstrucción instauró una negatividad absoluta hacia cualquier discurso de emancipación, los estudios subalternos y poscoloniales subrayaron el colonialismo interno del intelectual letrado en su papel de representante del pueblo, y cuestionaron el marxismo que respaldaba la idea de revolución social, al asociarlo con la persistencia de la razón ilustrada occidental.

Asimismo, las prácticas cinematográficas que le siguieron al desencanto revolucionario de los sesenta y setenta participaron de esta condición autorreflexiva. El cine de autor de los noventa cuestionó la pretendida objetividad del cine político documentalista de décadas anteriores al poner de manifiesto la subjetividad del cineasta detrás de la cámara. El aparato cinematográfico, señala Jens Andermann, se torna en recurso de autoevaluación para desacreditar el marco epistemológico derivado de las ciencias sociales, que avalaba la capacidad de transparencia y objetividad de los aparatos de reproducción óptica para capturar al subalterno sin mediación (95). Este cine denunciaba la inviabilidad del pueblo en tanto categoría homogénea y voluntarista, concretamente frente a la masa molecular, impasible e individualista, de los nuevos medios audiovisuales. "¿Cómo fundar desde la imagen lo político si a la salida del cine ya no hay ningún pueblo esperando?", se pregunta Aguilar (*Más allá*) con una mirada retrospectiva. Además de la sospecha hacia la visión redentora del intelectual frente al pueblo, los enfoques revisionistas cuestionaron el papel del Estado como garante de las demandas sociales nacidas de procesos revolucionarios. Si en los sesenta la nueva izquierda latinoamericana denunciaba el boicot del Estado priista a la Revolución mexicana con el ejemplo renovador de Cuba, ya en los ochenta, el caso cubano se asociaba al dogma estatista más que al espíritu libertario de la revolución.

Cabe mencionar que el giro de varios gobiernos latinoamericanos hacia políticas públicas opuestas al neoliberalismo a partir de los años noventa produjo nuevas reflexiones sobre la relación entre el Estado y los sectores populares. En *Latinamericanism after 9/11*, libro publicado en 2011, John Beverley interpreta la marea rosada como evidencia de una renovada convergencia entre Estado y sectores subalternos. Dicha convergencia, según Beverley, habría de re-politizar el pensamiento latinoamericanista. La problemática relación de los nuevos gobiernos populistas en países como Argentina, Brasil y Venezuela, con movimientos sociales diversos, pero también con presiones políticas asociadas a los imperativos económicos del capitalismo global y corporativo que los han hecho caer, demandan nuevas reconsideraciones. Pero este tema rebasa el propósito de este artículo, cuyo objetivo es repensar el legado del NCL de los sesenta y setenta. Es entonces necesario sopesar los límites de la crítica hecha a este cine respecto a la visión redentora del intelectual frente al pueblo, frente al Estado y frente al propio cine en tanto dispositivo de mediación para forjar un espacio de solidaridad latinoamericano.

La precariedad del periodo concebido como de "transición" fue lo que determinó el sentido político del latinoamericanismo del NCL. El constante enfrentamiento entre teoría y praxis posibilitó no solo fisuras en los presupuestos programáticos de los cineastas, sino un constante impulso autorreflexivo. Las preguntas "de quién" y "para quién", incógnitas fundamentales del enunciante latinoamericanista a lo largo de diversas etapas y tendencias, fueron abordadas por el NCL, a partir de políticas de representación específicas, aunque también a partir de estrategias encaminadas a revolucionar la producción, la circulación y la exhibición del cine. El impulso por fundir imagen y acción, y cuestionar el papel institucional del cine, colocó a este cine en una situación inestable y le otorgó un hálito contestatario, característico del espíritu vanguardista. Entre el legado del cine de atracciones de Eisenstein y el de la cámara-como-arma de Vertov, entre la imagen indicial y la icónica, entre el plano-secuencia y el montaje, el NCL encaró una paradójica relación: el impulso documentalista de capturar la realidad "tal cual es" y la determinación de negar esa realidad para transformarla mediante un uso subversivo de las convenciones del cine industrial (Bernini).

En cuanto a los procesos de distribución y exhibición, la creación de colectivos móviles fue frecuente. Un caso significativo fue el Cine de la Base en Argentina, formado por Raymundo Gleyzer, Juana Sapire, Nerio Barberis y Álvaro Melián.[3] En espacios alternativos como escuelas, sindicatos o fábricas, estos colectivos proyectaron sus películas con el objetivo de ponerlas a prueba mediante una discusión, activa y polémica con el público (Masmun). El acontecimiento cinematográfico suponía una praxis más allá de la pantalla, a partir de la constante interacción entre cineastas y público (Getino, *Notas*). Se pensaba en la creación de un vínculo dialéctico entre pueblo, destinatarios y cineastas. No se buscaba solo concientizar al pueblo sino también, siguiendo la tradición de Vertov, socializar la producción cinematográfica (Fradinger). Existía la conciencia de que la tecnología se democratizaba, y que, en un futuro, se llegaría a proveer al espectador de los medios de producción audiovisuales necesarios para dar fin a la mediación del cineasta intelectual. Así lo expresaba Julio García

3 Jorge Denti, Jorge Santamarina, Jorge Giannoni, Leopoldo Nacht y Gastón Ocampo se unieron al colectivo más tarde (Masmun).

Espinosa, en su clásico manifiesto "Por un cine imperfecto", al insistir en la necesidad de crear las condiciones para transformar al espectador en autor.

La relación entre teoría y praxis permitió no solo la reflexión sobre la opacidad entre pueblo y público, sino también dio pie a la pregunta por el sentido del intelectual en el proceso cinematográfico. ¿Qué estamos haciendo aquí con cámara en mano? ¿Quién debe filmar y para quién?, son preguntas inscritas en muchos documentales de la época, tal y como lo demuestra Moira Fradinger en su análisis de *Tire Dié* (Birri, 1958), *Faena* (Ríos, 1960), y *Ceramiqueros de Traslasierra* (Gleyzer, 1965). En los últimos minutos de *Ceramiqueros de Traslasierra*, un documental de corte etnográfico, nota Fradinger, la relación entre el cineasta y su audiencia es puesta en crisis. El cineasta-entrevistador con cámara en mano capturando a su entrevistada, la ceramiquera Alcira, le pregunta si el documental en proceso podrá contribuir a mejorar su situación. En ese momento la perspectiva visual se desplaza abruptamente. La cámara se traslada al punto de vista de Alcira para mostrar una imagen fija: la fotografía de Gleyzer y su equipo de filmación. A esta toma le acompaña la voz de Alcira respondiendo a la pregunta con cierta indiferencia: "hasta ahora... nadie nos ha ayudado". El gesto autorreflexivo es evidente; el congelamiento de la imagen sugiere además una autoconciencia respecto al riesgo de la futura despolitización del documental, de su inevitable transformación en documento histórico.

A pesar del sentido de inmediatez y precariedad de su desarrollo, el NCL brindó reflexiones más perdurables respecto al análisis político de esa problemática dimensión de lo popular. Aguilar ha detectado en este cine una imbricación de la imagen y el habla para otorgar dimensión política a lo popular; con este procedimiento, este crítico se refiere al enunciado mayestático: al pueblo hablado por una primera persona del plural (*Más allá*). Según Aguilar, en *La hora de los hornos* (Solanas y Getino, 1968), el enunciado mayestático articula la dimensión política del peronismo, mientras que en *Memorias del subdesarrollo* (Alea, 1968), el espectador queda situado en relación dialéctica con la voz subjetiva de un intelectual nihilista. Esta oposición tiene por objeto incitar al espectador a rechazar tal aislamiento y abrazar el "nosotros" del enunciado mayestático, más allá de la pantalla. No así, *Terra em transe* (Rocha, 1967) es una película que abre una fisura en el cine político de los sesenta. Según Aguilar, *Terra em transe* vuelve ininteligible la organicidad del pueblo. En este filme, la cámara en mano se mezcla con el organismo vivo y amorfo de la plebe, excedida por coreografías sin clave alegórica de lectura, para quedar atrapada entre una lógica vertical, que Aguilar asocia con la de un

Dios-dictador, en ausencia de un verdadero líder popular, y la inmanencia de la tierra y el mar.

La lectura de *Terra em transe* como fisura o como excepcionalidad de lo que la crítica considera el dogma del cine político de los sesenta y setenta, esa consigna del plural mayestático para que el espectador no se convierta en cobarde o traidor, tiene sus límites. Pensar que Glauber Rocha es síntoma de un tránsito definitivo que va de la transparencia cinematográfica del pueblo a su completa opacidad, y de la defensa de una exacerbada conciencia socialista a la visión conjetural borgiana, una visión cercana al desencanto posmoderno, es una aseveración arriesgada, puesto que ignora la posición política de Rocha en el contexto en que esta película fue hecha: el tercer año de la junta militar golpista que instaló un estado de excepción y que llevó a este cineasta a repensar la relación entre intelectual, pueblo y Estado de manera crítica, con la traición de un líder populista y el *impasse* de un intelectual poeta. Como *Terra em transe*, otras películas de este periodo fugaz problematizaron sus propios postulados; otro ejemplo es *México, la revolución congelada* (*MRC*) del argentino Raymundo Gleyzer (1973).

MRC es una crítica a la institucionalización de la Revolución mexicana (a la condición burguesa del gobierno de la revolución y a su estrecha dependencia del capitalismo transnacional bajo la máscara del populismo). Esta crítica se formula desde la perspectiva latinoamericanista de Gleyzer, basada en la transformación socialista de América Latina vía el modelo cubano.[4] La crítica de Gleyzer al PRI en este documental está asociada a un subrepticio ejercicio comparativo entre la Revolución mexicana y la cubana. Después de filmar *MRC*, Gleyzer formuló dos proyectos colaborativos en América Latina con un objetivo guevarista: extender la revolución como proceso de liberación nacional a todo el subcontinente y evitar que los procesos revolucionarios fueran interrumpidos o congelados, como ha-

4 Solo un año antes de su viaje a México, en 1969, tras la muerte del Che Guevara, Raymundo Gleyzer había viajado a Cuba en calidad de reportero para el noticiero *Telenoche*, convirtiéndose en el primer argentino que filmaba el proceso revolucionario. A partir de una serie de entrevistas a los voluntarios de la zafra de los diez millones en *Notas sobre Cuba* (1969), Gleyzer resaltó, no sin idealismo, la participación del pueblo en la construcción de un nuevo país. Todo lo contrario pensaría de México un año más tarde. En una entrevista declaró que el mentado "milagro mexicano" era resultado de una anquilosada burocracia, responsable de la miseria de la población y que el título de su documental estaba inspirado en las palabras de un desencantado campesino de Yucatán, quien consideraba que la de México era una "revolución congelada" ("Intercine Argentina presenta un film de Raymundo Gleyzer", 4-5, dossier Raymundo Gleyzer, archivos de la Biblioteca Museo del Cine Pablo C. Ducrós Hicken, Buenos Aires).

bía ocurrido en México.[5] De ahí, que enfoques críticos provenientes de los estudios culturales y poscoloniales condenen la asunción epistemológica detrás de la perspectiva marxista de este cineasta en *MRC*. Suponen que dicha perspectiva excluye y subalterniza formas de organización premodernas como las comunidades rurales mexicanas.[6] En *MRC* la voz en *off* del narrador que guía la interpretación guevarista se contrapone a la serie de imágenes y entrevistas que proveen el panorama desolador del campo mexicano y sus habitantes. La crítica cuestiona este formato y las políticas de representación del documental, al detectar motivaciones etnográficas e incluso una predisposición al exotismo, en la representación del espacio rural y los habitantes indígenas (Foster; Wood).[7]

Si bien válidas, estas críticas deben repensarse considerando la perspectiva contendiente que sostiene el documental frente al gobierno mexicano, así como su diálogo a contracorriente con los espectadores. Este diálogo se dio en un contexto de clandestinidad y precariedad que testimonió la emergencia del estado de excepción en Argentina y en México. Gleyzer sopesa la relación pueblo-Estado al profundizar en el caso del PRI frente a una población rural hundida en la miseria y la apatía. La representación de este pueblo entonces no es necesariamente realista, sino estratégica; más que dialogar con la realidad, *MRC* dialoga con el nacionalismo cinematográfico, preponderante en décadas anteriores. Por ello, el documental es selectivo y excluyente. El latinoamericanismo de Gleyzer fue una herramienta de desmontaje que deslindó lo popular del populismo, ese estilo de hacer política a partir de una imagen hegemónica que asocia al pueblo con el líder y la nación. Los gobiernos populistas dependen de una base popu-

---

5 En 1970 se propuso hacer un documental con *Chile Films* para resaltar el papel de las masas en el proceso democratizador del Chile de Salvador Allende (Peña y Vallina, "Carta de Gleyzer a Mia Adjali", 6 de septiembre, 1970, 75). Gleyzer también tenía en mente la realización de un documental sobre Bolivia en colaboración con Jorge Sanjinés, quien, al igual que Gleyzer, se proponía entender las dinámicas revolucionarias nacionales en América Latina desde una visión latinoamericanista (Peña y Vallina, "Carta de Chile Films a Gleyzer", 27 de julio, 1971, 79). Ninguno de estos proyectos se realizó finalmente.

6 Un libro emblemático de este acercamiento más allá del caso de Gleyzer es *The Revolutionary Imagination in the Americas and the Age of Development*, de María Josefina Saldaña Portillo. El libro establece una correspondencia entre el desarrollismo capitalista y la revolución socialista bajo la premisa que de ambos comparten el racionalismo ilustrado como fundamento epistemológico: en los dos casos se subalterniza a los excluidos de ambos sistemas.

7 David William Foster observa una combinación de intención antropológica y denuncia social. David Wood, por su parte, contrasta la perspectiva irónica de Gleyzer respecto a su deconstrucción de la historia oficial de la Revolución mexicana, con una intención etnográfica tendiente al exotismo en la representación de Chiapas y Yucatán.

lar amplia, pero no es su popularidad lo que hace que sean calificados de populistas, sino el hecho de adjudicarse la representatividad de la voluntad popular (Jürgen Buchenau, cit. por Kiddle Muñoz, 40).

Si el cine debía partir de una base popular, debía, de igual modo, actuar como un arma en contra del populismo. En *MRC* Gleyzer radicaliza polémicamente el abismo entre los discursos populistas del PRI (y, en particular, del candidato a la presidencia Luis Echeverría) y la pobreza del campo mexicano, con el fin de desmitificar la base ideológica del partido en el poder. A través de dos procedimientos contrarios, primero una puesta en escena a partir de estrategias derivadas del cine de observación directa y, luego, el desmontaje de esta puesta en escena para descubrir lo que hay detrás, que es siempre lo contrario a lo aparente (Bernini), el cine de Gleyzer pone en evidencia la duplicidad de sistemas políticos progresistas asociados al populismo, pero finalmente represivos, algo que ha caracterizado a la izquierda oficial en muchos países. Esta estrategia no fue privativa de *MRC*. *Los traidores*, única película de ficción del colectivo Cine de la Base, fundado por Gleyzer, cuestiona el legado de Juan Domingo Perón en la Argentina con estrategias similares. A pesar de sus diferencias genéricas, ambos filmes exponen dos rasgos característicos del populismo, ya observados por Slavoj Žižek en debate con Ernesto Laclau: primero la necesidad de supeditar las demandas del pueblo a un gran "Otro", a quien se le mistifica y se le otorga la concesión de autoridad absoluta para cumplir y satisfacer dichas demandas y, segundo, el traslado de la responsabilidad de los errores del Estado a una figura exterior al sistema.[8] Desde esta perspectiva, la aniquilación del enemigo siempre es justificable. Por ello Žižek considera que todo populismo encierra una tendencia protofascista.

En *Los traidores*, Gleyzer devela la duplicidad de Barrera (personaje principal que representa a un corrupto líder sindical), quien exhorta a los obreros a la huelga en un ardiente discurso, mientras, secretamente, defiende los intereses de la fábrica. En esta escena la figura de Barrera aparece empequeñecida por un trasfondo alusivo al índice peronista: una bandera argentina y, en el centro, una inmensa fotografía del rostro de Perón. Perón

8 El argumento de Žižek en "Against the Populist Temptation" es una respuesta crítica a la teoría formalista desarrollada por Ernesto Laclau en *On Populist Reason*. Para Laclau el populismo es una inflexión del espacio social que ocurre cuando una serie de demandas populares, entendidas en términos formales, como una cadena de significantes en libre flotación (siempre equivalentes e intercambiables), llenan la dimensión universal de la política. Dicha condición universal nunca es permanente para Laclau, porque de ella depende la dialéctica entre hegemonía y contrahegemonía. Žižek critica el formalismo de Laclau para dar cuenta de la relación autoritaria que todo populismo establece con el pueblo y sus demandas populares.

aparece de esta manera como el padre de la Nación, el gran Otro que autoriza a Barrera a satisfacer las demandas obreras. Por otro lado, la imagen de Perón es emblemática de la traición de Barrera, de su condición manipuladora para despolitizar a las clases trabajadoras o de su condición violenta para reprimir a los inconformes, acusándolos de extranjeros comunistas y traidores al nacionalismo peronista.

En *MRC* Gleyzer critica el populismo y parodia la relación líder-pueblo a través de la figura de Echeverría, quien se propuso emular el estilo político benevolente de Lázaro Cárdenas para neutralizar las prácticas represivas de su gobierno después de Tlatelolco.[9] Mediante planos en picado, el documental captura un conjunto de sombreros, una imagen convencional del cine nacionalista y que funciona como sinécdoque del pueblo revolucionario. La intención paródica se hace evidente al mostrar al "pueblo revolucionario" como mero accesorio para la campaña electoral. La técnica de montaje contribuye a la desmitificación de la relación entre el líder y el pueblo. El rostro de Echeverría hablando acaloradamente al pueblo mexicano es capturado en primer plano por la cámara. No obstante, un efecto de distanciamiento rompe la ilusión de autenticidad cuando este rostro es contrapuesto a su reproducción en miles de pancartas que portan los alienados espectadores.

Respecto a la figura del enemigo, *MRC* expone la naturaleza saturnina del Estado Mexicano en Tlatelolco, a la par de las estrategias de este sistema para justificar esta violencia, mediante la asociación del movimiento estudiantil con fuerzas externas que amenazan la integridad nacional. Irónicamente, esta asociación viene de la perspectiva de un representante de un partido de izquierda, ajeno a la política del PRI, el Partido Popular Socialista (PPS). Con esta perspectiva *MRC* devela tanto las estrategias represivas del PRI, como las estrategias de cooptación de la propia izquierda, mostrando de qué manera, partidos como el PPS se convertían en engranajes del sistema para simular procesos democráticos. En una secuencia paradigmática, el líder del PPS acusa a los estudiantes de ser trotskistas y, a la vez, de estar coludidos con la embajada norteamericana. La incongruencia de tal argumento para justificar la alianza del PPS con el PRI y la necesaria represalia del Estado en contra del movimiento estudiantil pasan desapercibidas precisamente por el argumento de la amenaza exterior a la integridad nacional. El paralelismo entre esta secuencia y la de Barrera en

---

9 Echeverría no abandonó las prácticas represivas del periodo de Díaz Ordaz. Para apaciguar las insurgencias tanto rurales como urbanas de los setenta, su gobierno utilizó prácticas que incluían la tortura, la detención ilegal, la desaparición forzada y las masacres, como la de Corpus Cristi, en junio de 1971 (Keller).

Los traidores es más que aparente. En ambas secuencias, los líderes llevan a cabo su acto de manipulación política bajo el trasfondo de la figura del Padre; Perón, en el caso de *Los traidores* y, en el de *MRC*, Vicente Lombardo Toledano, fundador del PPS considerado oportunista por más de un historiador.[10] Si en *Los traidores* Gleyzer documenta la transición de una política de confrontación a la acción revolucionaria de grupos emergentes que deciden tomar las armas en contra del sistema represivo, en *MRC* expone la capacidad destructiva de la violencia del Estado, que imposibilita toda posible reivindicación de tal sistema después del 68. Después de Tlatelolco, el imperativo del gobierno mexicano era rehabilitar la imagen de México en el mundo como un país democrático y ejemplar, que había promovido la no intervención y el derecho a la autodeterminación, particularmente la latinoamericana, gracias a su legado revolucionario. De aquí, que no sorprenda la respuesta que Gleyzer recibió de la embajada mexicana, cuando este presentó una queja en contra de la intervención de esta embajada para prohibir la exhibición de su documental en 1971 en Argentina: "La película debe prohibirse, porque su apreciación de México es completamente cierta, pero nos hace quedar mal".[11]

Exponer la duplicidad del PRI implicaba el riesgo de alentar la creciente inconformidad social al interior de México, pero, más aún, de poner en entredicho la credibilidad de este gobierno en el escenario internacional. Los historiadores coinciden en que el populismo del PRI descansaba en la autoridad constitucional del presidente (Kiddle y Muñoz 7). Si se considera que durante esos años de Guerra Fría, un periodo de radicalismo ideológico, tres presidentes mexicanos consecutivos (Adolfo López Mateos, Gustavo Díaz Ordaz y Luis Echeverría Álvarez) fungieron como informantes de la CIA a la par que exhortaban un ideario de izquierda encaminado a ratificar los logros de la Revolución cubana, haciendo alarde del pasado revolucionario de su propio país, es evidente por qué un documental como el de Gleyzer debía ser prohibido.[12] Si Gleyzer mismo consideró que su documental no había logrado su propósito de concientizar al pueblo mexicano, al no llegar a la base, es decir, a los campesinos entrevistados en el

10 Lombardo Toledano fundó el PPS en 1948. El PPS negoció puestos de menor importancia dentro de la burocracia del Estado a cambio de una soterrada complicidad con el PRI (Keller 18, 38).

11 "Intercine. Argentina presenta un film de Raymundo Gleyzer", p. 5, dossier Raymundo Gleyzer, archivos de la Biblioteca Museo del Cine Pablo C. Ducrós Hicken.

12 La estación de la CIA en la Ciudad de México, a cargo de Winston Scott, ideó una operación secreta llamada LITEMPO. Esta red estaba formada por agentes locales, la mayoría de alto rango en el gobierno mexicano. Entre estos agentes estaban los tres presidentes mencionados (Keller 25-26).

propio documental, el gobierno mexicano tenía una opinión contraria. En los ojos del gobierno, el documental era una amenaza para el PRI puesto que develaba sus tácticas represivas y sus mecanismos de cooptación en el espacio nacional y en la esfera diplomática, durante los años más tortuosos de la Guerra Fría. Más que el impulso identitario, son estas estrategias del NCL para develar lo encubierto, las que aún son válidas para madurar un pensamiento latinoamericanista crítico y desprendido de reverencias nacionales o institucionales.

En sus últimas secuencias, *MRC* da cuenta de una imaginación política contestataria, al empatizar con el movimiento estudiantil del 68 a través de una serie de fotografías en blanco y negro alusivas a la masacre de Tlatelolco. La secuencia concluye con el rostro de un niño-adolescente acribillado. Después de esta imagen, la versión en español de *MRC* cierra con un fondo negro en que se lee una leyenda atribuida al Che Guevara: "La revolución latinoamericana será socialista o no será revolución". Este gesto incendiario y militante debe ser leído con relación a la última fotografía, porque en esta conjunción se percibe el carácter espectral de la lucha revolucionaria pos-68.

Según Bruno Bosteels, la muerte del Che (que determina la obra de Gleyzer) marcó el abismo del que surge la imaginación política de emancipación del 68. La figura espectral del Che produjo diversos procesos de subjetivación política, desde la determinación mallarmeana de Octavio Paz para develar el vacío de toda política emancipatoria, hasta el salto al abismo dado por intelectuales como José Revueltas para hacer de ese vacío el punto de partida, si bien precario, de la lucha revolucionaria. Más cercano a Revueltas que a Paz, Gleyzer concluye el documental con un salto al abismo, negándose a aceptar el final de las posibilidades revolucionarias para América Latina durante los años de la Guerra Fría en México y Argentina.

Obras citadas

Aguilar, Gonzalo. *Más allá del pueblo: imágenes, indicios y políticas del cine*. Buenos Aires: Fondo de Cultura Económica, 2015.

— *Otros mundos. Un ensayo sobre el nuevo cine argentino*. Buenos Aires: Santiago Arcos, 2006.

Andermann, Jens. *New Argentine Cinema*. London: I. B. Tauris, 2012.

Bernini, Emilio. "Politics and the Documentary Film in Argentina during the 1960s". *Journal of Latin American Cultural Studies*, vol. 13, n.º 2, 2004, pp. 155-170.

Beverley, John. *Latinamericanism after 9/11*. Durham: Duke University Press, 2011.

Bosteels, Bruno. *Marx and Freud in Latin America: Politics, Psychoanalysis, and Religion in Times of Terror*. London: Verso, 2012.

Ceramiqueros de Traslasierra. Dirigida por Raymundo Gleyzer, Universidad Nacional de Córdoba, 1965.

Flores, Silvana "De lo nacional a lo regional: hacia una dimensión continental en el cine de América Latina". *Una historia del cine político y social en Argentina (1969-2009)*, editado por Ana Laura Lusnich y Pablo Piedras. Buenos Aires: Nueva Librería, 2011, pp. 65-85.

Foster, David. "Working Clandestinely. Contesting a Revolution: Raymundo Gleyzer's Documentary *México, la revolución congelada*". *Latin American Documentary Filmmaking. Major Works*. Temple: University of Arizona Press, 2013, pp. 89-111.

Fradinger, Moira. "Revisiting the Argentine Political Documentary of the Late 1950s and Early 1960s". *Latin American Perspectives*, vol. 188, n.º 40-41, 2013, pp. 37-49.

García Espinosa, Julio. *Por un cine imperfecto*. Madrid: Castellote, 1976.

Getino, Octavio. *Notas sobre cine argentino y latinoamericano*. Ciudad de México: Edimedios, 1984.

García Espinosa, Julio y Susana Velleggia. *El cine de las historias de la revolución. Aproximación a las teorías y prácticas del cine de 'intervención política' en América Latina (1967-1977)*. Buenos Aires: Grupo Editor Altamira, 2002.

Gilman, Claudia. *Entre la pluma y el fusil: debates y dilemas del escritor revolucionario en América Latina*. Buenos Aires: Siglo XXI Argentina, 2003.

Keller, Renata. *Mexico's Cold War. Cuba, the United States, and the Legacy of the Mexican Revolution*. Cambridge: Cambridge University Press, 2015.

Kiddle, Amelia M., y María L. O. Muñoz (coords.). *Populism in Twentieth-Century Mexico: The Presidencies of Lázaro Cárdenas and Luis Echeverría*. Tucson: University of Arizona Press, 2010.

Laclau, Ernesto. *On Populist Reason*. London: Verso, 2005.

López, Ana. "An 'Other' History": The New Latin American Cinema". *Resisting Images. Essays on History and Cinema*, coordinado por Robert Sklar y Charles Musser. Philadelphia: Temple University Press, 1990, pp. 308-330.

Los traidores. Dirigida por Raymundo Gleyzer, Grupo Cine de la Base y William Susman, 1973.

Martí, José. "Dos Patrias". *Versos libres. Obras completas, Poesía, vol. 1*, editado por Cintio Vitier y Fina García-Marruz. La Habana: Centro de Estudios Martianos, 2016, pp. 105-106.

— *Versos sencillos. Obras completas, Poesía, vol. 1*, editado por Cintio Vitier y Fina García-Marruz. La Habana: Centro de Estudios Martianos, 2016, pp. 126-159.

MASMUN, Carla. "Raymundo Gleyzer y el grupo Cine de la Base: compromiso, activismo y resistencia". *Una historia del cine político y social en la Argentina (1969-2009)*, editado por Ana Lusnich y Pablo Piedras. Buenos Aires: Nueva Librería, 2011, pp. 163-184.

México, la revolución congelada. Dirigida por Raymundo Gleyzer. Gleyzer y Bill Susman, 1973.

PEÑA MARTÍN, Fernando y Carlos VALLINA (eds.). *El cine quema. Raymundo Gleyzer*. Buenos Aires: Ediciones de la Flor, 2000.

PICK, Zuzana M. *The New Latin American Cinema. A Continental Project*. Austin: University of Texas Press, 1993.

SALDAÑA PORTILLO, María Josefina. *The Revolutionary Imagination in the Americas and the Age of Development*. Durham: Duke University Press, 2003.

TERÁN, Óscar. *Nuestros años sesentas. La formación de la izquierda intelectual en la Argentina 1956-1966*. Buenos Aires: Puntosur, 1991.

Terra em transe. Dirigida por Glauber Rocha, Mapa Filmes, 1967.

VALLE DÁVILA, Ignacio del. *Cámaras en trance. El Nuevo Cine Latinoamericano un proyecto cinematográfico subcontinental*. Santiago de Chile: Cuarto Propio, 2014.

WOOD, David, M. "Raiding the Archive. Documentary Appropriations of Mexican Revolution Footage". *Quarterly Review of Film and Video*, vol. 28, n.º 4, 2011, pp. 275-291.

ŽIŽEK, Slavoj. "Against the Populist Temptation". *Critical Inquiry*, vol. 32, 2006, pp. 551-574.

Cómics y globalización en el mundo hispánico: una reflexión metodológica[1]

Christopher Conway
The University of Texas at Arlington

La dialéctica de lo global y lo local

A primera vista, el objetivo de este ensayo pudiera parecer contradictorio: proponer una serie de modelos para entender la historia cultural de los cómics mediante el cuestionamiento de modelos fijos. Mi tesis es que la historia de los cómics en Latinoamérica y España tiene que encauzarse a partir de un cuestionamiento de esencialismos o metanarrativas estáticas como *nación*, *autor* y *alegoría*. Quiero examinar la historia del cómic en el dominio hispano a través de la óptica de la globalización, lo cual me llevará a citar flujos, intercambios, intertextualidad y, para usar un término asociado con la cultura virtual y musical, *remixing*. Mis pautas, entonces, no pertenecen a las de los llamados elementos 'sólidos', sino que guardan cierta semejanza con las metáforas utilizadas por Zygmunt Bauman para definir la globalización y la modernidad en términos de líquidos o flujos (8). Lo que es líquido se nos escurre por los dedos, empujándonos a reconocer que "esos códigos y conductas que uno podía elegir como puntos de orientación estables, y por los cuales era posible guiarse, escasean cada vez más en la actualidad" (13).

Mi acercamiento a los estudios de la globalización también cuestiona la tesis del imperialismo o americanización, la cual reduce el papel del cómic y de la cultura estadounidense a la indoctrinación ideológica y la mercantilización. Esta tesis instrumentalista se fundamenta en una dicotomía y un conjunto de supuestos sobre la cultura que mi definición de la globaliza-

1 Doy las gracias a Ignacio Ruiz-Pérez por sus imprescindibles sugerencias y correcciones.

ción pone en tela de juicio. De hecho, mi propuesta es paralela a recientes debates sobre el cine trasnacional, los cuales Kathleen Newman describe en términos de un "descentramiento geopolítico" que rechaza el viejo modelo de centro-periferia, reemplazándolo con otro multipolar de "intercambio dinámico" (4). Para tales efectos, propongo realizar a continuación una *performance* que acaso capte tanto la forma como el contenido de los planteamientos que propongo. Al traducir del inglés al español la siguiente cita de Newman sobre epistemologías trasnacionales, elimino la frase "historia internacional del cine" y la reemplazo por "historia internacional del cómic" en cursivas: "Las fronteras siempre son vistas como permeables; las sociedades, como siempre híbridas; y *la historia internacional del cómic* como clave para los procesos de globalización" (4). El hecho de que esta cita pertenezca tanto a Newman como a mí, subraya las paradojas que me interesan explorar en estas páginas.

Comienzo con mi definición de la globalización, ya que esta también puede ser definida de manera estática o dinámica, o sea, como algo sólido o líquido. En *Identidad chilena* (2001), Jorge Larrain define la globalización como una "intensificación de las relaciones sociales universales que unen a distintas localidades, de tal manera que lo que sucede en una localidad está afectado por sucesos que ocurren muy lejos y viceversa". Es un fenómeno que sobrepasa lo económico para incluir lo social y lo cultural. En particular, se relaciona a la identidad y "cómo las personas experimentan los eventos y acciones que ocurren en contextos espaciales y temporalmente remotos" (41). Por un lado, esta definición esquiva la fantasía neoliberal de la globalización como utopía y, por otro, la visión de un imperialismo cultural y capitalista estadounidense que arrasa al mundo en desarrollo por medio de McDonald's y Coca-Cola. Este fue el argumento que Herbert I. Schiller expuso de manera rigurosa en *Comunicación de masas e imperialismo yanqui* (1960) y al que críticos como Ariel Dorfman, Armando Mattelart y Rius se sumaron para apuntar los efectos dañinos del cómic norteamericano en Chile, México y, por extensión, América Latina en general.[2] Lo que me interesa de Larrain, sin embargo, es que no perpetúa la dicotomía de lo global versus lo local. En su *¿América Latina Moderna? Globalización e Identidad* (2005), escribe que "la globalización va siempre acompañada de la localización" (112). Recuerdo, por ejemplo, cómo en los noventa se servían arepas en los famosos envases rojos de McDonald's

2 Al nombrar títulos de libros originalmente publicados en otras lenguas, usaré los títulos en español siempre y cuando hayan sido publicados en traducción. Si no, usaré el título en lengua original. Las fechas que utilizo con cada título siempre corresponderán a la fecha de publicación de la obra original.

en Venezuela, donde la arepa es una comida nacional. O en un plano más simbólico, cómo los anuncios para McDonald's en Caracas también incluían, por debajo de sus famosos arcos amarillos, citas del libertador Simón Bolívar. Veamos un ejemplo de este procedimiento en el cómic. En 1973, un cómic menor de la historia cultural mexicana, titulado *El ciclón Jalisco*, mexicanizaba el cómic norteamericano *El Llanero Solitario* al sustituirlo por un héroe enmascarado que era un charro extravagante, en vez de un *cowboy* a la norteamericana. Las portadas del cómic copiaban el diseño del modelo extranjero (sobreponiendo el título *El Ciclón Jalisco* en el logotipo de la máscara negra), mientras que a la vez ponía de relieve un tipo cultural innegablemente mexicano (*Ciclón Jalisco*, 1973). Los procesos gráficos sustituidos, sobrepuestos, insertos y borrados revelan de qué manera la cultura del cómic es mediatizada por una dialéctica de lo global y lo local.

La propuesta de Jorge Larrain sobre esta dialéctica, inspirada en parte en la idea de Stuart Hall de que la globalización puede activar formas regresivas y peligrosas de nacionalismo o racismo, también se conoce por medio de un nombre quizás no muy elegante: "glocalización" (global+localización).[3] El término, difundido por el sociólogo británico Roland Robertson, emergió en los ochenta a raíz del concepto agrícola japonés *dochakuka*, que significa vincular lo global con lo local (28-29). En el mundo comercial, la glocalización es una manera de decir cómo el capital puede y debe adaptarse a mercados lejanos que se diferencian de la cultura de origen de la empresa que tiene algo que vender (28). Las arepas anteriormente mencionadas o la fusión de citas bolivarianas con los arcos de McDonald's son ejemplos de glocalización.

Otra manera de expresarlo es cómo la globalización se *indigeniza* (del inglés, "to indigenize") en vez de borrar diferencias culturales y étnicas. El libro *La modernidad desbordada: dimensiones culturales de la globalización* (1996) de Arjun Appadurai explora la cuestión en términos de la insuficiencia de categorías de análisis como la homogeneización, americanización o mercantilización para hablar de flujos culturales cuyos posicionamientos y significados son múltiples y heterogéneos. No es que Appadurai y otros investigadores como yo creamos que el terreno de intercambio cultural esté fuera de las relaciones de poder, o que no exista el colonialismo, sino que sus procesos no son unidireccionales, formulaicos ni fácilmente predecibles. En esa misma línea, Robertson escribió una vez que el mantenimiento de la idea de que la globalización se opone a lo local es similar a que decir que "lo global está por fuera de todas las localidades, como si

3 El ensayo es "The Local and the Global: Globalization and Ethnicity" (19-39).

sus poderes estuvieran por encima y más allá de los atributos de aquellas unidades que están dentro de un sistema global" (34, traducción mía). En vez de ser un agente meramente exógeno, la globalización contribuye a la invención de lo local, como en el caso de los nacionalismos occidentales, o aquellas exposiciones universales del siglo XIX que proveyeron un marco para la exhibición teatralizada y especular de naciones europeas, americanas y asiáticas (34-35). Mabel Moraña, en la introducción a *Cultura y cambio social en América Latina* (2008), recalca algo semejante: que los flujos internacionales que impulsan la modernización han sido claves para la consolidación del estado-nación, porque

> formas renovadas de regionalismo y de internacionalismo rearticulan la cartografía posmoderna de América Latina, obligando a focalizar espacios, formas de identidad y de ciudadanía, modos de concebir la instancia colectiva, la acción social y las instituciones democráticas, que no habían formado parte del paisaje analítico de las ciencias sociales hace unas cuantas décadas (10-11).

Tanto en los estudios latinoamericanos como en los francófonos, llamamos tales reinvenciones y señas culturales con distintos términos como mestizaje, creolización, transculturación o hibridez, en tanto la glocalización se refiere a las mismas cuestiones pero desde el registro de las disciplinas de la sociología y las ciencias económicas.

Para cerrar esta introducción, regreso al tema de la hipótesis imperialista, que considera la trasmisión de la cultura estadounidense solamente en términos de una promoción de valores y formas culturales colonialistas. En el caso de los cómics que comento a continuación, estos valores e ideologías serían el capitalismo, el excepcionalismo y la propaganda anticomunista codificada o transparente. Tanto Dorfman y Mattelart en *Para leer el Pato Donald* (1972), como el caricaturista mexicano Rius en un número especial del cómic *Los Agachados* titulado "Las historietas: el método más barato para embrutecerse (o cultivarse... según)" (1971), representan la difusión internacional del cómic estadounidense como expresión de una agresión simbólica y colonizadora. Rius denomina a estos cómics como "armas de penetración cultural" que son racistas, y se refiere a cómo sus héroes hacen la guerra en Vietnam y atacan a negros, mexicanos y estudiantes en las calles de ciudades norteamericanas (17). Dorfman y Mattelart, escribiendo desde el Chile de Allende, al calor de los acontecimientos que llevarán al golpe del 11 de septiembre de 1973, entretejen un análisis marxista con consignas combatientes como la siguiente sobre el Pato Donald: "Mientras su cara risueña deambule inocentemente por las calles de nuestro país, mientras Donald sea poder y representación colectiva, el imperialismo y la burguesía podrán dormir tranquilos" (4).

Mi objetivo no es descartar tales aproximaciones, caracterizándolas como vulgares o ideológicas en comparación con acercamientos más 'científicos' u 'objetivos'. Schiller, Rius, Dorfman y Mattelart son figuras directrices para la historia de la crítica cultural y de los medios globales de comunicación. *El Pato Donald*, *El Llanero Solitario* y *Terry y los Piratas*, por nombrar solamente a tres clásicos norteamericanos, aportan contenidos ideológicos que reflejan encuadres dominantes de la identidad norteamericana como el individualismo, el racismo y el colonialismo. Sin embargo, es un equívoco suponer que tales mensajes no sufren adaptaciones y desviaciones cuando viajan fuera de los Estados Unidos. Sea como fuere, si la cultura siempre es histórica, la crítica cultural también lo es; nuestra crítica de la segunda década del siglo xxi no puede detenerse en 1969-1972, por valiosos que nos parezcan algunos de sus aportes. Como veremos, mi lectura es que el cómic tiene más de un significado, que no es solamente un proyectil sólido que cruza fronteras para herir o colonizar. La hipótesis imperialista cierra la puerta a un complejo abanico de asuntos relacionados con la manera en la que el cómic estadounidense viaja y afecta distintas industrias e imaginarios hispanos del cómic. Como lo señala Bruce Campbell en su fundamental *¡Viva la historieta! Mexican Comics, NAFTA, and the Politics of Globalization* (2009), el análisis crítico sobre el cómic y la globalización no solamente tiene que reconocer el alcance de la influencia norteamericana, pero también sus límites (6). En lo que sigue propondré que el impacto más importante de flujos norteamericanos no es negar lo local o nacional, o representar un principio de contaminación ideológica o cultural, sino que es una intervención que ha moldeado la creación de cómics locales o de tinte nacionalista que a su vez pueden retar la hegemonía de ciertas ideas colonialistas, como el excepcionalismo norteamericano o el destino manifiesto. Si tales enfrentamientos directos no emergen, por lo menos podemos ver cómo la influencia norteamericana contribuye a la creación de un "paisaje mediático" de discursos o códigos visuales que no están resueltos o integrados enteramente.[4]

---

4 Mi uso del sintagma "paisaje mediático" proviene de Arjun Appudarai: "Los paisajes mediáticos, ya sean producidos por intereses privados o estatales, tienden a centrarse en imágenes, a estar construidos sobre la base de narraciones de franjas de la realidad, y ofrecen a aquellos que los viven y los transforman una serie de elementos (personajes, tramas, formas textuales) a partir de los que se pueden componer guiones de vidas imaginadas, tanto las suyas propias como las de otras personas que viven en otros lugares. Estos guiones pueden ser analizados y descompuestos en la medida en que aquellas ayudan a la gente a construir narraciones acerca del otro, así como protonarraciones de vidas posibles, fantasías que pueden llegar a convertirse en el prolegómeno de su deseo de adquirirlas, o de mudarse y cambiar de vida" (33).

El acercamiento que ensayo sintoniza con un creciente corpus de investigaciones muy sugerentes sobre la historia del cómic que quiero poner al descubierto en rápidas pinceladas. El hecho de que los cómics extranjeros (especialmente norteamericanos) siempre hayan estado compenetrados con el cómic autóctono en el mundo hispánico significa que la crítica sobre el género ha reflexionado desde el principio sobre lo trasnacional. Un ejemplo sería *Los "cómics": artes para el consumo y arte pop* (1968) (republicado en 2007 con el título de *Historia social del cómic*) de Terenci Moix, que sitúa la historieta española dentro de circuitos internacionales que incluyen el cine y la televisión norteamericana (38-40). En *From Mafalda to Los Supermachos: Latin American Graphic Humor as Popular Culture* (1989), David William Foster indicó cómo el cómic peruano *Cuy* (1979-1980), de Juan Acevedo, se apropia de la estética de Disney para enaltecer valores locales, realizando aquella dialéctica entre lo global y lo local que hemos descrito en estas páginas (103-104). El reciente libro de Isabella Cose, *Mafalda: historia social y política*, contiene un capítulo imprescindible sobre la difusión internacional de *Mafalda*, la cual demuestra que los Estados Unidos no es el único foco de poder mediático en el área de cómics.

Una de las reflexiones más extensas y útiles sobre la globalización y el cómic se encuentra en la antología *Redrawing the Nation: National Identity in Latino/a American Comics*, editado por Héctor Fernández L'Hoeste y Juan Poblete. Los editores y sus colaboradores no solo abordan el continentalismo o carácter hemisférico del cómic latinoamericano, sino también la inserción del cómic nacional dentro de procesos y circuitos globalizantes que impactan su configuración estética e ideológica. Tomando en cuenta estos marcos crítico-teóricos, en la introducción al volumen, Poblete y L'Hoeste subrayan la idea de que el cómic es un espacio de "intermediación" (*intermediation* en inglés) entre lo hegemónico y lo subversivo (15-16). De la misma manera, Campbell, en su libro anteriormente citado, se orienta en una dirección paralela, viendo en el cómic una praxis cultural (lo llama *culturescaping*) que conjuga las diversas corrientes de la globalización para producir textos hegemónicos y contrahegemónicos (7-8, 12). A pesar de que el estudio del cómic hispánico todavía está en su infancia, estas obras demuestran que el campo ha tomado conciencia de la importancia de la globalización.

Si bien mi acercamiento guarda afinidad general con este corpus crítico, también se diferencia por mi énfasis en los dispositivos críticos o herramientas que usamos como lectores e investigadores. En vez de profundizar en casos particulares, o elaborar un argumento historiográfico, aquí presento un texto guía que de manera explícita identifica y desarrolla algunos problemas conceptuales relacionados con el estudio del cómic. Y a pesar de que pudiera parecer que me alío con los estudios poscoloniales, los cuales comparten mi afán de descentrar y desequilibrar ciertas fórmulas identitarias, el objeto de mi investigación no se ocupa directamente de la colonialidad y poscolonialidad latinoamericana, sino más bien en indicar los rasgos que diferencian al cómic de otras expresiones culturales y las distintas maneras que el cómic se mueve en el mundo a mediados del siglo xx.

La metanarrativa de los cómics nacionales

Una de las metanarrativas más tentadoras que la crítica sobre el cómic debe cuestionar es la idea del cómic como una mercancía estática o nacional, producida en una nación determinada y cuyo consumo y significado se limita al ámbito nacional. En otras palabras, fijar una etiqueta nacional por detrás de la palabra cómic —cómic argentino, cómic chileno, cómic español, etc.— en algunos contextos puede ser distorsionante. Tales fraseologías tienen valor descriptivo, especialmente cuando hablamos del desarrollo de la industria y del mercado de cómics en distintos contextos nacionales, pero debemos tener conciencia del carácter fluido o fantasmático de lo nacional y preguntarnos sobre su relación a lo global. Esto se debe a que gran parte de los cómics seriados que se consumían en el mundo hispánico en el siglo xx eran traducciones literales o figuradas de cómics de otro lugar. A partir de la década de los cuarenta, compañías norteamericanas como King Features Syndicate exportaban personajes de cómic por todo el mundo occidental. En los cincuenta, la editorial norteamericana Dell, que se especializaba en adaptaciones de series de televisión y de cine, impulsó sus títulos y series por todo el mundo de habla española por medio de la editorial mexicana Novaro. De esta manera, personajes como el Llanero Solitario, Roy Rogers y Tarzán entraron a México, Sudamérica y España, generando imitadores locales. La profunda huella del paso de Dell en el mundo hispano puede apreciarse en Felipe, uno de los mejores amigos de Mafalda, que era ávido consumidor del héroe enmascarado.

Aparte de la importación de tiras o revistas norteamericanas en traducción, también tenemos que tomar en cuenta la rearticulación de modelos extranjeros por medio del pastiche, la parodia o los enfrentamientos ideológicos directos. Me refiero a lo que ocurre cuando los creadores de cómics en el mundo hispano traducen personajes extranjeros al medio local como respuesta a un original. Consideremos el ejemplo español del personaje de El Coyote, que apareció por primera vez como personaje de una serie de novelas de quiosco y, luego, como protagonista de cómic dibujado por Francisco Batet. Creado por el legendario escritor y radionovelero español

José Mallorquí, El Coyote es una suerte de cruce entre el Llanero Solitario y Zorro, cuyas aventuras californianas encauzan críticas al destino manifiesto y la corrupción estadounidense, al tiempo que enaltecen los patrones franquistas de la hispanidad. Veamos otro caso: en México está el cómic *Águila Solitaria* de Héctor González Dueñas, que realizó con el seudónimo que también utilizó durante su larga colaboración en *Kalimán*: Víctor Fox. A pesar de que la textura de *Águila Solitaria* es innegablemente indigenista y nacionalista, proyectando en sus viñetas imágenes como el águila y la serpiente, y trasladando la imagen guerrera de Cuauhtémoc al *Wild West* norteamericano, el cómic también se constituye por medio de discursos iconográficos norteamericanos. El protagonista se parece al personaje de Hawkman de *Detective Comics*, que circuló en el mercado mexicano en la serie de Novaro *Cuentos de Misterio* antes que González Dueñas creara a su indio volador. De la misma forma, el cómic de González Dueñas mantiene continuidad con el cómic norteamericano *Indian Chief* (1951-1959), que circuló en México por décadas bajo el título de *El Jefe Nube Blanca*. El estilo épico de las portadas de *Águila Solitaria* guarda semejanza estilística con *Indian Chief/El Jefe Nube Blanca*, pero lo más sintomático es que el padre asesinado de Águila Solitaria se llama Nube Blanca. De esta manera, vemos cómo el cómic mexicano se imagina como una suerte de secuela o continuación de *Indian Chief*.

Sin embargo, no debemos pensar en el flujo de cómics solamente con relación a un movimiento desde los Estados Unidos hacia México, América Latina y España. Nos enfrentamos a un fenómeno mediático mucho más complejo. Por ejemplo, tenemos un poderoso flujo de cómics mexicanos hacia el sur, a Sudamérica: *Kalimán*, *Águila Solitaria*, *Memín Pinguín*, *Majestad Negra* y *El Santo*, entre otros. También hay un flujo de cómics mexicanos hacia los Estados Unidos, hacia el lector inmigrante, especialmente *El Libro Vaquero*, *El Libro Semanal* y *El Solitario*. La comunidad mexicana y mexicoamericana de lectores era lo suficientemente importante para que el ministerio de relaciones exteriores mexicano publicara, en forma de cómic, un guía del migrante mexicano en 2005 para ser distribuido en México y los Estados Unidos en paquetes que llevaban ejemplares de *El Libro Vaquero* y *El Libro semanal* (Campbell 48-49). Hasta el presente, estos dos títulos son los más fáciles de conseguir en mercados mexicanos en los Estados Unidos. Argentina y Chile, igualmente, han exportado cómics, como en el caso de la internacionalización de *Condorito* y *Mafalda*. En el contexto español, aparte de las inserciones norteamericanas después de la Segunda Guerra Mundial, vemos un flujo británico en importantes revistas españolas, el movimiento de artistas españoles a Francia y Gran Bretaña, y la importación del cómic italiano (particularmente *Tex* de Gian

Luigi Bonelle).[5] Estos circuitos, y otros, nos recuerdan que la globalización del cómic no es, únicamente, una función de la penetración norteamericana en mercados hispánicos. Existe otra globalización, centrada en otros circuitos y zonas del mundo.

Si el antepuesto movimiento de cómics impresiona por su variedad y extensión, sería demasiado largo citar cómics creados en el mundo hispánico bajo la inspiración de modelos extranjeros. Personajes norteamericanos como Zorro, Tarzán, el Llanero Solitario y el Príncipe Valiente inspiraron imitadores locales. En el caso de España tenemos la serie de *Roberto Alcázar y Pedrín* (inspirado en *Terry y los Piratas* de Milton Caniff) y *El Capitán Trueno* (influido por *El Príncipe Valiente* de Hal Foster). El cómic español, entonces, no es siempre español: muchas veces es algo más. Lo mismo podríamos decir sobre cómics de otras partes del mundo hispánico.

La metanarrativa de la autoría

La autoría se relaciona con el tema nacional, pero es lo suficientemente importante y compleja en sí misma para merecer un comentario aparte. La razón más obvia por nuestras dificultades con el concepto corresponde a la definición del cómic y hasta qué punto privilegiamos la textualidad por encima o por debajo de la visualidad. Ya que el cómic combina texto con ilustraciones, es común que tengamos dos autores en el proceso de su creación: un guionista y un ilustrador (en la tira periodística, hay tradición de que una persona lleve a cabo las dos labores, empero, en el cómic tipo revista suele haber dos creadores). Pero la idea de la coautoría es controvertida, o por lo menos puede llevar a malentendidos o distorsiones significantes. Si un creador escribe el texto y otro dibuja, ¿quién es el autor? ¿Estamos frente una relación de iguales o desiguales? Las distintas respuestas a esta pregunta subrayan las tensiones que la configuran en primer lugar. Veamos algunos ejemplos.

Uno de los creadores de cómics más importante de la historia argentina es Héctor Germán Oesterheld, que fue desaparecido por la Junta Militar en 1977. Entre sus creaciones tenemos *El eternauta*, un clásico de la ciencia ficción, el western *Sargento Kirk* y un cómic sobre la Segunda Guerra Mundial titulado *Ernie Pike* (el título y su protagonista aluden indirectamente al corresponsal de guerra norteamericano Ernie Pyle). Sin embargo,

---

5 En el caso de cómic británico, tenemos por ejemplo la tira de Norman Pett, *Jane*, que apareció en el cómic *El Coyote* a principios de los años cincuenta, así como *Belinda Blue Eyes* de Billy Connor y Steve Dowling que apareció en la revista *Florita* en 1949.

estos datos solo nos dan la mitad de la historia porque el colaborador de Oesterheld en *Sargento Kirk* y *Ernie Pike* fue uno de los ilustradores más celebrados del siglo xx: el italiano Hugo Pratt. Después de vivir y trabajar en Argentina entre 1949 y 1959, Pratt se fue a Londres donde trabajó para varias revistas inglesas antes de regresar a Italia en 1962, donde alcanzó fama internacional por medio de un cómic titulado *Corto Maltés*, entre otras obras, por lo cual en Europa (y en los Estados Unidos) se le recuerda mucho mejor que a Oesterheld.[6] Cuando la editorial francesa Futuropolis reimprimió la serie completa de *Sargento Kirk* en pasta dura en 2008 (la única colección completa de esta serie), lo hizo con un diseño gráfico que disminuyó a tal punto el nombre de Oesterheld en las portadas de cada volumen que es prácticamente ilegible. En contraste, el nombre de Pratt aparece en tamaño monumental, representándolo como el autor primario de la obra. La confusión genealógica empeora cuando tomamos en cuenta que la edición de Futuropolis es una traducción francesa de una traducción italiana del original en español de Oesterheld. La pérdida del español como lengua originaria forma parte del olvido al que ha sido relegado Oesterheld como autor. Lamentablemente, esta disminución de la autoría del argentino no es un caso aislado. En un número de 1986 de *The Comics Journal* que publicó un fragmento de una aventura de *Corto Maltés* en inglés, la ficha biográfica declara que Pratt fue el único autor de *Sargento Kirk* y *Ernie Pike* (Thompson 46). Por esa lógica (o ilógica) podríamos atribuir la famosa tira *The Cisco Kid*, de Rod Reed y José Luis Salinas, al segundo de ellos únicamente: un espléndido artista argentino y, esto, a pesar de que la tira se originó en los Estados Unidos y se publicó en inglés.

El tema de *The Cisco Kid* me lleva al peso que damos al lenguaje y al lugar de publicación de un cómic. Recientemente tuve una experiencia reveladora al respecto. En un foro electrónico dedicado al estudio del cómic, una estudiante de posgrado pidió que los miembros de la lista le recomendaran clásicos de la novela gráfica "latinoamericana". Yo le sugerí que tomara en cuenta la obra del chileno Alejandro Jodorowsky, que ha escrito —en colaboración con insignes artistas franceses como Moebius (Jean Giraud)— clásicos de ciencia ficción como la serie *El Incal* y *Metabarons* y la serie western *Bouncer*. No obstante, otro colega intervino poco después de mi comentario para decir que las obras que había recomendado no podían ser consideradas "latinoamericanas" porque su lugar de publicación

6 Esto también se debe al hecho que Pratt haya republicado en italiano algunas de las obras en las que colaboró con Oesterheld pero sin mencionar su nombre como guionista. Para una breve síntesis sobre Oesterheld, véase Pablo de Santis (200-201), y para Pratt con Oesterheld, véase Szymanczyk (138).

era Francia. De esta manera, la *chilenidad* de Jodorowsky desaparece o se disminuye en un proceso semejante a la invisibilización de Oesterheld en la edición francesa de *Sargento Kirk*. Los cómics en los que aparece el nombre de Jodorowsky se perfilan como obras francesas o europeas y no como chilenas o latinoamericanas. Es extraño y alienante porque cualquier lector que sepa algo sobre cultura e historia latinoamericana reconocerá una serie de ecos poscoloniales propios de lo latinoamericano en las obras que llevan el nombre de Jodorowsky. Sea como fuere, confieso que mi comentario original sobre el latinoamericanismo de Jodorowsky era tan distorsionante como la respuesta del colega que propuso una lectura contraria. Los dos estábamos en los polos opuestos de una dicotomía en vez de pensar el problema de manera más compleja.

Otro problema es la autoría comercial y el uso de seudónimos, cuestiones que se vinculan de varias maneras. Ya que el cómic pertenece a una industria mediática y circula como objeto de consumo, no debe sorprender que la autoría sea ancilar o secundaria a cuestiones de distribución y volumen (ventas y tirajes). Rafael Martínez, el director de la famosa revista española *Kirk*, que publicó varias series distintas, entre ellas el *Sargento Kirk* de Oesterheld y Pratt, escribió lo siguiente en 1983: "El cómic es una industria, y no, como muchos bienintencionados críticos pretenden, un arte. Dirigido al mayor número posible de lectores, exige en los autores plegarse a las exigencias de estos —dar al lector lo que el lector desea… y ahí está la grandeza y la miseria del cómic—" (3). Podemos debatir el aserto de que el cómic no es arte, pero lo que dice Martínez sobre comercialismo y consumo es innegable. Hasta los últimos veinte años, con la excepción de la tradición francesa de la *bande dessinée*, la industria del cómic en general no se preocupó demasiado por la estética en un sentido abstracto o no comercial. Milton Caniff, uno de los grandes de la tira norteamericana, esquivó la pregunta del valor estético del cómic en una larga entrevista en *The Comics Journal* en la que simplemente afirmó que su trabajo era entretener. En efecto, los lectores de habla hispana no leían *El Fantasma* porque su creador era Lee Falk, y el amigo de *Mafalda* no leía *El Llanero Solitario* porque Fran Striker o Paul S. Newman eran sus autores.

El cómic seriado es una narrativa visual que privilegia las fórmulas repetibles y el consumo cotidiano por encima de la individuación de un texto como una obra discreta, completa, acabada, con un autor que dé peso ontológico al "paquete" de la obra. Es decir, se limita la presencia del autor como principio de valor y significación, lo cual tiene correlatos conceptuales con el uso de seudónimos. Para su trabajo en *Kalimán* y *Águila Solitaria*, Héctor González Dueñas eligió el nombre de Víctor Fox, que era el de un empresario norteamericano que fundó el Fox Features Syndicate para distribuir cómics plagiados de *Detective Comics*. En la serie western de Rafael Márquez Torres, *El Libro Vaquero*, todos los guionistas usaban seudónimos angloamericanos para fingir que las historias eran auténticamente 'norteamericanas' y no productos de un *translatio* mexicano. El más famoso de todos los nombres era el de Billy Flynn, que en un momento dado fue lo suficientemente notable y canónico para que otra editorial fundara un cómic titulado *El Vaquero de Billy Flynn*. En el caso de España, el uso de seudónimos también era común, en particular, entre artistas que trabajaban en otras lenguas desde el extranjero, como en París y Londres.

Para resumir: la autoría en el cómic es plural, o múltiple, y sufre de distorsiones o desapariciones. En vez de ser un principio de fijeza y estabilidad, un punto concreto de partida para organizar el conocimiento de manera centrada, la figura del autor es un espacio en tensión y un espacio de posibles desterritorializaciones. Si leemos a En América Latina, Oesterheld aparece como autor de *Sargento Kirk*, pero si leemos el mismo cómic en París o Italia, el responsable es Pratt. Si hojeamos la famosa revista española *El Coyote*, vemos la firma de Francisco Hidalgo Bartau en tiras como "Dick Tober", pero cuando nuestro dibujante se traslada a Francia, empieza a usar nombres como el de Yves Roy. ¿Son el mismo? La autoría no se puede dar por descontada. Es un lugar donde se dan espejismos y juegos de perspectivas que pueden cambiar nuestras lecturas. Respetemos este flujo y habitemos en él en vez de borrarlo a favor de acercamientos que lo congelen o fosilicen.

La metanarrativa de las lecturas alegóricas

La tercera metanarrativa que quiero cuestionar es la alegoría. Como todos sabemos, la búsqueda de alegorías en textos es un ejemplo de razonamiento horizontal o analógico en el cual una narrativa refleja algo que está fuera de sí misma. En contraste, la mayor parte de este ensayo está impulsado por un razonamiento que pudiéramos llamar "genético" por su búsqueda de articulaciones secuenciales que asociamos con palabras como "genealogías", "inspiraciones" e "influencias" (un tercer acercamiento es el formalista, que concreta los códigos visuales que estructuran cómics, diferenciándolos de otras formas narrativas, o que definen un cómic particular de otro). La investigación de cómics seriados presenta un reto a la exégesis alegórica por problemas de extensión y repetición. Los cómics *best sellers* de circulación internacional como *Kalimán*, *Águila Solitaria* y *Fantomas* consisten de cientos de argumentos y una extensión por serie que supera las 20.000 páginas cada una. Es muy difícil, si no imposible, que un investigador domine materiales de tal extensión y pueda conceptualizar lecturas alegóricas en el sentido estrecho de la palabra. Un acercamiento más eficaz se relaciona con el problema del carácter repetitivo del cómic en serie, que está continuamente reciclando y reformulando las mismas historias una y otra vez. La crítica tendrá más éxito haciendo mapas de fórmulas y recombinaciones que realizando sencillas lecturas alegóricas que pueden caer en equívocos básicos. Si la alegoría presupone una correspondencia relativamente directa entre una narrativa y algo que queda fuera de ella, la visibilidad (y carácter repetitivo) de fórmulas en un texto sugiere que es autorreferencial en vez de dirigida hacia afuera.

"El mito de Superman" de Umberto Eco, contenido en *Apocalípticos e integrados* (1968), es una obra clásica de crítica sobre el cómic y la narrativa popular que nos puede ayudar a cuestionar la exégesis alegórica. En su ensayo, Eco teoriza el desenvolvimiento de Superman en cómics (y, por extensión, otras formas de narrativa popular como las novelas de detectives), en comparación con otros tipos de narrativa, como el mito y la novela. El crítico italiano está interesado en dos cuestiones: cómo evoluciona (o no) un personaje en el transcurso de una historia o serie de historias y las expectativas que tenemos los lectores de la literatura popular. En los mitos, el héroe pertenece a una historia del pasado y, como tal, está acabado y tiene cierta inmutabilidad. En contraste, el motor o placer de la lectura de una novela realista es un desenlace desconocido y un personaje cuyas acciones lo consumen, subrayando su fragilidad y humanismo. Eco escribe que el protagonista de una novela no es excepcional por sus poderes, ni predecible por alguna ley sobrenatural o universalista y que no cumple con los requisitos de ser un arquetipo o un emblema como sucede con un personaje mítico como Hércules. El problema de un personaje como Superman es que tiene que operar en los dos planos de mito y novela a la vez; tiene que ser eterno y poderoso, pero está atrapado en un sistema narrativo seriado. Es demasiado poderoso para tener impedimentos reales y para desenvolverse o transformarse en el transcurso de sus aventuras. A diferencia de un personaje de novela, sus acciones no le permiten "consumirse a sí mismo", que es otra manera de decir que no puede dar otro paso hacia la muerte (Eco 257-275).

Para decirlo de manera concisa, Eco demuestra que los cómics de Superman operan en una definición onírica del tiempo que borra el antes y el después, o que por lo menos hace difícil distinguir las cronologías que pudieran unir un episodio con otro. De esta manera, los lectores consumen el cambio, los obstáculos sobrepasados, los villanos derrotados y una historia con principio y final sin que estas cosas afecten la eternidad de

Superman, sin que lo humanicen como alguien capaz de cambiar, evolucionar, envejecer. Cuando aparece el próximo cómic en el quiosco de la esquina, la aventura previa ha desaparecido como factor de la vida del personaje y comenzamos de nuevo. Esto lleva a un tipo de repetición que no es solamente fundamental para Superman sino para la narrativa popular en general, y que Eco denomina "un gusto por la redundancia" o un "hambre de redundancia" (284-285). Como amante de la literatura barata, Eco comprende que los lectores de tales entretenimientos no buscan sorpresas sino una recombinación de lo que han visto anteriormente; desviar demasiado de las normas de un personaje o universo imaginario es suprimirlos por completo como objetos de consumo por placer. El análisis de Eco, que no resumo por completo, nos ayuda a comprender las limitaciones de la alegoría como lectura del cómic. No todo personaje de cómic es Superman pero aquel hambre por la repetición, ese arte combinatorio que hace que 1.300 números de *Kalimán* o 759 de *Águila Solitaria* aparenten cierta homogeneidad y familiaridad para sus lectores, es clave para la creación del cómic barato.

Por otra parte, el carácter comercial y masivo de este tipo de publicación requiere que se satisfaga el hambre por la redundancia. ¿Es el protagonista de *Águila Solitaria* un avatar del guerrero azteca Cuauhtémoc (alegoría nacional) o simplemente un mecanismo para satisfacer el hambre de la redundancia por medio de una reformulación de Hawkman de *Detective Comics* o Nube Blanca de *Indian Chief*? ¿Es *El Coyote* de Mallorquí una alegoría fascista sobre el franquismo o un pastiche del Zorro? Mis lectores reconocen que estas son preguntas retóricas porque el cómic es una narrativa sobredeterminada. Su significado no es función de una causalidad (la intención de un "autor", por ejemplo), sino de varios referentes que se imprimen en él y en sus significados a la vez: otros cómics, eventos en el plano político-social y diálogos con otros textos, como novelas de quiosco, radionovelas y cine.[7] Aunque podríamos afirmar que siempre hay sobredeterminación en toda ficción, el cómic, como en el caso de las novelas de quiosco, las películas B y las series de televisión son casos especiales por su posicionamiento en la cultura de masas, su publicación en serie, su circulación global y las cuestiones de autoría y comercialismo que he subrayado.

---

7 La idea de la sobredeterminación fue desarrollada por Sigmund Freud en *La interpretación de los sueños* (295). Luego, en 1965, Louis Althusser utilizó el concepto para analizar las ideologías en *La revolución teórica de Marx* (71-105).

Para concluir: lagunas y objeciones

En estas páginas esquemáticas he enfatizado el carácter globalizado del cómic hispánico del siglo xx y he problematizado ciertas maneras de pensar en él. La falta de propuestas generales o mapas globales del cómic hispano me ha llevado a presentar pautas en rápidas pinceladas en vez de desarrollar lecturas extensas de cómics o series particulares. La invitación a formar parte de un libro sobre "latinoamericanismo" me llevó a pensar muy en grande y a preguntarme si sería correcto hablar de un cómic "latinoamericano". Como se puede ver, mi respuesta me ha llevado a una conceptualización global del cómic y a un cuestionamiento de ciertos supuestos epistemológicos. Veo en el cómic textualidades análogas a las producciones culturales que Moraña una vez definió en términos de la fuga de "adscripciones fijas", "singulares" y "apriorísticas" ("Literatura" 151). Por esta razón, no es tan fácil clasificar o describir el latinoamericanismo, la nacionalidad o la hispanidad con relación al cómic.

En un trabajo de vuelo generalista como este siempre habrá agujeros y lagunas. Aparte de temas importantes que he pasado por alto, como la estrecha relación que guarda el cómic con cine, televisión o radio, también puede haber excepciones a los planteamientos que parezco dictar (aunque tal verbo es ajeno a mi compromiso con la idea de flujos, dialéctica y sobredeterminación). He querido enfocarme en los cómics que suelen ser considerados de mala calidad o dañina influencia cultural, como traducciones del cómic norteamericano, o en homenajes al mismo, o en cómics que tienden a ser tragados por las fisuras entre clasificaciones nacionales. He querido rescatarlos todos y realizar una crítica más aclaradora. La literatura gráfica a la que me refiero —cómic en serie, de superhéroes, ciencia ficción o *western*— es latinoamericana, al tiempo que no lo es. Es hispana y no lo es. Quizás el carácter fantasmal de la *latinoamericanidad* o *españolidad* del cómic es la inspiración de estas páginas, y su más eficaz resumen.

Obras citadas

Althusser, Louis. *La revolución teórica de Marx*, traducido por Marta Harnecker. Ciudad de México: Siglo XXI, 2004.

Appadurai, Arjun. *La modernidad desbordada: dimensiones culturales de la globalización*, traducido por Gustavo Remedi. Ciudad de México: Fondo de Cultura Económica, 2001.

Bauman, Zygmunt. *Modernidad líquida*, traducido por Mirta Rosenberg y Jaime Arrambide Squirru. Ciudad de México: Fondo de Cultura Económica, 2002.

CAMPBELL, Bruce. *Viva la Historieta! Mexican Comics, Nafta, and the Politics of Globalization*. Jackson: University Press of Mississippi, 2009.

Ciclón Jalisco. Ciudad de México: Ediciones José G. Cruz, 1973.

COSSE, Isabella. *Mafalda: historia social y política*. Buenos Aires: Fondo de Cultura Económica, 2014.

DORFMAN, Ariel, y Armand MATTELART. *Para leer al Pato Donald: comunicación de masas y colonialismo*. Buenos Aires: Siglo XXI, 2010.

ECO, Umberto. *Apocalípticos e integrados*, traducido por Andrés Boglar. Buenos Aires: Editorial Lumen, 1984.

FREUD, Sigmund. *La interpretación de los sueños*, traducido por Alfredo Brotons Muñoz. Madrid: Ediciones Akal, 2013.

FERNÁNDEZ L'HOESTE, Héctor D. y Juan POBLETE (eds.). *Redrawing the Nation: National Identity in Latin/o American Comics*. Basingstoke: Palgrave Macmillan, 2009.

FOSTER, David William. *From Mafalda to Los Supermachos: Latin American Graphic Humor as Popular Culture*. Boulder/London: L. Rienner, 1988.

HALL, Stuart. "The Local and the Global: Globalization and Ethnicity". *Culture, Globalization and the World-System: Contemporary Conditions for the Representation of Identity*, editado por Anthony D. King. Minneapolis: University of Minnesota Press, 1997, pp. 19-39.

LARRAÍN, Jorge. *Identidad chilena*. Santiago de Chile: LOM Ediciones, 2001.

— *¿América Latina moderna? Globalización e identidad*. Santiago de Chile: LOM Ediciones, 2011.

MARTÍNEZ, Rafael. "Editorial". *Kirk*, n.º 3, 1983.

MOIX, Terenci. *Historia social del cómic*. Barcelona: Bruguera, 2007.

MORAÑA, Mabel. "Literatura, subjetividad y estudios culturales". *Estudios culturales latinoamericanos. Retos desde y sobre la región andina*, editado por Catherine Walsh. Quito: Universidad Simón Bolívar/Abya Yala, 2003, pp. 147-152.

— *Cultura y cambio social en América Latina*. Madrid/Frankfurt: Iberoamericana/Vervuert, 2008.

NEWMAN, Kathleen. "Notes on Transnational Film Theory: Decentered Subjectivity, Decentered Capitalism". *World Cinemas, Transnational Perspectives*, editado por Natasa Ďurovičová y Kathleen Newman. London: Routledge, 2010, pp. 4-11.

PRATT, Hugo, y Héctor Germán OESTERHELD. *Sergent Kirk*, traducido por Emilie Saada. Paris: Futuropolis, 2008.

RIUS. "Las historietas: el método más barato para embrutecerse… (o cultivarse… según)". *Los agachados*. Ciudad de México: Editorial Posada, 1971.

Robertson, Roland. "Glocalization: Time-Space and Homogeneity-Heterogeneity". *Global Modernities*, editado por Mike Featherstone *et al.* Thousand Oaks: Sage Publications, 1995, pp. 25-43.

Saba, Arn. "'I'm just a Troubadour Singing for My Supper' Milton Caniff: An Interview with One of the Masters of Comic Art". *The Comics Journal*, n.º 108, 1986, pp. 60-102.

Santis, Pablo de. "The Fierro Years: An Exercise in Melancholy". *Redrawing the Nation: National Identity in Latin/o American Comics*, editado por Héctor Fernández L'Hoeste y Juan Poblete. Basingstoke: Palgrave Macmillan, 2009, pp. 191-203.

Schiller, Herbert I. *Comunicación de masas e imperialismo yanqui.* Barcelona: Gustavo Gili [1960] 1977.

Stephenson, Marcia. *Gender and Modernity in Andean Bolivia.* Austin: University of Texas Press, 1999.

Szymanczyk, Óscar. *Historia de las historietas en la Argentina.* Buenos Aires: Editorial Dunken, 2014.

Thompson, Kim. "'The Secret of Tristan Bantam' A Complete Story from the New Corto Maltese Album: *The Brazilian Eagle*, with Biographical Notes on Hugo Pratt by Kim Thompson". *The Comics Journal*, n.º 108, 1986, pp. 43-51.

Americanismo y migrancia: *The Barbarian Nurseries* de Héctor Tobar

Juan Poblete
University of California-Santa Cruz

Quiero explorar aquí un ejemplo específico de americanismo como zona de contacto, dentro de los Estados Unidos, de latinoamericanos y estadounidenses blancos en una tensa situación de interdependencia y miedo mutuo. Este americanismo de la práctica social de millones de latinos en los Estados Unidos es distinto del americanismo histórico en América Latina en donde ciertos intelectuales, desde José Martí a Chávez, en la larga tradición continental de pensamiento latinoamericanista de base nacional, lo han definido precisamente a partir de una relación negativa con los Estados Unidos. Y es diferente también de lo que podríamos llamar el latinoamericanismo epistémico de quienes estudian América Latina desde los Estados Unidos. Las dos últimas son formas, políticas y epistemológicas respectivamente, de teorizar la relación tensa y cambiante entre los Estados Unidos y América Latina. El primero, en cambio, el americanismo que me ocupará aquí, es una situación social de facto que, a pesar de su alta intensidad política y afectiva, no ha sido pensada cabalmente como tal. Podría decirse incluso que ha sido escondida y naturalizada por los vocabularios del liberalismo político que, con conceptos como los de derechos de ciudadanía, asimilación e inmigración ilegal, han reducido la verdadera complejidad cultural y el verdadero potencial político de esta configuración socio-espacial.

Me gustaría explorar este americanismo de las zonas de frontera internalizadas dentro de lo que he llamado la condición postsocial de los Estados Unidos, usando como guía una excelente novela de Héctor Tobar,[1]

---

1 Tobar es autor de otra novela, *The Tattooed Soldier* (1998); una obra de crítica cultural, *Translation Nation: Defining a New American Identity in the Spanish-Speaking United States* (2005); y un trabajo de reportaje, *Deep Down Dark: The Untold Stories of 33 Men Buried in a Chilean Mine, and the Miracle That Set Them Free* (2014).

The Barbarian Nurseries, del 2011. Lo que me interesa de la novela es la capacidad heurística del migrante latino para revelar la verdadera estructura de la vida cotidiana en los Estados Unidos, transformados por el doble y relacionado impacto de las migraciones y la globalización neoliberal. Me interesan, asimismo, las formas subjetivas y objetivas de la precariedad que afectan tanto a migrantes como a la población blanca y, especialmente, a su sector empobrecido. Detrás del miedo mutuo y la profunda interdependencia que unen a latinos y blancos en este país, se abren también posibilidades políticas que van de las políticas identitarias de la diferencia étnica a las políticas de lo público y la comunalidad. Pero antes de hacerlo tengo que explicar qué entiendo por condición postsocial.

Durante los primeros sesenta años del siglo XX, el estado encontró en la conjunción de capitalismo industrial y estado de bienestar su forma de legitimación. Se trataba del compromiso keynesiano que otorgaba salarios que permitían el consumo a los trabajadores, porque entendía producción y consumo como procesos integrados por dinámicas espaciales de coexistencia en un mismo mercado y en sociedades nacionales. Si el estado tendió entonces a la expansión universalizante de derechos sociales y bienestar social, rasgos que definen a lo social moderno, ese mismo estado busca ahora en cambio en el nuevo estado neoliberal competitivo otra forma de legitimación, y la encuentra no en la provisión de seguridad en la forma de bienestar para *todos* sus ciudadanos, sino en la provisión de seguridad policial y en la explotación política del miedo de *algunos* ciudadanos hacia los otros, excluidos o semiexcluidos. En los Estados Unidos esta criminalización de los pobres afecta sobre todo a los hombres negros y latinos.

Esta reterritorialización de lo social, lo político y lo cultural define globalmente la geografía social de lo postsocial. Entre sus factores constitutivos, menciono: una privatización del riesgo social y de su administración en sociedades postsociales (en las cuales las pensiones, la seguridad social, la salud, la educación y otra serie de derechos a servicios sociales —antaño establecidos— son total o parcialmente privatizados, pasando a depender de las contribuciones de cada individuo y del estado del mercado financiero, con el consiguiente aumento de la ansiedad y la inestabilidad); un cambio desde una economía cuyos buenos empleos estaban en la manufactura industrial de alta intensidad de trabajo, a otra economía postindustrial de servicios (mal pagados) y de investigación en áreas de menor intensidad laboral; una radical y consecuente flexibilización de la fuerza de trabajo y con ella una mayor tolerancia o incluso legitimación de la desigualdad en la distribución y concentración de los ingresos. Por condición postsocial entiendo, de este modo, aquella cuyo *ethos*, en vez de socializar y distribuir el riesgo solidariamente, lo individualiza y privatiza con el consiguiente juego de inclusión y exclusión relativa de sectores importantes de la población y la estabilización de zonas de excepción que afectan, sobre todo, a los jóvenes de bajos recursos y a los inmigrantes. Zonas de excepción que pueden usarse, entonces, para movilizar el miedo y la desconfianza entre los ciudadanos y confirmar su estratificación espacial en una configuración de fronteras internas que dividen lo social en territorios segregados que requieren alta vigilancia. En el caso de los Estados Unidos dicha condición postsocial se manifiesta de una manera que involucra a los latinos y en especial a los indocumentados.

Habiendo privatizado su sentido de lo público (el Estado, los impuestos), habiendo culpado al Estado de desperdiciar su dinero en los pobres, la clase media estadounidense se ha hecho partícipe de una ideología elitista que solo favorece la concentración del capital y contra sus verdaderos intereses, termina aceptando, como un mal menor que, al encogerse el estado, al privatizarse lo público, haya cada vez menos servicios regulados y disponibles (Duggan). Menos educación pública, menos salud, menos infraestructura, menos seguridad social. Esta privatización de lo público genera, simultánea y contradictoriamente —esta es mi hipótesis—, una sensación de crisis irremediable y la necesidad del acceso privado a algunos de estos servicios a través del trabajo proporcionado por los *otros* racializados, los inmigrantes, a costos a menudo inferiores al mínimo legal. En otras palabras, genera tanta confianza y satisfacción, como desconfianza y miedo; tanto interdependencia y contacto, como repulsión y externalización. Como señalan Roger Waldinger y Michel I. Lichter, la preferencia de los empleadores por inmigrantes para trabajos que pagan mal, y quienes están estigmatizados y requieren gran esfuerzo físico, van con frecuencia de la mano

> de una animadversión hacia los inmigrantes y sus familias. (...) Un fabricante de muebles con una fuerza de trabajo mayoritariamente extranjera aceptó que los inmigrantes "hacen posible la calidad de mi vida" pero también nos dijo que "a nivel personal, donde yo vivo, muchos vemos cómo se deteriora la calidad de vida y muchos creemos que eso se debe a la inmigración" (163-164).[2]

Es la misma lógica contradictoria que, identificando a los inmigrantes simultáneamente como trabajadores y como extraños/extranjeros, genera paradójicos paisajes de miedo suburbano en donde los mismos inmigrantes que prestan los servicios en las casas de la clase media son identificados como la fuente de ansiedad y miedo en las calles (Hill Maher).

Entre las zonas de contacto fronterizo y cotidiano internalizadas en los Estados Unidos que me interesan para el proyecto más grande del cual

---

2 Esta y todas las traducciones en este artículo son mías.

este ensayo forma parte, se encuentran: el trabajo doméstico del que se ocupa *The Barbarian Nurseries* —la esquina de la ciudad en que los jornaleros buscan empleo diario y supervivencia—, el caso de los "American Dreamers" o estudiantes indocumentados, el campo agrícola en que los inmigrantes latinos producen y cosechan las verduras que comemos, la parte trasera de los restaurantes en que cocinan nuestras comidas y lavan los platos y, en un terreno más igualitario, la cancha de fútbol y el mercado de las pulgas en que migrantes y no inmigrantes se encuentran. Hay tres aspectos más concretos de este americanismo de zonas de contacto —zonas que funcionan como fronteras internalizadas dentro de los Estados Unidos— que me gustaría explorar en la novela de Tobar. Se trata de las formas de la producción y reproducción del valor, la precariedad y el miedo.

La novela *The Barbarian Nurseries* puede ser descrita como la epopeya colectiva de un pueblo, el latino en los Estados Unidos, en el momento de la postsocialidad y en su contacto con la mayoría blanca. Aquí es representada a través de la peripecia vital de una empleada doméstica mexicana que trabaja para una familia adinerada estadounidense en una comunidad privada y amurallada en Los Ángeles, California. La acción ocurre en los años posteriores a la crisis financiera del 2008 y va a involucrar a Araceli, la empleada doméstica, a sus patrones Maureen y Scott Torres-Thompson y a sus dos hijos blancos y rubios. Los Torres-Thompson son un matrimonio mixto. Scott, un ingeniero en computación, es de origen hispano y Maureen, un ama de casa y madre de dos niños, es blanca. Debido a la crisis económica las inversiones de Torres, que trabaja ahora como gerente en una compañía de *software*, han perdido buena parte de su valor y la familia ha debido despedir a una de sus dos empleadas y al jardinero. Araceli ha terminado no solo limpiando la casa como lo hacía originalmente, sino que, además y por el mismo sueldo, cocinando y cuidando a los niños. Repentinamente esta mujer mexicana, de la cual los Torres-Thompson saben tan poco, se ha convertido en un elemento excepcional que vincula las muy desconectadas partes de esta familia. En efecto, cuando los Torres-Thompson tienen su propia crisis de pareja (motivada por su crisis financiera) y se van los dos enojados y por separado sin darse cuenta de que lo hacen y dejando solos a sus hijos, Araceli se ve obligada a cuidar a los niños durante dos días en la casa. Al cabo de este tiempo, la empleada decide salir, dejar la comunidad amurallada y caminar por otro día y medio en ese gran afuera desconocido que es para ella y los niños, la ciudad de Los Ángeles, en busca del abuelo de los niños. La novela —en que extranjería, alienación e intimidad coexisten en esta zona de contacto que es el trabajo doméstico— concluye cuando Araceli, que ha sido acusada de intentar secuestrar a dos niños blancos por un fiscal inescrupuloso, es liberada sin cargos por un juez compasivo. El fiscal ve en dicha acusación una gran oportunidad política: aprovecharse del miedo blanco a la inmigración mexicana y al fantasma de la criminalidad. Para ello usa todo el poder amplificador de los medios de comunicación que por unos días avivan las llamas del miedo, la paranoia y la xenofobia hacia los otros, hacia todos los inmigrantes, a quienes se acusa, al estilo de Donald Trump, de ser todos peligrosos y criminales.

El caso de Araceli, que va, en rápida pendiente, de inmigrante indocumentada y excelente trabajadora doméstica a peligrosa criminal que secuestra niños blancos, es un ejemplo de lo que Bridget Anderson refiere como uno de los mecanismos básicos a través de los cuales el Estado-nación vigila los límites de la polis. En esta dinámica, la polis es entendida como una "comunidad de valores" integrada por los buenos ciudadanos. Su límite externo son los inmigrantes y su límite interno está constituido por los ciudadanos fallidos (aquellos que por drogas o salud mental, por ejemplo, no pueden encargarse de sí mismos y viven de la seguridad social). Tanto inmigrantes como ciudadanos fallidos son definidos, primero, porque no comparten los valores de la comunidad y, luego, porque al no hacerlo carecen ellos mismos de valor. Son dos ejemplos, uno externo y el otro interno, de lo que se ha denominado los pobres que no merecen ayuda ("undeserving poor") y, por ello, son apenas tolerados cuando se los acepta, y están siempre expuestos a la patologización y la criminalización, cuando se los excluye. Explorando las causas estructurales de esta política de exclusión y criminalización de los inmigrantes y los pobres sin merecimiento, vale la pena recordar con Loïc Wacquant, que esto responde a la emergencia de lo que él llama el "Estado Penal Neoliberal", el cual administra el régimen de inseguridad social redistribuyendo las economías de asistencia y castigo que definieron al estado benefactor. Si para este último, los pobres requerían la solidaridad de todos, pues su seguridad mínima era parte del bienestar, para el nuevo estado neoliberal los pobres deben ser reeducados (pues sus problemas de fondo son conductuales, no estructurales) o encarcelados, cuando no cumplen con el nuevo contrato social. Ellos son la causa de su propia pobreza y deben ser responsabilizados y responder personalmente por sus errores. Entender que el motor del ascenso del estado penal neoliberal es la inseguridad social, es decir, el desmantelamiento de la seguridad proporcionada por el estado benefactor (y no la inseguridad producida por el crimen mismo), es importante para comprender las políticas de la actual situación de destrucción del estado benefactor y las posibilidades, en el contexto de las migraciones masivas, de las reacciones en contra de dicho desmantelamiento.

Como ya demostraran Mike Davis y Teresa Caldeira en los años noventa del siglo pasado, esta nueva sociedad neoliberal en que proliferan el miedo y la desigualdad ha producido sus propios monumentos materiales: las comunidades residenciales amuralladas e hipervigiladas. La comunidad en que viven los Torres-Thompson es una de ellas. Como indica Caldeira estas comunidades, que ella llama "enclaves fortificados" y que Davis y otros han referido como "paraísos infernales" y mundos de ensueño neoliberal, son "espacios privatizados, encerrados y monitoreados de residencia, consumo, placer y trabajo" (Caldeira, 303), y se han originado en el miedo de las nuevas clases medias y altas hacia los pobres, los sujetos sin casa, o los criminales que, para ellos, infectan los espacios públicos y amenazan los privados en la nueva urbe. Estudiando las formas en que se publicitan estos espacios residenciales en São Paulo (Brasil) y Los Ángeles (Estados Unidos), Caldeira concluye que son presentadas como "islas" o "mundos separados" donde es posible lograr una vida integral, gozando de una comunidad homogénea en términos de clase (y de raza), donde los encuentros desagradables con los pobres y diferentes han sido suprimidos. Pero, por supuesto, como les ocurre a los patrones de Araceli, estos paraísos tienen que ser limpiados, mantenidos y cuidados por gente de otra clase y extracción social, siendo este el caballo de Troya de la reproducción paranoica del miedo, aún en estos mundos de fantasías sociales amuralladas:

> En un contexto de creciente miedo al crimen y en el cual se asocia a los pobres con la criminalidad, las clases altas le temen al contacto y la contaminación, pero continúan dependiendo de sus sirvientes. Esto, naturalmente, les produce la ansiedad de cómo controlar a esos sirvientes, con los cuales tienen una relación ambigua de dependencia y evasión, intimidad y desconfianza (Caldeira, 311).

En este contexto hay en la novela de Tobar cuatro formas de extracción de valor de Araceli (y por extensión de todos los latinos y, especialmente, de los indocumentados) que son claves para la producción y reproducción de la vida cotidiana, política y cultural de los Estados Unidos. El valor de Araceli para la familia Torres-Thompson, y la plusvalía, es decir, la tasa de explotación, han aumentado considerablemente en la medida en que ella pasa de hacer posible el estilo vida de la pareja y cargar de vida los objetos que limpia y las comidas que prepara, a cuidar sola, como madre sustituta, por unos días a sus dos hijos. Para otros personajes como Ian Goller, el ambicioso abogado en la oficina del fiscal del condado, el caso de Araceli presenta de inmediato un gran valor como objeto político: "él sintió la gran ola de indignación popular que esto podría provocar. Una sirvienta que, de seguro, era una inmigrante ilegal, secuestrando a dos niños estadounidenses, blancos y rubios de Orange County" (Tobar, *Barbarian* 255). Lo mismo ocurre con los medios de comunicación para quienes Araceli tiene un importante valor como objeto de explotación comercial y como forma de modulación afectiva de los miedos y el morbo de sus audiencias, es decir, como disparador de los *ratings*.

Para la novela, Araceli tiene entonces un valor decisivo como sujeto y objeto del relato. Estas son *Barbarian Nurseries* en varios sentidos. *Nurseries* porque tanto dentro de la casa como fuera, Araceli está a cargo de cuidar y cultivar a estos dos niños blancos. *Nurseries* porque hay más plantas que necesitan cuidado en esta novela (la crisis de los Torres-Thompson se desata porque Maureen ha contratado una remodelación de su jardín, de tropical a desértico, a un precio exorbitante). Y *Barbarian* porque ambos lados son en algún momento y desde una cierta perspectiva percibidos como una forma degradada de civilización y de subjetividad. Es esto lo que le da densidad semántica y valor cultural y político al texto.

La precariedad es la condición común, en grados muy diferentes, de Araceli y de los Torres-Thompson. La precariedad de su situación legal, o en palabras de Nicholas de Genova "su deportabilidad", no su deportación sino su posible deportabilidad, es la base de la alta explotabilidad de Araceli. Como ella no puede constituirse en el sujeto legal del contexto norteamericano, se le puede pagar menos que el mínimo establecido, se le puede dar un día libre solo cada dos semanas, se puede hacer caso omiso de sus imposiciones laborales hacia una pensión, etc. Los Torres-Thompson, por otra parte, representan el lado alto/rico de la precariedad. Scott trabajó como inversionista de riesgo ("venture capitalist"), ganó dinero, perdió una parte e invirtió otra. Es ahora gerente de programadores de *software* que trabajan también bajo contratos y no de forma permanente, es decir, precariamente, y está siempre sujeto a los vaivenes del mercado y de la demanda. Su crisis es distinta de la de Araceli, pero tiene sus raíces en la misma y extendida productividad de la precariedad laboral o flexibilización como lógica sistémica de la globalización neoliberal.

Esta precariedad —compartida por una empleada doméstica indocumentada en Los Ángeles y su patrón, un gerente cuyo trabajo e inversiones son inestables— requiere cierta explicación. Guy Standing, quien ha sido uno de los primeros teóricos en sistematizar una visión comprensiva de los efectos del neoliberalismo globalizante sobre el trabajo y la vida, plantea que hay dos formas de definir al precariato: como clase y como estatus. En tanto clase en formación, el precariato consiste en aquellos trabajadores situados debajo de la clase trabajadora de base industrial, que carecen de contratos permanentes y están expuestos a varias formas de inseguridad: la laboral, la falta de perspectivas de crecimiento en su empleo, la inseguridad física y falta de protecciones, inseguridad de sueldo pues este varía según el número de horas trabajadas y las necesidades de los empleadores;

inseguridad, por último de la identidad laboral del trabajador, cuya relación con el empleador y su puesto son siempre tenues. Además de dichas formas de inseguridad, el precariato carece de un ingreso social más allá de sus sueldos: no hay beneficios asegurados por el Estado, por el empleador o por la sociedad.

Al compartir, a dos niveles y en grados muy diferentes, estas formas de inseguridad, Araceli y sus patrones viven con un horizonte de corto plazo, en el día a día, lo que afecta su capacidad de hacer planes y modelar el futuro. Sus estatus y, por lo tanto, sus formas de pertenencia en y al mercado laboral y la sociedad, están siempre en vilo o en riesgo, y generan todo tipo de ansiedades. Por supuesto hay también formas de precarización que son distintivas de la situación de ilegalidad o indocumentación que afectan a Araceli. En eso, ella se une a millones de migrantes alrededor del mundo: "Los migrantes son un porcentaje grande del precariato. Son la causa de su crecimiento y corren el riesgo de convertirse en sus principales víctimas, de ser demonizados y transformados en los chivos expiatorios de problemas en los cuales no tienen ninguna participación" (Standing 90).

En tanto presencia *de facto* —sujeto y cuerpo sensible que trabaja y contribuye sustancialmente a la producción de la vida en su contexto de residencia— pero no ciudadana *de jure* (sujeto de derechos incluyendo la representación política), Araceli comparte con al menos 12.000.000 de indocumentados en los Estados Unidos una condición socio-ontológica, que está, como los metecos de las ciudades clásicas griegas, a medio camino: entre la aceptación y el rechazo, la incorporación efectiva a la sociedad y su tajante exclusión, la interioridad relativa y la radical exterioridad. En otro lugar he desarrollado con mayor detalle esta doble dinámica socio-espacial que afecta a los latinos y, especialmente, a su sector indocumentado en los Estados Unidos (Poblete, "Americanism/o"). Lo que quisiera destacar ahora es cómo el trabajo doméstico de las mujeres latinas en casas de blancos en este país —cómo esta zona internalizada de frontera y contacto afectivo, económico y social— duplica las formas de invisibilización del trabajo femenino (que se extienden a los trabajadores latinos, en general y, en particular, a aquellos que trabajan en el área de servicios).

De acuerdo a los datos elaborados por el Pew Hispanic Center en el año 2012, aunque el número de latinos indocumentados en los Estados Unidos ha bajado a raíz de la crisis del 2008, todavía son claves en varias áreas económicas a nivel nacional: en agricultura son el 16% de la fuerza laboral, en construcción el 12%, en hoteles y servicios de hospitalidad 9% (Chapter 2: "Industries of Unauthorized"). A nivel de estado, en California los inmigrantes indocumentados son más de 2.600.000 y la fuerza de trabajo está compuesta en 9,4% por esos mismos indocumentados. Solo en el condado de Los Ángeles vivían en 2013 más de 800.000 de ellos. Tres de cada cuatro de ellos viven en una casa de estatus mixto, es decir, en donde cohabitan residentes legales e indocumentados. Estos últimos contribuyen con más de 130.000 millones de dólares a la economía de California (*Public Policy Institute*) y Araceli, en la novela de Tobar, es uno de ellos. Ella es una parte fundamental en las formas de producción de los Torres-Thompson y, sin embargo, su aporte es invisibilizado por tres factores: por su estatus de indocumentación, que naturaliza su situación de explotación a los ojos de sus empleadores; por la naturaleza de su trabajo como empleada doméstica; y por su género. El trabajo de reproducción de la vida, el cuidado de los niños y, en general, de cuidado al interior del hogar, en efecto, lo hacen parecer una extensión natural de labores femeninas que no requieren compensación monetaria y que tienen, además, una compensación afectiva que las justifica (Folbre). Cuando ese trabajo pasa históricamente del ámbito privado de la familia patriarcal y su distribución de roles genéricos de reproducción y producción, al ámbito público de la economía —o en otras palabras, cuando se transforma en un trabajo remunerado que realiza no la madre sino una empleada—, no logra despojarse de aquella naturalización de las labores, los afectos y las recompensas involucradas al interior de la familia burguesa (Gutiérrez-Rodríguez). Por ello, el trabajo doméstico hecho en la novela por una indocumentada como Araceli aparece siempre sujeto a una doble lógica de invisibilización: por la indocumentación de la trabajadora que le resta acceso al poder negociador o de reclamo de sus derechos; y porque ese tipo de trabajo, cuyos resultados son tanto tangibles como intangibles (afectos), es considerado fácil, sin requisitos de preparación, y con disposición de candidatas de reemplazo (Valenzuela y Mora 73). Ese trabajo de las latinas indocumentadas para la labor de reproducción de la vida doméstica en las zonas de frontera dentro de los Estados Unidos reproduce, de este modo, las formas de invisibilización del trabajo femenino, pero ahora en un contexto migratorio internacional.

Entendidas así las formas de extracción del valor de Araceli y la producción y reproducción de la precariedad, me interesan ahora las formas de la producción y reproducción del miedo que involucran la presencia legal e indocumentada de millones de latinos en los Estados Unidos. La posible virtualidad y actualización del miedo de la población blanca hacia los latinos migrantes o nativos, es el efecto de una cuasicausa, una amenaza, que solo existe en su manifestación como aquello (virtual y futuro) que produce una activación miedosa del cuerpo, al nivel preconsciente de los afectos, y cuya materialización se registra en un miedo consciente o emocional. La amenaza inmigrante (la supuesta degradación de los Estados Unidos, su latinización y oscurecimiento racial, la decadencia de los blancos) funciona aquí de manera análoga al terrorismo, casi como una causa del miedo extendido y modulado por el gobierno, los políticos y los medios de comunicación. Esta activación de una potencialidad de parte del cuerpo social —el miedo— es también homóloga a la virtualidad relativa de la presencia/invisibilidad de los latinos, especialmente los indocumentados en los Estados Unidos. Aunque dicha presencia en el territorio norteamericano preexiste, los latinos son percibidos como una ola de recién-venidos que amenaza con una radical transformación de la naturaleza social, racial y cultural del país (Santa Ana). Esta virtualidad de la amenaza latina es, como el miedo al terrorismo, modulada y movilizada para producir efectos políticos que van desde el ultranacionalismo económico al racismo extremo, incluyendo la militarización de la policía y de la vigilancia dentro del país, a la par de la criminalización y racialización de la pobreza.

Los latinos son las víctimas de un aparato que combina el discurso de los medios de comunicación y la práctica policial. Este ensamblaje es capaz de irritar los cuerpos de los ciudadanos blancos a un nivel social, presubjetivo y no-individual, generando una activación de un mecanismo disposicional en un proceso que es menos un espectáculo comunicacional y mucho más "una generación asistida de potenciales de acción" (Massumi 33). Se confirma la tesis de Massumi de que la televisión ha devenido hoy "el medio de los eventos", "un canal privilegiado para la modulación colectiva del afecto en vivo y en directo" (Massumi 33). Los latinos se han convertido en las víctimas de un modo perceptual o sensorial de gubernamentalidad que funciona, primero y fundamentalmente, como un salto que esquiva (*by-passing*) el nivel discursivo de interpelación y constituye una capacidad directa de afectar el cuerpo-ciudadano. En este caso, a través de una activación híbrida del miedo y el racismo.

Dicha negación del pasado histórico e intensificación del presente miedoso por la virtualidad siempre activable y, a menudo, activada del futuro como amenaza, esa irritabilidad apenas reprimida del cuerpo, es simultáneamente la forma de la precariedad de blancos y latinos bajo las nuevas condiciones objetivas y subjetivas producidas por la globalización neoliberal (o condición postsocial de y en los Estados Unidos). Este miedo al miedo mismo, esta autorreproducción del miedo más allá de sus condicionantes objetivos, esta ontogénesis es, pues, una de las formas en que la inmanencia de la situación de blancos y latinos se transforma en interioridad y subjetividad, activadas, agresivas o paralizantes. Pero es solo una de sus formas. En otras, la conciencia de la mutua dependencia y de las posibilidades democráticas de la comunalidad activan no el miedo sino la colaboración para enfrentar juntos la verdadera amenaza: la producción y reproducción neoliberal de la desigualdad económica y social en el país que afecta, de maneras diversas pero comparables, a los blancos empobrecidos, por un lado, y a los latinos y a todas las minorías racializadas en los Estados Unidos, por el otro (Poblete).

Tobar deja claro que él quiere que esta historia doméstica de una pareja, sus hijos y la criada tenga amplia significación sociopolítica a través de la alegorización de la relación entre los niveles de vida (subjetivos, domésticos, sociopolíticos) y los espacios de su despliegue (la conciencia individual, la casa de la familia blanca, el complejo residencial amurallado, las calles y la ciudad de Los Ángeles). Como el escritor ha destacado en *Translation Nation. Defining a New American Identity in the Spanish-Speaking United States*: "Los Ángeles [con su fuerte proceso de hispanización demográfica y cultural] es para el siglo xxi en los Estados Unidos lo que New York fue para el siglo xx. Es el crisol en que se moldea una nueva cultura nacional" (7).

Las tres partes de *The Barbarian Nurseries* son: "Succulent Garden", "Fourth of July" y "Circus Californianus". En la primera, el jardín tropical creado artificialmente en el patio de la casa de los Torres-Thompson en su enclave amurallado es reemplazado por un jardín de plantas desérticas (las suculentas) que debería consumir menos agua y cuidarse solo. Para que ocurra la transformación, sin embargo, son necesarias dos cosas: que Maureen se endeude (y con ella la familia) y que un grupo de trabajadores de origen mexicano realice tareas por varios días en la casa. Incluso este gesto de independencia y de mayor autonomía (recuérdese que Maureen está haciendo el cambio para ahorrar y acomodarse mejor a su nuevo y más estrecho presupuesto) depende del trabajo de los latinos y del endeudamiento (dos de las condiciones estructurales de la economía californiana en el cambio de siglo que más ansiedad y precariedad producen en los blancos).

La segunda parte de la novela, tiene lugar el 4 de julio (día de la independencia nacional) y, se supone, es una declaración de autonomía que los dos esposos Torres-Thompson hacen, simultáneamente y sin conocimiento de lo que hace el otro. El error que cometen (dejar solos a sus dos hijos) no hace sino destacar el grado de dependencia que la familia tiene respecto a Araceli, su criada. Para ella, la decisión final, tras la ansiosa espera de unos días, de salir de la casa y del recinto amurallado que la contiene, y dirigirse a Los Ángeles, terminará siendo también una suerte de declaración de independencia que solo concluirá cuando, hacia el final de la novela, ella y su nuevo novio Felipe, se alejen de la ciudad y del estado en su camioneta.

La tercera parte, "Circus Californianus", quiere explicar qué clase de producción espectacular de afectos —incluyendo el miedo, el odio, la denigración de los inmigrantes y el atizamiento del racismo— son necesarios para hacer posible lo que, lógicamente, resulta muy difícil de explicar: que la misma gente que proporciona todo tipo de servicios básicos a las familias blancas y pudientes de California en sus casas, hospitales y hoteles, sea el objetivo de campañas xenofóbicas de odio y de intentos de extirpación. Es decir, que aquellos trabajadores que son esenciales para la calidad de vida de tantos millones de californianos sean acusados, por esos mismos californianos, de rebajar el nivel de vida del Estado e, incluso, amenazar su futuro.

La copresencia y, a veces, difícil coexistencia del español y el inglés en la novela es otra manifestación material (visible y audible) de su esfuerzo por cartografiar las profundas formas de convivencia en zonas de frontera internalizadas que definen la condición postsocial de los latinos en los Estados Unidos. A veces Tobar usa las formas típicas de la traducción, la repetición y el parafraseo que han definido y protegido las fronteras monolingües de la novela estadounidense contemporánea, incluso en su época multicultural. Otras veces, sin embargo, el autor permite y produce una coexistencia de lenguajes más libre y realista y, también, más desafiante de las certezas monoculturales de la asimilación. Tobar intenta así honrar lo que él definió en *Translation Nation* como una nueva forma de americanismo:

> A todo lo largo y ancho de este país, mucha gente que por otros conceptos no tiene ninguna inclinación revolucionaria, ha empezado a aceptar, consciente o inconscientemente, la idea por la cual el Che apostó su vida el siglo pasado: sienten que tienen una identidad transnacional, que sus cuerpos y sus almas pueden vivir entre dos países, que la frontera física no es obligatoria en la mente [...] En todos estos lugares [en los nuevos Estados Unidos], la gente practica un nuevo tipo de Americanism, un *americanismo*, un diálogo acerca de la vida pública tanto en inglés como en esa otra lengua que mis padres mantuvieron viva en mí [el español]" (29).

En algunos casos, Tobar explota con destreza e ironía las contradicciones entre lenguaje y realidad social. De este modo, por ejemplo, el conjunto residencial amurallado y exclusivo en que viven los Torres-Thompson se llama Laguna Rancho Estates y mezcla, en su denominación, tanto la temporalidad colonial e imperial de California como la contradicción definidora de estos paraísos residenciales. Estos últimos, soñando con la exclusividad y la homogeneidad de clase y de raza, reintroducen, literalmente por la puerta de atrás, la heterogeneidad de lo social por la vía de sus sirvientes y los nombres de sus calles y estructuras. La calle donde viven los Torres-Thompson se llama Paseo Linda Bonita.

Esta tal vez sea una de las mayores contribuciones de la novela de Tobar a la literatura de Los Ángeles y de los Estados Unidos: un juego desfamiliarizador de los orígenes, las contradicciones, los clichés y las condiciones de posibilidad del imaginario monocultural blanco en los Estados Unidos. Aunque Araceli está, en cierto sentido, lejos de ser una inmigrante y empleada doméstica típica (es una artista chilanga con educación universitaria), ella es, en otros aspectos, la esencia de la situación de los trabajadores indocumentados que prestan servicios (domésticos y comerciales) en Los Ángeles. Araceli —conectada a la efectiva reproducción de la vida y, por tanto, a la producción de riqueza en el estado— está densa y diariamente involucrada en una serie de intercambios afectivos que conectan a millones de latinos con el resto de la población y con millones de blancos; y, sin embargo, es la primera e inmediata sospechosa, el chivo expiatorio supuestamente responsable y, a menudo, acusado por los ciudadanos blancos de ser el causante de todos los males y problemas, reales e imaginarios, de California y de los Estados Unidos. El inmigrante funciona, entonces, como un catalizador de los temores, ansiedades y contradicciones de los ciudadanos y de la sociedad a la cual pertenecen, y como una figura que anuncia un presente y un futuro potencialmente transnacionales. Una tensión que define lo aquí conceptualizado como americanismo *de facto* y cotidiano.

Esta conexión de blancos y latinos en una situación objetiva de mutua dependencia —que se manifiesta como una dinámica relación entre extracción del valor, precariedad y producción y reproducción del miedo como subjetividad objetivada— es lo que la novela *The Barbarian Nurseries* ilumina con claridad y precisión. Al hacerlo, ilustra con profundidad la existencia de estas zonas fronterizas de contacto internalizadas que definen lo que he llamado la condición postsocial de la vida en los Estados Unidos.

Obras citadas

Anderson, Bridget. *Us and Them. The Dangerous Politics of Immigration Control.* Oxford: Oxford University Press, 2013.

Caldeira, Teresa. "Fortified Enclaves: The New Urban Segregation". *Public Culture*, vol. 8, 1996, pp. 303-328.

Davis, Mike y Daniel Bertrand-Monk (eds.). *Evil Paradises. Dreamworlds of Neoliberalism.* London: The New Press, 2007.

De Genova, Nicholas. "Migrants 'Illegality' and Deportability in Everyday Life". *Annual Review of Anthropology*, vol. 31, 2002, pp. 419-447.

Duggan, Lisa. *The Twilight of Equality. Neoliberalism, Cultural Politics, and the Attack on Democracy.* Boston: Beacon Press, 2003.

Folbre, Nancy. *The Invisible Heart. Economics and Family Values.* London: The New Press, 2011.

GUSTERSON, Hugh y Catherine BESTEMAN. *The Insecure American. How We Got Here and What We Should Do About It*. Berkeley: University of California Press, 2010.

GUTIÉRREZ-RODRÍGUEZ, Encarnación. *Migration, Domestic Work and Affect. A Decolonial Approach on Value and the Feminization of Labor*. London: Routledge, 2010.

HILL MAHER, Kristen. "Workers and Strangers. The Household Service Economy and the Landscape of Suburban Fear". *Urban Affairs Review*, vol. 38, n.º 6, 2003, pp. 751-786.

MASSUMI, Brian. "Fear, the Spectrum Said". *Positions*, vol. 13, n.º 1, 2005, pp. 31-48.

PEW HISPANIC CENTER. "Share of Unauthorized Immigrant Workers in Production, Construction Jobs Falls since 2007". 26 de marzo, 2015, <www.pewhispanic.org/2015/03/26/share-of-unauthorized-immigrant-workers-in-production-construction-jobs-falls-since-2007/>.

POBLETE, Juan. "Americanism/o: Intercultural Border Zones in Post-Social Times". *Critical Terms in Caribbean and Latin American Thought: Historical and Institutional Trajectories*, editado por Ben Sifuentes Jáuregui *et al*. New York: Palgrave, 2016, pp. 45-59.

PUBLIC POLICY INSTITUTE OF CALIFORNIA. "Just the Facts: Undocumented Immigrants". Junio, 2015, <www.ppic.org/main/publication_show.asp?i=818>.

SANTA ANA, Otto. *Brown Tide Rising. Metaphors of Latinos in Contemporary American Public Discourse*. Austin: University of Texas Press, 2002.

STANDING, Guy. *The Precariat. The New Dangerous Class*. London: Bloomsbury, 2011.

TOBAR, Héctor. *The Tattooed Soldier*. New York: Farrar, Straus & Giroux, 1998.

— *Translation Nation. Defining a New American Identity in the Spanish-Speaking United States*. New York: Riverhead Books, 2005.

— *The Barbarian Nurseries*. New York: Farrar, Straus & Giroux, 2011.

— *Deep Down Dark: The Untold Stories of 33 Men Buried in a Chilean Mine, and the Miracle That Set Them Free*. New York: Farrar, Straus & Giroux, 2014.

VALENZUELA, María Elena y Claudia MORA (eds.). *Trabajo doméstico: un largo camino hacia el trabajo decente*. Santiago de Chile: Oficina Internacional del Trabajo, 2009.

WACQUANT, Loïc. *Punishing the Poor. The Neoliberal Government of Social Insecurity*. Durham: Duke University Press, 2009.

WALDINGER, Roger y Michael I. LICHTER. *How the Other Half Works. Immigration and the Social Organization of Labor*. Berkeley: University of California Press, 2003.

Mexicanos en Manhatitlán[1]

Debra A. Castillo
Cornell University

En su libro, *Manhatitlán*, Felipe Galindo Feggo hace una especie de *tour* a través de conocidas imágenes de Nueva York, pero las arregla por medio de un imaginativo toque de iconografía mexicana en lo que él llama una intervención gráfica "entrelazada". El libro, por ejemplo, presenta cómo la Estatua de la Libertad, a través de una transformación chamánica, se convierte en la Virgen de Guadalupe.

Este gesto, al tomar estas dos imágenes icónicas y señalar su superposición, hace lo opuesto de la tradicional narrativa de asimilación americana. En el trabajo de Galindo Feggo, los mexicanos encuentran tan gran acogida en Nueva York, que hasta la transforman en una ciudad profundamente propia. A grandes rasgos, la secuencia de imágenes en el libro codifica una cierta forma de narrativa, lo que le permite a Galindo retomar de forma cómica e indirecta una cuestión muy debatida cultural y teóricamente: en un momento de migraciones y flujos de migrantes sin precedentes a nivel mundial y el creciente número de respuestas xenófobas, ¿cómo pueden hoy en día los escritores y artistas transnacionales e interculturales reinventar la tarea del escritor frente a un mundo cada vez más globalizado intelectualmente?

Valeria Luiselli nos plantea la necesidad de pensar en profundidad qué tipo de proyecto estético puede surgir del limitar a los autores a regiones específicas, o de definirlos conforme a un conjunto de valores indiscutidos: "Quizás en México seguimos mirando[…] hacia la imagen que tiene el mundo de lo mexicano y que queremos que sea lo mexicano. […] ¿Pero ahora, en pleno siglo XXI, debemos seguir subrayando que nuestra identidad es tal o cual cosa?" ("Novedad"). De hecho, el discurso de la identidad en sí mismo le parece ser altamente problemático, porque reemplaza

1 Traducción de Gustavo Quintero.

discusiones más interesantes e importantes. Al leer reseñas sobre textos recientes de escritores mexicanos, Luiselli dice: "Si[...] se cuentan las veces que aparece, por ejemplo, la palabra 'identidad', dan ganas de llorar" ("Novedad"). Su escritura, al igual que la de otros autores que voy a explorar en este texto, interrumpe ese discurso para plantear otro tipo de preguntas.

Quisiera sugerir que bajo el proyecto de revisión histórica y espacial que llevan a cabo estos autores, yace un cierto lugar común de reconocer que la gente vive, trabaja y escribe en más de un idioma y también más allá de una comunidad. A medida que la gente sigue con su vida cotidiana, se transforma a sí misma y a su entorno. Pero, al mismo tiempo, este proceso ordinario debería forzarnos a repensar el espacio conceptual de Latino/América; esto, considero, es un lugar mucho menos común para nuestros círculos intelectuales. La recreación imaginativa de la Estatua de la Libertad en el texto de Galindo Feggo es solamente la primera parada en el itinerario neoyorkino que voy a trazar en estas páginas. Voy a mencionar otros seis: los vendedores mexicanos y los carritos de comida en los diferentes distritos de Nueva York; los personajes de caricaturas en Times Square: los jornaleros en Queens que describe Ed Cardona; el intelectual inmigrante de 402 Dean Street en Brooklyn, sobre el que escribe Carmen Boullosa; el puente de Williamsburg en "Follow the Sound" de Mónica de la Torre; la aproximación que Valeria Luiselli hace sobre Gilberto Owen en el 63 Morningside Ave., y su recorrido por los parques infantiles con su hija por los parques de Harlem. En cada parada, voy a preguntarme cómo es que estos escritores redefinen la mexicanidad para incluir en ella a Manhattan y cómo el tomarnos en serio las propuestas que yacen bajo su práctica literaria nos fuerza a reconceptualizar narrativas sobre algo que alguna vez habíamos ingenuamente categorizado como una identidad nacional geográficamente circunscrita o que de la misma manera habíamos obtusamente definido como literatura nacional.

Ya no se necesita explicar por qué Nueva York es un centro crucial para la cultura latinoamericana a principios del siglo xxi. Esta ciudad ya por mucho tiempo ha sido exaltada por ser, como lo nota Claudio Remeseira, un lugar de encuentro obligatorio para la vanguardia, de la misma forma en que lo fue París para los escritores estadounidenses blancos y afroamericanos a principios del siglo xx, y para los escritores latinoamericanos del *boom* a mediados de siglo. De una manera similar a París, Nueva York ofrece un deslumbrante rango de oportunidades para encuentros e intercambios de ideas en muchos idiomas. Los encuentros literarios y eventos culturales tienen lugar en el contexto de un trasfondo cosmopolita y con la participación de un muy amplio espectro de autores latinos tanto publicados como aspirantes a serlo. Si el gesto modernista por excelencia es el caminar por la ciudad —pensemos nada más en James Joyce en Dublín y en Walter Benjamin en los pasajes de París—, parecería que la ciudad de Nueva York podría ser una heredera adecuada, especialmente por su fama de ser la única ciudad en los Estados Unidos que está hecha también para caminar.

Sin embargo, la comparación con cualquier contexto europeo parece ser insuficiente de muchas formas y puede llegar a ser profundamente engañosa. En los Estados Unidos, el número de potenciales lectores para textos en español es un pequeño porcentaje del público lector en su conjunto, pero que, aun así, equivale a los mercados de muchos países latinoamericanos combinados (Remeseira 187-188), y Nueva York es el centro de la industria editorial en este país.[2] A diferencia de París en sus años gloriosos, en donde el español era un fenómeno marginal y difícil de encontrar, Boullosa y Remeseira han pertinentemente observado que la presencia literaria latinoamericana en Nueva York tiene una profunda historia; esto es reforzado por el hecho de que el 30% de los neoyorkinos hablan español y de que esta es la segunda ciudad con mayor número de latinos en los Estados Unidos (después de Los Ángeles), con casi 4,5 millones de personas de descendencia latinoamericana, de los cuales el 70% son nacidos fuera de los Estados Unidos.[3]

Ahora bien, en este estudio me voy a enfocar en las voces del tercer grupo más grande de la población latinoamericana en la ciudad de Nueva York, después de los dominicanos y puertorriqueños: el grupo, mayoritariamente invisible, consta de aproximadamente 1.000.000 de mexicanos. La mayoría de los escasos estudios estadounidenses sobre esta población en aumento proviene de las ciencias sociales, y casi exclusivamente se centran en las condiciones de trabajo obrero, lo que excluye a autores de élite, tales como Mónica de la Torre, Naief Yehya, Carmen Boullosa, Ed Cardona Jr., Valeria Luiselli, y los muchos otros intelectuales, académicos, poetas y escritores de ficción que escriben desde y sobre Nueva York. De igual manera, los académicos que se enfocan en la cultura latina, pocas veces tienen en cuenta los análisis sobre este grupo de inmigrantes más privilegiados, mientras que, la mayoría de veces, sus homólogos mexicanos quedan perplejos frente a la cuestión de cómo entender estos trasplantes culturales de

2 Lo que no quiere decir que los lectores en los Estados Unidos estén más dispuestos que otros a optar por alta literatura. Como en cualquier otra parte, los libros más vendidos, ya sea en inglés o en español, tienen a ser tratados de autoayuda y de "hágalo usted mismo".

3 Véanse estudios del Pew Research Center, Claudio Iván Remeseira, y Carmen Boullosa ("Más acá"). Con el 33% de la población total, de acuerdo al censo del 2010, la población blanca conserva un pequeño pluralismo en el área metropolitana, aunque Nueva York es una ciudad mayoritariamente minoritaria.

sus colegas expatriados. Estos autores hablan desde un contexto enriquecido por el contacto cotidiano con los vendedores ambulantes de mangos, tacos, tortas y tamales, y por tener como telón de fondo la presencia de obreros, cuidadores y mecánicos nacidos en México. Ellos han tenido vidas más cómodas gracias a servicios de limpieza con personal latino, y a artistas e intérpretes latinos, aunque rara vez hablen sobre sus compatriotas de la clase obrera o los traten en sus obras con formas con las que estemos familiarizados, es decir, desde el punto de vista de una narrativa canónica sobre lo latino. Estos escritores (modestamente visibles en círculos de élite, y representados con una imagen problemática tanto en los Estados Unidos como en México), junto con sus invisibilizados y sin embargo omnipresentes compatriotas, problematizan las categorías tradicionales sobre la pertenencia nacional, al cuestionar la base misma sobre la que reposan tales atribuciones literarias e históricas.

Tamales, o los sonidos de la ciudad

Aunque el español está por doquier en Nueva York, de todos modos, como dice Carmen Boullosa, a diferencia de la Ciudad de México, en Nueva York el español no es un idioma obligatorio. Según ella, esto le da una ventaja muy distintiva: el español no es un idioma oficial para la escritura literaria en su ciudad, pero está presente como un ruido de fondo y como una presencia ubicua:

> Cuando voy a dar mi clase a City College, salgo del metro subterráneo y lo primero que escucho es 'Tamales, tamales, ricos tamalitos calientes', cruzo un pequeño parque donde hombres de acentos caribeños discuten sentados en cajas la situación política de sus islas, llego a la esquina donde venden 'Helado de Coco', pero entrando a la universidad el departamento donde doy mi seminario es el de 'Lenguas extranjeras'.[4] ¿Extranjero el español aquí, en este punto de Harlem? Difícilmente ("Más acá" 70).

El City College se encuentra en West Harlem, el lugar del Harlem Renaissance y el hogar de numerosos intelectuales latinoamericanos de principios del siglo xx (en su primera novela, Luiselli escribe sobre uno de ellos, Gilberto Owen, y hace alusiones constantes a la estadía del poeta español Federico García Lorca en esa zona). Al no especificar la localización geo-

4 Carmen Boullosa usa "Lenguas extranjeras" para efectos retóricos, evoca un viejo nombre que ha caído en creciente desuso en los Estados Unidos. El nombre actual del departamento es "Lenguas y Literaturas Clásicas y Modernas".

gráfica del City College, Boullosa inevitablemente evoca el East Harlem (Spanish Harlem o El Barrio), una de las comunidades latinas más grandes en esta ciudad, con una rica historia cultural propia.

Es un alivio pertenecer a una minoría en los Estados Unidos y poder hablar desde un idioma minoritario —dice Boullosa un poco a manera de provocación—, un idioma que, no obstante, está profundamente arraigado y es omnipresente. Esto le permite a Boullosa jugar en varios bandos a la vez.[5] Nueva York es tan diversa étnicamente que ella puede "pasar desapercibida" (usamos con discreción este término tan cargado), tal y como nos lo relata en una conversación con un distinguido colega. En ese diálogo, ella hace constancia de la superposición entre la voz, la etnicidad con la que ella es percibida, y su ciudadanía:

> —¿De dónde dices que eres?
> —Soy mexicana.
> —¿De México?
> —Pues sí, soy mexicana.
> —No pareces mexicana. ¿De dónde es tu familia? ("Más acá" 70).

Al reconocer la "natividad" de su lengua tanto históricamente como en momento presente en las calles de Harlem, al dar cuenta de su color de piel y de su privilegio de clase a través de la pregunta genealógica —tan familiar (para los residentes de los Estados Unidos) y a menudo tan agresivamente xenófoba— "¿de dónde vienes?", Boullosa pone el dedo en el fenómeno que queremos explorar aquí: la simultánea ubicuidad e invisibilidad de México en Nueva York, al ser registrada por los sonidos y fantasmáticos murmullos de los mexicanos y de la mexicanidad que contribuyen a la reconfiguración de un paisaje urbano ya de por sí impregnado de voces caribeñas.

En su análisis sobre lo que ella llama la "línea de color sónico", Jennifer Stoever-Ackerman teoriza sobre la cuestión de cómo el sonido y el espacio están intrínsecamente ligados. En su estudio sobre las grabaciones de Tony Schwartz del Nueva York puertorriqueño de mediados del siglo xx, ella reconoce "cómo escuchar ha estado y continúa estando imbricado en procesos de sujeción de género y de raza que usualmente adscribimos al reino de lo visual. Mi noción de la 'línea de color sónico' establece un puente entre lo teórico, las representaciones culturales e históricas, para así proveer un marco que nos sirva para comprender la crucial y todavía no

5 Nota de traductor: el original dice "thus having her metaphorical cake and eating it too". Este es un juego de palabras a partir del coloquialismo "you can't have your cake and eat it too", lo que en español se traduciría como "no se puede tener todo a la vez".

suficientemente teorizada relación entre el escuchar y la opresión" (63).[6] Las comidas etiquetadas étnicamente, tales como los tamales, el helado de coco y las voces de la gente con las que estas están asociadas a las afueras de City College, marcan tal paisaje de sonido en el que se mezclan acentos particulares de español con distintivos sabores. Esta línea de color sónico da forma al territorio de maneras que no siempre reconocemos. Stoever-Ackerman prosigue: "el motivo del tropicalizado 'tambor de la jungla" que abre la versión fílmica de *West Side Story* (1961), por ejemplo, evoca a los cuerpos no blancos en las calles de Manhattan, mucho antes de que los Tiburones Puertorriqueños entren en escena" (65).[7] Aquí podemos mencionar algunos ejemplos paralelos: el *scratch-mix* de Grandmaster Flash que nos dice que estamos en South Bronx junto con el artista grafitero Lee Quiñones en los inicios de la era *hip hop* en *Wild Style* (1983).

En la imaginación popular sobre el Nueva York globalizado, los altos edificios de Wall Street son más familiares para la mayoría del mundo que El Barrio o Washington Heights, debido a su icónica presencia fílmica. *West Side Story* o *Wild Side* son consideradas como simples anomalías que tratan sobre un flujo masivo que se asume fundamentalmente extranjero, debido a que es asociado con una población que no es blanca ni que habla inglés. Stoever-Ackerman explora estos prejuicios en su discusión sobre la apropiación puertorriqueña de zonas claves en Manhattan, en las cuales la reconfiguración de las calles con nuevas voces, nueva música, nuevas comidas fue desestimada al ser considerada como "ruido" o "malos olores", en contraste con una supuesta "paz y tranquilidad" antigua de los espacios urbanos blancos.

Este es un reto que todavía se sigue sintiendo intensamente en la obra *Public Domain* de Mónica de la Torre. Esta es una colección de poemas llenos de voces y de sus tachaduras, la cual demuestra los tropiezos que tienen lugar cuando aquello invisible se encuentra con aquello no-escuchado en público. La cubierta del libro, que presenta tomas del corto de Holly Zausner "Unseen" (2007), es un preámbulo a esta entremezcla, mientras que en secciones como *Imperfect Utterances*, de la Torre se enfoca en "ruidos

---

6 Todas las citas en inglés están traducidas al español por el traductor, a menos que se indique lo contrario. La cita original está en pie de página: "how listening has been and continues to be imbricated in the processes of raced and gendered subjection that we usually ascribe to the visual realm. My notion of the 'sonic color-line' bridges the theoretical with cultural and historical representation to provide a framework for understanding the crucial and undertheorized relationship between listening and oppression" (63).

7 "The tropicalized 'jungle drum' motif that opens the film version of *West Side Story* (1961), for example, signifies nonwhite bodies in the streets of Manhattan long before the Puerto Rican Sharks make the scene" (65).

involuntarios" o en los intentos por "'hablar con fluidez' sobre temas que se resisten a ser articulados" (31). Uno de sus poemas, "Sigue el sonido" (*Follow the Sound*), que se encuentra un poco antes en esta colección, se centra en su obsesión con un músico no identificado (o con su música, más bien) y está hecho únicamente de direcciones de GPS. En este poema, las primeras seis entradas enumeradas empiezan de forma idéntica: comienzan en Grand Street en Brooklyn y luego cruzan el puente de Williamsburg:

> Grand Street, giré a la derecha en Roebling, pasé sobre el puente de Williamsburg, estacioné. Caminé media calle a Norfolk y Delancy.
>
> Grand Street, giré a la derecha en Roebling, pasé sobre el puente de Williamsburg, giré a la derecha en First Avenue. Busqué un lugar donde estacionar, estacioné. Caminé media calle al oeste hasta Second Ave y East ave.

El viaje termina en el East Village, en avenue C y East 2nd St., justo antes de Houston, y concluye con la adjuración: "Nice to meet you: KILL YOUR TV" (*Public Domain*). Quizás no sea una coincidencia que "Kill your TV" sea al mismo tiempo un seudónimo en Twitter, una moda urbana, y el nombre de un tema techno del músico de São Paulo, Fred Vieira.

Los tamales parecen ser una de las referencias culturales obvias que definen el Nueva York mexicano y agregan color a la escritura literaria de una forma que marca más sutilmente la identidad del escritor. Yehya habla de los vendedores de tamales y churros como uno de los indeseables nichos de trabajo que la población mexicana tiene a su disposición, aunque está agradecido de poder conseguirlos en el Upper West Side o en Chelsea; la narradora de Luiselli ve un vendedor pasar cerca de ella a las 8.00 pm en Harlem (*Los ingrávidos* 16) y, en un motivo que se repite varias veces en la novela, le compra tamales de dulce para cenar (*Los ingrávidos* 131). El narrador de *La novela perfecta* de Boullosa desdeña los tamales de afuera de la iglesia de su barrio en Brooklyn al decir que son de mala calidad, en donde el llamado del vendedor "¡tamaaaales, lleeeeve tamaaaales caaaalientiiiitos!", con sus vocales alargadas, captura los sonidos de la calle y define su melodía dominante (59). Los vendedores no tienen un rol principal en estas narrativas, sino que, más bien, se convierten en la visible reserva de personajes que sirven para registrar un paisaje cambiante, así como una forma de indicar la relación del narrador con la mexicanidad.

Boullosa escribe, por ejemplo: "Sin embargo, al ser una lengua antes imperial (o todavía imperial, dependiendo desde dónde contemos la historia) pero hoy caída al territorio del tamal (real pero extrapolado de las instituciones), el castellano provee a sus escritores en Nueva York de una novísima propuesta" ("Más acá" 71). En la articulación de Boullosa, la lengua caída del vendedor callejero está disponible únicamente al cruzar la frontera, después de vivir por un largo tiempo en Nueva York, en un lugar en donde su propia lengua imperial se ha vuelto muy persistente y accesible en las voces cotidianas de los ciudadanos de segunda clase. Por supuesto, tamales se venden por todas partes en las calles de México, usualmente por mujeres cuyo español acentuado revela sus orígenes indígenas o de clase trabajadora. Esto no es, sin embargo, un signo de lenguaje caído en el contexto mexicano. Boullosa parece estar en lo correcto cuando asume que el español en los Estados Unidos, al ser omnipresente a la vez que minoritario, es substituido por el murmurar de los lenguajes indígenas que oyó entre los prestadores de servicios en México. Para añadir más complejidad a este duelo de lenguas europeas imperiales, muchos de los mexicanos en Nueva York, incluyendo a los vendedores que ella cita como inspiración para esta nueva propuesta literaria y lingüística, perfectamente pueden hacer parte de esos mismos grupos indígenas, doblemente colonizados por el español y el inglés. Boullosa agrega: "Mi lengua ha crecido en su barricada 'marginal'" ("Más allá" 70). Para ella, esta es una lección de humildad, pero es una que ofrece nuevas posibilidades para el escritor al dar acceso a una prosa más maleable y poética.

Esta experiencia de la "barricada" de su español imperial contrasta con las muy diferentes experiencias y suposiciones culturales de la telenovela documental/ficcional en maya yucateco, *Baktun*, dirigida por Bruno Cárcamo Alvide.[8] El programa usa no-actores y está basado en historias de sus vidas; se centra en los quehaceres de un trabajador en un restaurante neoyorkino que pierde sus fundamentos espirituales en los Estados Unidos. Sin embargo, hasta donde yo sé, ninguno de estos autores habla sobre la presencia performativa más visible (y aun así muda) de los inmigrantes en esa ciudad —la de los imitadores de Mickey y Minnie Mouse y de otros personajes de caricatura en el frecuentado Times Square— que posan en fotografías con turistas a cambio de propinas. Se asume que su inglés no es suficientemente bueno para que ellos puedan encontrar otros, algo que es relevante, en el contexto de la telenovela de Cárcamo Arvide, si nos preguntamos si ellos tienen o no el nivel básico de español para entrar a trabajar en el sector de servicios. En cualquier caso, del mismo modo que sus homólogos de élite, estos intérpretes hacen parte de una visible práctica artística que problematiza las *performances* de identidad en otros contextos y que complementa el concepto de la línea de color sónico con la complicada cuestión de una omnipresencia muda.

---

8 *Baktun* ya ha salido al aire por la televisión pública en el estado de Quintana Roo y ha sido reconocida por su innovadora colaboración con las comunidades locales al crear este entretenimiento híbrido. Véase, por ejemplo, Berenice Bautista.

Si, por ejemplo, Carmen Boullosa "no parece mexicana" a causa de la raza con la que se le percibe, al igual que por su estatus de profesora universitaria y novelista distinguida, los Mickey y Elmo de Times Square también pueden pasar desapercibidos hasta que sus voces con marcado acento revelan su mexicanidad. Ahí en donde Boullosa habla del alivio de su estatus como minoría, estos otros intérpretes son más propensos a sentir presión, aunque en ambos casos la relación con sus respectivas audiencias provea una profunda satisfacción. A propósito de este último contexto, Gad Guterman escribe con elocuencia sobre "cómo la inexistencia legal puede causar que la existencia se sienta como algo artificial y cómo la *performance* se vuelve una herramienta para manejar la presión de ser indocumentado" (5).[9] Los Mickeys hipervisibles atraen a la policía únicamente cuando dejan de representar al personaje; por lo demás, la ciudad de Nueva York ha declarado que ellos están ejerciendo los derechos de libertad de expresión que les garantiza la primera enmienda constitucional, una garantía para toda la gente, aunque pocas veces sea ejercida públicamente por los que no son ciudadanos. Así, irónicamente, los vendedores se vuelven visibles a través de sus formas de hablar y son periódicamente reprimidos si no tienen licencias; mientras tanto, los muchos intérpretes de Times Square, la mayoría del tiempo pueden trabajar en paz siempre y cuando permanezcan mudos y con sus disfraces puestos.[10] Para nuestros propósitos, lo que es más impactante es ver que estas madres, abuelas y trabajadores (cf. Toro) están reconfigurando el paisaje urbano en el corazón de una de las intersecciones más icónicas del mundo.

La obra en *espanglish* de Ed Cardona Jr., *American Jornalero* (2012) tiene lugar en otra intersección de Nueva York: en Queens. Ahí, un pequeño grupo de sujetos se reúnen a solicitar empleo como trabajadores diurnos. Al igual que los Mickeys de Times Square, ellos son elementos transitorios y permanentes del paisaje, lo modifican a su alrededor, aunque en este caso, solo es posible si el reforzado y reparado hoyo en la reja que marca el límite entre la frecuentada intersección y un patio de recreo les permite pasar. Mientras tiene la esperanza de que le llegue un trabajo, Marcelo también está esperando ansiosamente la llegada de su esposa desde Panamá; los otros hombres —dos mexicanos y un bielorruso que habla español y cuyo mote es Moctezuma— debaten sobre qué tan prudente es esperar por trabajos que nunca llegan, mientras discuten sobre de quién es el turno

---

9 "How legal nonexistence can cause existence to feel put-upon and how performance becomes a tool to manage the pressures of undocumentedness" (5).

10 Véanse Gad Guterman, 169-172; Sumanthi Reddy y Amber Benham; Meredith Clark; Joana Toro.

para pagar el café. Los hombres han decidido moverse a esta nueva esquina después de haber sido disuadidos de encontrarse en el lugar donde se veían antes, a causa de las actividades de los miembros de la organización Minuteman. Pero los Minuteman, igualmente, los han seguido a este nuevo lugar. Uno de ellos, Toby, adoctrina a un nuevo miembro, Mark, al insistir que se necesita su vigilancia: "como el ochenta por ciento de esta gente tiene antecedentes penales en México" (30),[11] mientras que los jornaleros se preguntan si quien los vigila no será un terrorista ("Ese es un gringo, no un terrorista" dice uno de ellos, "los terroristas pueden tener cualquier forma de color" es la respuesta [34]).[12] De forma inevitable, mucho del diálogo en la obra es parecido a *Esperando a Godot*:

> Luis: ... Nunca ha tomado tanto tiempo.
> Ayer nos sentamos como palomas
> Moctezuma: Ya pasará
> Luis: Tal vez necesitamos intentar algo nuevo
> Moctezuma: Esto es nuevo. Dale tiempo (43).[13]

Mientras esperan por un trabajo, este improductivo acto de "darle tiempo" contrasta con su deseo de que les den tiempo para trabajar. Mark está dándoles tiempo, mientras espera (y teme) que alguna actividad criminal justifique su presencia en ese lugar. Los dos tipos de espera de que algo suceda también apuntan a los dos tipos de estatus de ciudadanía. Así como Toby le dice a Mark para tratar de convencerlo del valor de sus esfuerzos: "Giving your time is a... very American" (Cardona 29), dicha insistencia sobre el valor del tiempo se acentúa cuando Toby insinúa que Mark ha sido asignado al lugar menos apetecido en la organización, uno que no está muy lejos del tiempo que le es dado a los jornaleros y que es no remunerado. El propósito de Mark está definido por la presencia de los jornaleros porque, en su ausencia, él solo sería otro habitante de Brooklyn sin empleo, perdiendo el tiempo en otra calle en otro lugar de la ciudad. ("Caminar es parte de la vida", le dice Luis a Mark en algún momento, "igual que estar haciendo la fila de los desempleados" [Cardona 81]).[14] En todo caso, Toby no se siente cómodo al esperar en esa esquina con los inmigrantes, y

---

11 "About eighty percent of these guys have criminal records back home" (30).

12 Terrorists can be any shape of color.

13 Luis: [...] It's never been this long. Yesterday we sat around like pigeons
Moctezuma: It'll pass
Luis: We need to maybe try something new
Moctezuma: This is new. Give it time.

14 "'Walking is part of life', Luis tells Mark at one point. 'Just like standing in an unemployment line'".

los trabajadores especulan que hay una jerarquía tal en la organización que los hombres que invierten suficiente tiempo son ascendidos a Manhattan (Cardona 32). "Sometimes we have to wait", dice Michigan. "Nunca tanto", responde Luis (Cardona 16). Al final de la obra, han roto la reja y la han reparado, el miembro de los Minuteman se toma una cerveza con los jornaleros, pero ninguno de ellos encontró trabajo.

Acentos

Un reto que surge al abordar la línea de color sónica por medio de textos escritos es cómo capturar el grano de la voz, los tartamudeos y tropiezos del acento, la hipercorrección. La sección de *Public Domain* de Mónica de la Torre llamada "Enunciados imperfectos" (Imperfect Utterances) se centra en este reto al incorporar deliberadamente la voz del lector en una *performance* oral conjunta. Los seis poemas en esta sección son: "Letra **P**losiva" ("**P**losive Letter"), un poema bilingüe en español e inglés sobre el maltrato de los trabajadores indocumentados, que viene con una instrucción previa, "para ser leído en un micrófono haciendo explotar las 'p's" (32);[15] "Deflación de profetisas **S**ibilantes" ("Deflation of **S**ibilant **S**ibyls"), que trata sobre el huracán Katrina del 2005 y el derrame de petróleo en el golfo de México en el 2010. El poema indica: "Para ser leído en un micrófono haciendo sisear todas las 's's" (33)[16] y es un experimento similar a algunas formas de poesía concreta brasilera al capturar todas las permutaciones de las palabras/sílabas "no" y "si". En "El monolingüismo del otro" ("Monolingualism of the Other"), una nueva tipografía viene precedida por la instrucción de que el poema debe ser leído simultáneamente en tres idiomas, pero la superposición de textos hace que este sea casi imposible de leer. El texto "Lenguaje objetivo" ("Target Language") pone en evidencia la ambigüedad que hay entre el objetivo de la traducción simultánea y el lenguaje como un objetivo al que hay que dar de baja. Este poema "es para ser interpretado en vivo por dos lectores que puedan traducir simultáneamente el texto que la otra persona lea en voz alta, el texto debe ser traducido a cualquier otro lenguaje, menos el inglés"[17] e incluye líneas tales como: "Siempre he tratado de hablar un inglés tan perfecto que no deje

15 "To be read into a microphone making all p's pop" (32).

16 "To be read into a microphone making all the s's hiss" (33).

17 "To be performed alive by two readers who can translate the text read aloud by the other speaker on the spot, into any language other than English" (37).

huella de mi herencia" (37).[18] Por último, el poema "¿Discurso ahogado?" ("Strangled Speech") ofrece falsos consejos para hablar en público e incluye un largo ejemplo tomado del discurso que usa un representante de ventas de una compañía para promocionar su "silla de emergencia restringida" como una forma para controlar "enemigos combatientes" que son prisioneros "no por haber cometido un crimen, sino porque en algún momento podrían ser valiosas fuentes de inteligencia" (42).[19]

En Boullosa, las estructuras lingüísticas hipercorrectas anuncian su aspecto foráneo por su perfección poco natural. Su español "de barricada" es preservado en un Brooklyn que parece más una cápsula del tiempo y anuncia su mexicanidad al tiempo que delata su distancia con respecto a los usos contemporáneos del español en México. En *La novela perfecta*, Boullosa dice:

> No uso *Spanglish*, sino que uso un dialecto de la Ciudad de México, muy *chilango*, que quedó congelado en los 1980, cuando Vértiz llega a Nueva York. Es un lenguaje en riesgo de ser contaminado, y por eso sus defensas están supremamente están ferozmente establecidas, como si estuvieran a punto de entrar en combate, dado que hay tantos idiomas alrededor (cit. por Reyes).[20]

Estos idiomas la empujan y la tiran, de la misma manera que tiran al narrador: "Cuando uno toma el metro en Brooklyn, entra en otro espacio, marcado por límites diferentes, porque siembre es una zona limítrofe con otras culturas" (cit. por Reyes).[21] Y si su narrador, Vértiz, no ve la riqueza cultural a su alrededor, Boullosa sí la ve. Tal y como Reyes nos indica: "*La novela perfecta* se alimentó de varios rumores de los vecinos, que Boullosa incluyó en la historia" ("From Mexico").[22] Estos rumores pueden tener su propio paisaje sónico, pero Boullosa elige reproducirlos muy selectivamente (como es el caso del vendedor de tamales afuera de la iglesia) o comprimirlos en el español chilango estándar que le sirve como matriz a la novela.

En contraste, Luiselli elige escribir en un inglés coloquial en "Swings of Harlem". Mientras que su novela anterior, *Los ingrávidos*, representa lo

18 "I always tried to speak Spanish so perfectly to leave no trace of my heritage".

19 "not for having committed a crime but because at some point they may prove to be valuable sources of intelligence".

20 "I don't use *spanglish*, but instead a dialect from Mexico City, very *chilango*, frozen in the 1980s, when Vértiz arrives to New York. It is a language at risk of contamination and therefore its defenses are at a hair-trigger sensitivity, almost ready for a battle, because there are so many surrounding languages".

21 "When one takes the subway in Brooklyn you reach another space, marked by different limits, because there is always a border zone with other cultures".

22 "*La novela perfecta* was nourished by various rumors from neighbors, which Boullosa included in the story".

que un reseñista denominó como una sofisticada exploración modernista de la ciudad, a través de las tecnologías predigitales del metro y del libro (Beck), este proyecto más reciente que tiene lugar en Nueva York oscila entre discos digitales y análogos. En "Swings of Harlem" uno podría esperar temas sónicos de la famosa escena musical en esta parte de la ciudad, sin embargo, Luiselli le apuesta a otra versión un poco más mundana de la palabra *swings*. En este proyecto, ella documenta, por medio de Google Maps y de fotos Polaroid, los paseos que hace con su hija en los parques en Harlem. Las fotografías dividen fragmentos de textos que a grandes rasgos documentan estas excursiones. Las imágenes digitalizadas en el sitio web tienen un fantasmagórico tinte sepia. Muchas de las imágenes están borrosas, ilegibles, con mala composición, manchadas, con huellas dactilares, dañadas con quemaduras o sobre expuestas a la luz.

En el texto que las acompaña, ella reproduce otras imperfecciones. Como lo hacen Boullosa y de la Torre, Luiselli llama la atención sobre los acentuados sonidos que no se dejan reproducir fácilmente en un texto escrito y pone en evidencia la manera en que en su lengua se agrupan —a veces de forma inquietante— diferentes idiomas. Su inglés casi nativo (que aprendió en Ciudad del Cabo, con sus entonaciones y vocales diferentes de las del inglés americano) y condimentado con español mexicano, contrasta con el inglés nativo de su hija, amoldado por Harlem. En la sección de este libro sobre St. Nicholas Park, ella escribe:

> El inglés no es mi lengua natal, pero se ha vuelto mi lengua-filial. Aprendí inglés cuando tenía seis años. Algunas palabras que Maia adora, tales como "*firefighter*", "*puddle*", "*cheese*" y "*puzzle*" las supe primero en español y luego aprendí su traducción. Pero ahora las vuelvo a aprender todos los días a través de ella. Ruedan por su lengua cuando caminamos de la mano por la calle... ella dice "*Pocket!*" y me mira expectante. Yo recojo sus palabras, una por una, las pronuncio después de ella. Ella las repite después de mí, corrigiéndome pacientemente, o quizás canalizando mi imprudente, abreviada y más bien inusual pronunciación del inglés —su marcado acento de Harlem resonando ("Swings").[23]

23 "English is not my mother tongue, but it has become my daughter-tongue. I learnt English when I was six. Words that Maia loves, like "firefighter", "puddle", "cheese", and "puzzle" I knew first in Spanish and learned in translation. But I relearn them through her every day now. They roll off her tongue while we walk hand in hand along the Street... She says "Pocket!" and looks up at me in expectation. I pick her words up, one by one, pronounce them after her. She repeats them after me, patiently correcting or perhaps just re-channeling my jaywalking, short-cutting and rather uncharacteristic pronunciation of the English language – her heavy Harlem accent reverberating" ("Swings").

Quizás, después de todo, Luiselli habla sobre los idiomas que ella y su hija comparten como una cierta música *swing*, una forma interactiva de *jazz*, en donde el ritmo a menudo requiere arbitrariamente tocar antes o después del compás.

ITINERARIOS

"Sigue el sonido" (*Follow the Sound*), de Mónica de la Torre, en un modo semejante, traza los movimientos en la ciudad al rastrear un itinerario específico desde Williamsburg en Brooklyn hasta el East Village en Manhattan. *American Jornalero* trata sobre momentos de estatismo forzoso en el contexto de instancias de gran movimiento. El año después de que *Jornaleros* tuvo lugar, otra obra de Ed Cardona Jr. fue producida en Nueva York; esta se centraba en historias de los trabajadores inmigrantes, como si estas hubieran sido contadas dentro de un camión en el que estaban pasando la frontera a los Estados Unidos. *La Ruta* fue concebida como una experiencia de inmersión en un lugar específico, en la cual una pequeña audiencia entra con los actores en la parte de atrás de un remolque que se desplaza por las calles de Nueva York. La publicidad del Working Theater anunció que esta producción de corta duración iba a presentarse durante una semana en cada uno de los distritos, entre el 10 de abril y el 12 de mayo del 2013. A pesar de que las críticas sobre esta nueva producción fueron muy diversas, lo que llama la atención es menos el *script* de la obra que la manera en que Cardona escribe e inscribe sobre las calles de Nueva York la experiencia de cruzar la frontera, al tomar intencionalmente nuevas rutas cada semana.

La novela de Luiselli pone en juego una serie de encuentros imposibles entre dos personajes inmigrantes que cruzan los mismos espacios en épocas diferentes. En la novela, ella se centra en un paseo diario desde el departamento de su narradora hasta su trabajo, sus deambulares deliberativos en West Harlem, en particular a 63 Morning Side Ave., en donde Gilberto Owen vivió entre 1928 y 1929, y también en los viajes de metro en los que vislumbra fantasmas del poeta mexicano. De este modo, *Los ingrávidos* (*Faces in the Crowd*, 2011), tiene lugar sobre todo en Harlem, y en vagones reales/imaginarios/borrosos en el metro de Nueva York. Una de las voces narrativas le pertenece a una mujer mexicana, que es mentirosa, ladrona y una "especie de Emily Dickinson" (141), así como editora y novelista emergente. La segunda voz narrativa es la de Gilberto Owen, que, mientras agoniza en Filadelfia en 1952, recuerda los años veinte en Nueva York y a la gente que pasó por ese mundo. Los dos escritores en este texto parecen estar a punto de tener una crisis de nervios, mantenida a raya por sus actos de escritura (una novela o poesía), y el personaje más sólido de todos es el de la voz que abre la novela, el segundo de los dos hijos de la narradora, quien despierta a su madre con sus comentarios sobre mosquitos, cucarachas y sobre sus historias con la familia y en su casa.

Owen, mientras le escribe a Xavier Villaurrutia una carta a la que se alude en esta novela, hace un bilingüe juego de palabras con el término *subway*, al relacionarlo con un término muy mexicano para "compadre": "Quisiera presentarte a mi subway. Tenemos la misma edad, dicen unos carteles que he visto, nacidos tú, él, Salvador y yo en 1904, déjame decirnos generación de sub bueyes, fácilmente muertos" (*Obras* 263-264). Entre los "sub bueyes" que Owen describe en esta sección de la novela, quizás incluye a la sombra del futuro editor, quien narra la otra parte de este texto elíptico y fragmentario. La novela de Luiselli cita otra carta de Owen como forma de jugar con la percepción espacial de Nueva York, en la que los itinerarios de viaje se entrecruzan y entran en conflicto con vistazos intercalados a la ciudad vertical: "A New York se la empieza a ver desde el subway. Acaba allí la perspectiva plana, horizontal" (44).[24] Luiselli agrega:

24 Esta es una cita directa de la carta a Celestino Gorostiza. Aquí está el contexto: "Que no queda ninguna pregunta horizontal. Para estas me voy a una playa en que haya una roca y otra roca de soledad. Allá me pongo a tirar cerillos encendidos, por incendiar al mar [...] El paisaje y todas las aspiraciones son ahora verticales. Estos hombres del norte, místicos, sin muestra de sensualidad de ojo por poro, de lenguas innumerables, son unos pobres músicos no más. Nosotros nos movemos, despiertos, en un espacio efectivo y amplio. Ellos en el tiempo. New York es una teoría de ciudad construida solo en función del tiempo, Manhattan es una hora, o un siglo, con la polilla de los subways barrenándola, comiéndosela segundo tras segundo. Y así sus hombres, que acaso hayan sido españoles, o italianos, o chinos, empiezan a llegar a este muelle monstruoso, a ser otro pueblo, otra raza de sonámbulos moviéndose en la fiebre del sueño del tiempo, que es su única y su mejor marca de patria. N. Y. no tiene nada que ver con los United, ni con ningún otro país. Y mi paisaje tampoco, Celestino. Ahora empiezo a amarlo, es decir, a explicármelo desde dentro de él, parte suya. A New York se la empieza a ver desde el subway. Acaba allí la perspectiva plana, horizontal. Empieza un paisaje de bulto ahí, con la doble profundidad, o eso que llaman cuarta dimensión, del tiempo. Es mucho más fácil entenderlo, claro está, desde la estadística. Pero la pureza inhumana del número es otra exageración peligrosa. Al principio me refugié en ella. Conservo unas notas: The rapid transit companies of the city carry a total of about 1.880.000 000 people a year. That is counting the related elevated lines. But the subway system of the I. T. R. alone handles more than 870.000.000, and the B. M. T. more than half as many. En la estación del Interborough's en la calle 96 se recaudan 800.000 níqueles cada día. En la Tesorería de New York hay la tercera parte del oro del mundo. Ahora leo las listas de los más interesantes entre los 25.000 turistas que regresan diariamente a New York, después del verano. Pero el número, te digo, es nomás un poema. Nada más. Una teoría de una teoría fantasma de fantasma. La realidad artística se refugia en esas figuras retóricas por pereza, por pobreza" (270-271).

"El metro, sus múltiples paradas, sus averías, sus aceleraciones repentinas, sus zonas oscuras, podría funcionar como esquema del tiempo de esa otra novela" (64), y para reforzar el doble eje de la ficción, ella repetidamente llama a su texto "una novela horizontal, contada verticalmente" (65).

Por su parte, en *La novela perfecta*, Boullosa hace que el narrador haga caminatas alrededor de su barrio en Brooklyn, estas empiezan y terminan en su casa en Dean Street. Un reseñista escribe:

> la novela de Boullosa, a diferencia de la de su narrador, es geográficamente perfecta, por eso podemos seguir a su narrador a través de las calles que toma, desde su casa de piedra rojiza en Dean Street en Brooklyn, pasando por iglesias, restaurantes y cafés, hasta el sitio en donde él produce su novela. Pero no tenemos que hacer esto en la cabeza, porque la precisión geográfica está hecha para Google Maps. Podemos seguir el narrador de Boullosa en Street view (Further Shore).

De forma similar a la novela de Luiselli, el texto de Boullosa ofrece una superposición de tiempos, espacios y de personajes literarios, como fantasmas en la máquina ficcional. El título, *La novela perfecta*, parece retar a los críticos a que escriban reseñas negativas y, de hecho, las críticas han estado sistemáticamente divididas entre las que expresan un amor profundo o las que formulan un odio considerable. El título se refiere a una máquina con inteligencia artificial en Brooklyn; este artefacto —así como en la saga de películas de *Matrix* por los hermanos Wachowski— puede traducir los pensamientos y volverlos realidad. Un día, mientras estaba sentado afuera de su casa perdiendo el tiempo, Vértiz, el narrador de esta novela, quien además resulta ser un poco culturalmente obtuso, conoce a su vecino del 404 Dean Street. Este último, Lederer, es un ingeniero de sistemas de NYU (Lederer tiene mucho dinero y es propietario de una casa que ocupa dos inmuebles, cuya entrada está en Bergen, una calle más allá de Dean), quien convence a Vértiz de que combine sus talentos para desarrollar una innovadora forma de ficción. En el transcurso de la novela, la máquina se sale de control y los personajes empiezan a intercambiar caras y partes del cuerpo. Se disuelven en un solo ente en una demencia que prolifera desenfrenadamente, hasta que la máquina se detiene cuando la red eléctrica de Brooklyn se apaga. Finalmente, a los personajes se los lleva el agua que sale de las mangueras de los bomberos.

Las caminatas de Vértiz por su barrio sugieren otro tipo de itinerario y, de hecho, Boullosa ya ha comentado en una entrevista que, entre otras cosas, esta novela es su forma de proponer, por medio de alusiones, una versión diferente de la historia de inmigrantes mexicanos. Reyes escribe, parafraseando a Boullosa:

desde la periferia de la escena —tanto en la realidad como en la novela— hay mexicanos inmigrantes que hablan con el protagonista de la novela cuando deambula por el barrio. Vértiz no se detiene a reflexionar sobre su situación, por su falta de conciencia social y de conocimiento sobre la real situación de empleo a la que se enfrentan aquellos que acaban de llegar.[25]

En otro ensayo, Boullosa expresa su descontento con las ya conocidas variantes de la historia de inmigrantes más comunes en los Estados Unidos: "personajes de origen hispano que consiguen el sueño americano, que tienen éxito. Pasan por periplos dolorosos, pero terminan por hacer vigente el sueño americano. Y por mí que eso apesta desde hace mucho. Simplemente no me interesa" ("Más allá"). El violento desmembramiento de Vértiz y su reconstrucción como otros personajes es, en última instancia, una metáfora muy diciente sobre la pesadilla de asimilación que tiene el migrante y la disolución de estos personajes por las autoridades de la ciudad puede verse como un símbolo de su silenciamiento violento.

La historia de inmigración que vislumbramos en los márgenes de la ignorancia intencional de Vértiz vuelve a entrar en la narrativa a través de una ruta indirecta, es decir, por medio de la dedicatoria: "a la memoria de Bioy Casares", este último es el primer fantasma literario de la novela. En el prólogo de su novela corta de 1972, *La invención de Morel*, Jorge Luis Borges concluye: "He discutido con su autor los pormenores de su trama, la he releído; no me parece una hipérbole calificarla de perfecta" (12), un juicio que hace eco de la nota de pie de página a propósito de Bioy Casares en el texto que Octavio Paz escribe sobre Fuentes en 1967: "este autor ha escrito dos novelas, *La invención de Morel* y *El sueño de los héroes*, que pueden llamarse sin exageración *perfectas*" (48). Por supuesto, *La invención de Morel* es sobre una máquina infernal que graba instantes de la vida de los personajes y, al hacerlo, captura sus almas y reproduce holográficamente fragmentos que se repiten sin fin en la isla tropical a donde el fugitivo, un escritor venezolano, ha huido. Tal y como lo define Paz, el proyecto de Bioy Casares es metafísico: el mundo es una sombra, un signo, en lugar de ser una realidad (48).

Sin embargo, a partir de Bioy Casares, Borges y Paz, hay que dar otro paso importante para alcanzar la enigmática historia del inmigrante. Así como la historia de Boullosa reescribe la novela perfecta de Bioy Casares, a su vez, el argentino reescribió la novela de 1896 *La isla del doctor Moreau* de

25 "On the periphery of the scene —both in reality and in the novel— there are Mexican immigrants, who speak with the novel's protagonist when he roams about the neighborhood. Vértiz doesn't stop to reflect on their situation because of his lack of social conscience and any knowledge about the real labor situation of those who have recently arrived".

H. G. Wells. Entonces, únicamente al trazar la serie de alusiones que llevan al doctor Moreau, podemos llegar a los Kanakas, los trabajadores contratados por Montgomery y Moreau para ser sirvientes en la isla, y cuyo legado reposa en las leyes que impiden que el pueblo bestia los reemplace (93-94). Tenemos tres islas que se superponen en la narrativa de Boullosa: Long Island, la isla tropical (presumiblemente caribeña) de Bioy Casares y la isla del Pacífico Sur en donde el náufrago narrador de Wells se encuentra atrapado.

El doctor Moreau le dice a Prendick que él se vio forzado a abandonar Europa debido a la oposición que había hacia sus experimentos científicos: él, Montgomery, y un grupo de seis Kanakas organizaron su nuevo centro de operaciones en la isla. Históricamente, los Kanakas eran trabajadores de Melanesia que migraron, o fueron forzados a peonaje por deudas, en Australia, Canadá y Estados Unidos desde 1820 y a lo largo del siglo XIX (el término Kanaka es considerado peyorativo en algunos de estos lugares, pero en otros, es visto como descriptivo). En la novela de Wells, cuando todos los Kanakas mueren, Moreau y Montgomery reemplazan su fuerza de trabajo con la del pueblo bestia —los seres intermedios que Moreau ha esculpido con sus vivisecciones sin anestesia en La Casa del Dolor—. De esta manera, en los intersticios de una historia de abuso científico, Wells también propone su versión de una narración de opresión imperial: primero, la de grupo de individuos que son vistos apenas como humanos y, luego, la de un grupo de animales marcados con características y almas humanas, y sujetos a una fantasiosa versión de la ley de humanos. La alusión a esta narrativa por parte de Boullosa, a través de cuerpos discordantes en *La novela perfecta*, hace converger la intencional ignorancia de su narrador con su propia conciencia social sobre la presencia inmigrante en su barrio y, así, la autora se enfoca en el dolor de la persona atrapada entre dos culturas y dos almas. Si el ímpetu, en el texto de Boullosa, directamente se opone al tono festivo de los dibujos de Galindo Freggo, de todos modos, ambas perspectivas derivan de una experiencia similar: cómo es que los cuerpos, las voces y olores mexicanos se sitúan en este espacio que en la superficie parece poco familiar, pero que lleva motivos íntimos de historias y presencias profundamente latinos.

CONCLUSIÓN

Los autores mexicanos que hemos venido siguiendo aquí trazan sus respectivos caminos a través de los diferentes distritos de Nueva York, por medio de GPS, el Street View de Google, y si acaso mencionan la verticalidad (como lo hace obsesivamente Luiselli en *Los Ingrávidos*), no es tanto una referencia a la ya muy citada altura de los rascacielos en la ciudad, sino más bien es una metáfora de un proyecto histórico definido por capas de investigación. Estas categorías horizontales contrastan fuertemente con una de las más famosas elaboraciones literarias y culturales de la organización espacial; esta elaboración proviene de un autor que, a pesar de ser uno de los fundadores de la École Freudienne de Paris, basó sus análisis en la ciudad de Nueva York: Michel de Certeau. Su clásico texto "Andar en la ciudad", que se encuentra en *Prácticas de la vida cotidiana*, justo antes de enfocarse en el nivel de la calle, comienza de la siguiente manera:

> Desde el piso 110 del World Trade Center, ver Manhattan. Bajo la bruma agitada por los vientos, la isla urbana, mar en medio del mar, levanta los rascacielos de Wall Street, se sumerge en Greenwich Village, eleva de nuevo sus crestas en Midtown, se espesa en Central Park y se aborrega finalmente más allá de Harlem. Marejada de verticales. [...] ¿A qué erótica del conocimiento se liga el éxtasis de leer un cosmos semejante?

Su conclusión: la vista desde el World Trade Center vuelve al lector una especie de figura de dios y, a pesar del título del capítulo, Certeau nunca vuelve del todo a la calle, realmente nunca camina en la ciudad, ya que, en la definición del autor, los caminantes escriben sin poder leer el texto urbano y los lectores ven a la ciudad desde arriba. Hay algo de anticuado en una teoría y en un tipo de conocimiento que, sin cuestionarse, ve todo desde arriba. Los escritores mexicanos de Manhatitlán, cualesquiera que sean sus compromisos políticos o eróticos, operan mucho más desde el nivel de la calle, atentos a los ritmos de latinidad que guían sus pies y dan forma a nuevas maneras de hacer teoría en este espacio urbano.

Obras citadas

A Further Shore (blog, s/a). "Reseña: *La novela perfecta*", 24 de diciembre de 2014, <afurthershore.wordpress.com/2015/>.

Baktun. Dirigida por Bruno Cárcamo Arvide. Quintana Roo Public Television, 2013.

Bautista, Berenice. "México transmite 'Baktun', su primera telenovela en maya". *Archive Azcentral*, 4 de septiembre de 2013, <archive.azcentral.com/lavoz/spanish/entertainment/articles/entertainment_83859.html>.

Beck, Humberto. "Reseña: *Faces in the Crowd*". *Review: Literature and Arts of the Americas*, vol. 48, n.º 1, 2015, pp. 144-145.

Bioy Casares, Adolfo. *La invención de Morel.* Buenos Aires: Emecé, 1972.

Boullosa, Carmen. *Cielos en la tierra.* Barcelona: Alfaguara, 1997.

— *La novela perfecta.* Barcelona: Alfaguara, 2006.

— "Más acá de la nación". *Revista de Estudios Hispánicos*, vol. 46, 2012, pp. 55-72.

Certeau, Michel de. "Andar en la ciudad", traducido por Tomás Errázuriz, <www.bifurcaciones.cl/007/reserva.htm>.

Clark, Meredith. "You Might Not Have Documents, But No Human Being Is Ilegal". (Interview with Joana Toro). *Refinery 29*, 22 de septiembre de 2015, <www.refinery29.com/2015/09/94269/times-square-performers-photos>.

Furman Center for Real Estate and Urban Policy. *The Changing Racial and Ethnic MAKEUP of New York City Neighborhoods*, <furmancenter.org/files/sotc/The_Changing_Racial_and_Ethnic_Makeup_of_New_York_City_Neighborhoods_11.pdf>.

Galindo Feggo, Felipe. *Manhatitlan: Mexican and American Cultures Intertwined.* New York: Jorge Pinto Books, 2010.

González-Barrera, Ana y Mark Hugo López. "Spanish is the Most Spoken Non-English Language in U.S. Homes, Even Among Non-Hispanics". Pew Research Center, agosto, 2013.

Guterman, Gad. *Performance, Identity, and Immigration Law: A Theatre of Undocumentedness.* New York: Palgrave, 2014.

Kochner, Rakesh. "Latino Jobs Growth Driven by U.S. Born: Immigrants No Longer the Majority of Hispanic Workers". Pew Research Center, junio de 2014.

López, Mark Hugo. "Hispanic Identity". Pew Research Center, octubre de 2013.

López, Mark Hugo y Ana González-Barrera. "What is the Future of Spanish in the United States?". Pew Research Center, septiembre de 2013.

Luiselli, Valeria. "Swings of Harlem". *Where you are*, <where-you-are.com/valeria-luiselli>, 2017.

— *Los ingrávidos.* Madrid: Sexto Piso, 2011.

— "Novedad de la narrativa mexicana II: contra las tentaciones de la nueva crítica en México". *Revista Nexos*, 1 de febrero de 2012, <www.nexos.com.mx/?p=14682>.

Owen, Gilberto. *Obras.* Ciudad de México: Fondo de Cultura Económica, 1979.

Passel, Jeffrey S, and D'Vera Cohn. "Immigrant Workers in Production, Construction Jobs Falls Since 2007: In States, Hospitality, Manufacturing and Construction Are Top Industries". Pew Research Center, marzo de 2015.

Paz, Octavio. “La máscara y la transparencia”. *Corriente alterna.* Ciudad de México: Siglo XXI, 1967, pp. 44-50.

Reddy, Sumanthi y Amber Benham. “Behind the Mickey Masks”. *Wall Street Journal,* 27 de septiembre de 2011, <www.wsj.com/articles/SB10001424052970204422404576595183900270512>.

Remeseira, Claudio Iván. “Is New York the New Center of Latin American Literary Culture?”. *Salmagundi,* vols. 162-163, 2009, pp. 182-191.

Reyes, Alina. “From Mexico City to Brooklyn”, traducido por Tomás Dinges. *The Brooklyn Rail,* 2 de noviembre de 2006, <www.brooklynrail.org/2006/11/express/mexico-city-brooklyn>.

Stoever-Ackerman, Jennifer. “Splicing the Sonic Color-Line: Tony Schwartz Remixes Postwar Nueva York”. *Social Text,* vol. 102, 2010, pp. 59-85.

Toro, Joana. “I am Hello Kitty”, <www.joanatoro.com/i>.

Torre, Mónica de la. *Public Domain.* New York: Roof Books, 2008.

Wells, H. G. *La isla del doctor Moreau.* Planet Ebooks, <http://www.pdf-libros.com/2015/10/la-isla-del-doctor-moreau-wells.html>.

Yehya, Naief. “De Nezahualcóyotl a New York, la conquista chilanga de Manhattan”. *Terra Magazine,* 27 de mayo de 2008, <www.ar.terra.com/terramagazine/interna/0,,OI2910129-EI9845,00.html>.

La fuga de lo político: seguridad, periodismo y los imaginarios culturales del narcotráfico en México

Oswaldo Zavala
College of Staten Island & The Graduate Center, CUNY

Uno de los eventos más sorprendentes en los últimos años relacionados con el tráfico de drogas en Latinoamérica es sin duda la fuga de una prisión de alta seguridad de Joaquín "El Chapo" Guzmán, considerado por las autoridades de México como el jefe del cártel de Sinaloa. El traficante, como fue ampliamente reportado por la prensa nacional e internacional, escapó de su celda el 11 de julio de 2015 a través de un túnel de un kilómetro y medio de largo y de hasta 30 metros de profundidad que conducía a una casa en construcción. El túnel medía 1,70 metros de altura y 80 centímetros de ancho, lo suficientemente espacioso como para que el traficante lo recorriera sin necesidad de encorvarse. Estaba equipado con iluminación, tanques de oxígeno e incluso una motocicleta montada en rieles para agilizar el desplazamiento. Según la valoración de expertos consultados por un medio de comunicación, la obra debió costar alrededor de 5.000.000 de pesos (más de 300.000 dólares) y requirió del trabajo de mineros, topógrafos e ingenieros civiles (*El Debate*).

Dos días después de la fuga, el escritor estadounidense Don Winslow presentó en Washington D. C. su más reciente novela, *El cártel* (*The Cartel*). En una entrevista durante la coyuntura de esos días, Winslow atribuyó a El Chapo un lugar desmedido en las relaciones de poder en México:

> [El Chapo] es un hombre muy inteligente, un sobreviviente, un hombre con miles de millones de dólares a su disposición, un hombre que puede tocar y matar a casi quien sea que quiera matar, mandar matar, y es un hombre que sabe secretos de altos niveles del gobierno mexicano. Hay una razón por la cual no lo extraditaron a los Estados Unidos —principalmente porque puede pagar

> abogados de alto nivel para impedirlo—. [...] Pero también porque si fuera extraditado a los Estados Unidos, su única baza para negociar sería comenzar a contar esos secretos y esas historias[1] (National Public Radio).

Más adelante, en la misma entrevista, Winslow afirma que incluso el autoproclamado Estado Islámico (EI) está adoptando las estrategias de violencia de los cárteles mexicanos de la droga: "[Los cárteles mexicanos] son muy sofisticados. Saben lo que necesitan, no solo controlar la acción en el territorio, sino también la narrativa para controlar la historia. Creo que el EI está siguiendo a la letra [el] manual de estrategia [de los cárteles mexicanos]" (National Public Radio).

Unas semanas antes, el 28 de junio, Winslow había publicado en el periódico *The Washington Post* una "Carta abierta al Congreso y al presidente" en la que criticaba la actual política antidroga de los Estados Unidos. El novelista señala en este texto que la llamada "guerra contra las drogas" —concebida de ese modo durante la presidencia de Richard Nixon (1969-1974)— está destruyendo el tejido social estadounidense con un sistema penitenciario masivo y racista, policías militarizados y una política exterior disfuncional, todo mientras los consumidores estadounidenses continúan "financiando la matanza" en México. La carta abierta mantiene, en general, una postura progresista haciendo una llamada a la legalización de la droga. Al referirse a los traficantes mexicanos, sin embargo, Winslow cambia la orientación política de su discurso y enfatiza el poder de los cárteles:

> Están ustedes tan preocupados por terroristas a miles de millas de distancia pero no ven a los terroristas al otro lado de nuestra frontera. Los cárteles son más sofisticados y pudientes que los yihadistas y ya tienen presencia en 230 ciudades de los Estados Unidos. Los cárteles estaban usando el manual de operaciones del Estado Islámico —decapitaciones, inmolaciones, videos, redes sociales— desde hace diez años ("It's Time to Legalize"; traducción mía).

El análisis político de Winslow reaparece en su más reciente obra de ficción. Dos de sus libros anteriores lo proyectaron a nivel internacional como un *connaisseur* del crimen organizado en México: *El poder del perro* (*The Power of the Dog*, 2005) y *Salvajes* (*Savages*, 2010), esta última llevada al cine por Oliver Stone en 2012. En ambas novelas, la capacidad de agencia de los narcotraficantes aparece delimitada por entramados geopolíticos en los que el poder estatal —ya sea del ejército y la policía federal de México, la DEA o la CIA estadounidenses— termina por imponerse. Con *El cártel*, empero, Winslow propone un tratamiento muy distinto del tema.

---

1 Todas las traducciones son mías a menos que se indique otra fuente.

La novela narra la confrontación entre supuestos "cárteles" que según la versión oficial se agudizó durante la presidencia de Felipe Calderón (2006-2012). En el centro de la trama se encuentra Adán Barrera, un poderoso traficante —aparentemente protegido por el gobierno de Calderón— que confronta al cártel de Juárez invadiendo esa ciudad fronteriza.[2] La guerra genera tal caos que ni aun los propios ejecutores entienden la lógica de las brutales matanzas que comienzan a perpetrarse a diario y cada vez con mayor crueldad. Al mismo tiempo, como comprueba el protagonista de la novela, un agente de la DEA, la agencia antidrogas estadounidense, los cárteles mexicanos han extendido su negocio a varios países del hemisferio y aun de Europa.

La obra de ficción y las intervenciones políticas de Winslow, junto a la de otros escritores de similar éxito editorial, se han convertido en uno de los principales referentes culturales en los Estados Unidos y México en temas de seguridad y crimen organizado. En medio de una proliferación de novelas sobre el narcotráfico en la región, la visión de escritores como Winslow es, sin duda, emblemática de un discurso hegemónico que *imagina* al narcotráfico como una permanente emergencia de seguridad nacional que se representa por igual en ficciones narrativas como en el propio análisis de los narradores del fenómeno. En ese sentido, resulta productivo observar cómo la literatura de ficción y el periodismo se inscriben bajo un arco de significados mediado por un discurso que termina por volver equivalentes los enunciados entre ambos campos de conocimiento.

Como ya señalaba en un crucial artículo publicado en 1989, el politólogo Waltraud Morales observa que el giro securitario en los Estados Unidos es el resultado de una operación discursiva que en realidad fue articulada desde la Guerra Fría como una nueva doctrina geopolítica. La adopción en México de ese discurso, como ha estudiado Luis Astorga, resignificó al tráfico de drogas como amenaza global a pesar de que por décadas había sido considerado como un problema doméstico de seguridad pública. Ello es el resultado de un proceso político claramente trazable sin referentes criminales reales sobre todo a partir de la presidencia de Vicente Fox (2000-2006). En lo que sigue, propongo discutir la importancia particular del periodismo narrativo como mecanismo del discurso securitario en el caso particular del campo de producción cultural mexicano, aunque mi análisis

---

2 La acusación de que el gobierno de Felipe Calderón favoreció a la organización de Joaquín "El Chapo" Guzmán fue documentada en un reportaje de National Public Radio. El reportaje comprobó que los traficantes vinculados a El Chapo eran detenidos en números significativamente menores que los de cualquier otra organización criminal. Véase John Burnett.

también puede extrapolarse al estadounidense. Mi trabajo considerará los efectos del securitarismo de dos maneras: primero, cuando los periodistas asumen la violencia y no los procesos políticos nacionales como el principal objeto de su análisis; y, segundo, cuando radicalizan una narrativa personalista de las víctimas de esa violencia que con frecuencia moraliza la supervivencia de la sociedad civil y neutraliza el potencial político de su reclamo de justicia. Finalmente, reflexionaré sobre la aparición histórica del discurso securitario como una estrategia estatal que paradójicamente se articula, por razones políticas específicas, como un desafío al poder estatal que la concibió. Esta contradicción inherente al neoliberalismo conlleva ulteriormente a cuestionar la materialidad de la supuesta crisis de seguridad causada por el narcotráfico y, como demostraré más adelante, la lógica narrativa que acerca al periodismo con la fantasía narrativa de la literatura más reciente.

I. El fantasma del crimen organizado

La trayectoria criminal de El Chapo ha estimulado la imaginación popular por más de una década, sobre todo desde que escapó —supuestamente escondido en un carrito de lavandería— por primera vez de un penal de alta seguridad el 19 de enero de 2001. Su paradójica mitología no ha hecho sino aumentar con su recaptura el 22 de febrero de 2014 y con su segunda y todavía más espectacular fuga.[3] La mayoría de las novelas sobre el narco en México puede entenderse como un corpus que reitera simples variaciones de un mismo argumento narrativo que se abreva de mitos como el de El Chapo: poderosos traficantes luchan entre sí y desafían con insólita violencia al Estado mexicano. La visibilidad de los novelistas que reproducen esta narrativa —Juan Pablo Villalobos, Yuri Herrera y Élmer Mendoza, entre los más reconocidos— ha sido altamente redituable con numerosos premios, traducciones y atención mediática. De hecho, como he señalado, las narco-narrativas mexicanas han sido el resultado indirecto de un imaginario popular diseminado originalmente por fuentes oficiales, sobre todo a partir de la década de 1970, cuando el gobierno federal esta-

---

3 Son cuantiosos los libros de investigación periodística en los que se destaca la figura de El Chapo. Entre ellos, se destacan: *The Last Narco: Inside the Hunt for El Chapo*; *The World's Most Wanted Drug Lord* (2010) de Malcolm Beith; *El Narco. Inside Mexico's Criminal Insurgency* (2011) de Ioan Grillo; *Los señores del narco* (2010) de Anabel Hernández y *El cartel de Sinaloa. Una historia del uso político del narco* (2009) de Diego Enrique Osorno. Más adelante discutiré la relevancia de algunos de ellos.

bleció ciertos controles policiales para limitar —y ulteriormente manipular— la emergencia de grupos de traficantes de estupefacientes.[4] A través de una consistente resonancia de información sobre el narco —décadas de partes policiales, declaraciones de voceros de gobierno, documentos de inteligencia militar, notas diplomáticas, filtraciones de alto nivel, etc.—, el Estado mexicano construyó una matriz discursiva que impuso las reglas de enunciación del léxico y las funciones narrativas que invocan la noción de "narco", según lo explica Astorga. Con ello se construyó también un *habitus* de significados sobre el fenómeno que en la actualidad opera de forma autónoma como un conocimiento recibido en todos los ámbitos culturales de la sociedad. La insólita violencia que se registró durante la presidencia de Felipe Calderón arrojó, como indican los estudios más serios y confiables, un saldo de más 121.000 homicidios y más de 30.000 desapariciones forzadas.[5] Consecuentemente, al terminar ese gobierno en 2012, la *percepción* popular sobre la delincuencia organizada resonaba con incontables novelas, canciones, películas y arte conceptual sobre la violencia atribuida a los supuestos "cárteles", que según la versión oficial habían conseguido poner en jaque la soberanía misma de las autoridades en todos los niveles del gobierno.

Más allá de este contexto doméstico, Héctor Hoyos propone entender el fenómeno editorial de las llamadas "narco-novelas" dentro del modelo teórico de la "literatura mundial", siguiendo aquí el trabajo de Pascale Casanova, Franco Moretti y David Damrosch, entre otros. Según explica Hoyos, este tipo de novela "representa un orden mundial posterior a 1989 cada vez más multipolar e interconectado" (126) que puede llevar a comprender la influencia cultural del neoliberalismo en la región a través de las representaciones del crimen organizado en países como Colombia y México. Similarmente, muchos de los estudios más influyentes sobre el narco desde las ciencias sociales y el periodismo entienden el narco como un fenómeno global y transnacional. Desde el fundamental libro *The Politics of Heroin. CIA Complicity in the Global Drug Trade* (2003) de Alfred McCoy, hasta el reciente ensayo *CeroCeroCero* (2013) de Roberto Saviano, el comercio de la droga ha sido estudiado siguiendo la supuesta emergencia de seguridad nacional articulada oficialmente desde los Estados Unidos,

---

4 Para un análisis de la relación histórica entre Estado, criminalidad y los imaginarios culturales sobre el narco, véase el artículo de Oswaldo Zavala.

5 El número de víctimas de la violencia atribuida a los narcotraficantes proviene del Instituto Nacional de Estadística y Geografía (INEGI), organismo autónomo y descentralizado del gobierno federal con base en la ciudad de Aguascalientes. Al respecto, consultar *Proceso* y los artículos de Marcela Turati.

Europa y Latinoamérica tras el fin de la Guerra Fría. En este contexto, el éxito internacional de novelas como *La Reina del Sur* (2002) de Arturo Pérez-Reverte, *La Virgen de los sicarios* (1994) de Fernando Vallejo y, desde luego, *El cártel* de Don Winslow, no ha hecho sino acentuar el imaginario que supone a las organizaciones de traficantes como una amenaza que rebasa las fronteras geopolíticas y todo intento policial por contenerla. De hecho, como Hoyos cita en su libro, siguiendo las ideas de Rebecca Walkowitz, la mayoría de las narco-novelas "nacen ya traducidas", predispuestas a constatar la misma imaginación global sobre el narco. De ese modo, la narco-novela comercial y ciertos estudios periodísticos sobre el fenómeno se integran orgánicamente al modelo de "literatura mundial".

Siguiendo el trazo histórico hasta este punto, se observa la aparición de esa recurrente narco-narrativa global como resultado de la mediación del discurso securitario que comenzó a articularse en la década de los ochenta, primero en los Estados Unidos y Europa y, luego, con mayor énfasis en Latinoamérica a partir de los noventa. Como recuerda Fernando Escalante Gonzalbo, ese discurso surge a partir de una crisis occidental del estado de bienestar que conlleva a una actitud antiestatista en el contexto neoliberal. Con esa actitud surge una *fantasía* sobre el crimen organizado bajo la cual la percepción y la estadística del delito no guardan una correlación directa. No debe sorprender entonces que la tasa de homicidios en México, al igual que en los Estados Unidos y Europa, se haya estabilizado durante los años noventa y hasta la mitad de la década del 2000. Y si bien es cierto que a partir de 2008 la violencia aumentó radicalmente en México, esto fue el resultado de la estrategia de militarización ordenada por el entonces presidente Calderón, como ha demostrado un estudio estadístico reciente, hecho en la Universidad de Harvard.[6] A pesar de ese y otros valiosos análisis académicos y reportajes periodísticos, la mayoría de quienes estudian el fenómeno del narcotráfico, por lo menos en el caso mexicano, sigue naturalizando la narrativa oficial que atribuye la violencia a agentes no-estatales que desafían el poder oficial desde imperios criminales globales invencibles aún para las principales agencias de inteligencia a nivel mundial. Así, lo que pensamos como irrupción de la violencia de los cárteles debe analizarse más bien como disciplina policial y lo que por momentos

6 El estudio estadístico demostró la existencia de una relación causal directa entre el alza de homicidios y la militarización ordenada por el presidente Calderón. Esta conclusión recibió una importante cobertura en los medios de comunicación de Estados Unidos y México, y puso en duda la versión oficial que atribuye el alza de la violencia a la supuesta "guerra" entre cárteles de la droga. Sobre este asunto, consultar el estudio de Valeria Espinosa y Donald B. Rubin.

aparece como la debilidad de un posible estado fallido es por el contrario la saturación de un Estado de excepción, siguiendo aquí el trabajo de Carl Schmitt y Michel Foucault, que retomaré más adelante. En otras palabras, lo que ha faltado al trabajo académico es una separación conceptual entre los objetos construidos por la hegemonía del discurso securitario global y la materialidad del narco. Nuestra mejor crítica distingue entre la significación simbólica de la narco-literatura y la materialidad del narco, pero no extiende la distinción para separar al discurso securitario de dicha materialidad. Hemos aceptado acríticamente una continuidad epistemológica entre el relato de ficción escrito por nuestros novelistas y el relato securitario articulado por el Estado.

Notemos, por ejemplo, que la visibilidad de los más de 121.000 homicidios contabilizados por el Instituto Nacional de Estadística y Geografía (INEGI) fue aprovechada por el gobierno federal para justificar la necesidad y legitimidad de la estrategia nacional de seguridad de Calderón, pese al hecho de que esa estrategia fue la condición de posibilidad del alza de los índices de violencia. La simpleza de la lógica oficial fue en apariencia irrefutable: al asumir la presidencia, Calderón se enfrentó a un Estado debilitado y supuestamente rebasado por el crimen organizado. En su libro de memorias sobre su gobierno, Calderón incluso vierte a su favor el debate sobre la posibilidad de que México se convirtiera en un Estado fallido y anota:

> Debilitada la capacidad del gobierno para combatir al delito, o peor aún, puesta la capacidad del gobierno al servicio del crimen mismo, lo que ocurrió fue una expansión del narcomenudeo y de la violencia asociada a este. Pero también y, sobre todo, se agudizaron el robo, el secuestro, la extorsión, el daño en propiedad ajena, el despojo y un largo etcétera. *Sin policía que le hiciera frente, todo tipo de criminalidad se expandió* (38; énfasis original).

Esta tesis sobre el supuesto vacío de poder estatal que requirió la intervención de las fuerzas federales, y que a su vez produjo una reacción criminal todavía más violenta, formuló un cierre argumental incontestable. La celebridad de cronistas como Sergio González Rodríguez, Alejandro Almazán, Diego Osorno y Anabel Hernández se debe en parte a que su interpretación de la violencia de esos años responde dócilmente a ese relato securitario del Estado. Su trabajo ha servido como validación del discurso oficial a tal grado que ha sido citado como fuente en libros de análisis como la *Historia del narcotráfico en México*, de Guillermo Valdés Castellanos —director del Centro de Inteligencia y Seguridad Nacional (CISEN) durante la presidencia de Calderón—, e incluso en las propias memorias del ex presidente antes citadas.

Todavía más grave es el hecho de que el trabajo de los más destacados periodistas en México ha contribuido a mitologizar las nuevas problemáticas sociales de la era neoliberal directamente relacionadas con la crisis securitaria en la primera década del siglo XXI. Me refiero aquí ya no solo a la violencia exacerbada atribuida al narco, sino también al llamado feminicidio de Ciudad Juárez, ambos fenómenos entendidos como producto del desmantelamiento de las estructuras del Estado. Al reproducir la interpretación oficial, la gran mayoría del periodismo mexicano ha preferido ventilar la indignación y el activismo de la sociedad civil antes de comprender que los años de la violencia de los noventa son en gran medida una fantasía —en el sentido discursivo del término—, que no coincide con la tasa de asesinatos que se mantuvo en un descenso lento y sostenido durante toda la década anterior a la intervención militar y policial de Calderón.[7] Dicho de otra manera, ni el feminicidio ni el narcotráfico produjeron en su conjunto una emergencia de seguridad nacional.[8] De ningún modo es mi intención aquí minimizar la muy real y preocupante violencia de género y de la delincuencia organizada, pero ambos problemas por sí solos no se corresponden con la crisis securitaria promovida por el discurso oficial y asumida por el persuasivo periodismo que la reitera sin reparos críticos.

II. Las trampas del "pensamiento estatal"

En sus influyentes cursos en el Collège de France, Michel Foucault estudia la aparición de la razón del Estado moderno como la articulación de una *gubernamentalidad*, cuyo principal objetivo fue preservar la integridad del Estado por encima de cualquier parámetro de legalidad. Para ello, entre otras tecnologías de la modernidad estatal, se configuró una dimensión *policial* de gobierno como una forma de administración y disciplina de la sociedad en general. Anota Foucault: "la policía será el cálculo y la técnica

---

7 Véase el artículo de Fernando Escalante Gonzalbo, "Homicidios".

8 La investigadora Molly Molloy explica que las estadísticas sobre el feminicidio de Ciudad Juárez revelan la construcción de "un mito" discursivo: "De los casi 400 casos documentados en los archivos de Esther Chávez [una de las principales activistas locales] entre 1990 y 2005, alrededor de tres cuartas partes de los casos fueron de violencia doméstica, y los casos fueron esencialmente resueltos. Es decir, el asesino fue identificado como un conocido o pareja doméstica o pariente de la víctima. Solo alrededor de 100 fueron casos completamente irresueltos. Estos son los casos que han recibido (y continúan recibiendo) la mayoría de la atención mediática, artística y académica. El único estudio estadístico real sobre el tema [...] concluyó que la proporción de homicidios femeninos en Ciudad Juárez era menor que en Houston" (Hooks).

que van a permitir establecer una relación móvil, pero pese a todo estable y controlable, entre el orden interior del Estado y el crecimiento de sus fuerzas" (357). La noción de policía que analiza Foucault va más allá de las instituciones policiacas y se extiende a los distintos aparatos de Estado que regulan la vida total de la población. Entre otros atributos, el orden policial se relaciona con toda actividad mercantil y la circulación de bienes en una determinada ciudad. Explica Foucault:

> Pero por "circulación" no hay que entender únicamente esa red material que permite la circulación de las mercancías y llegado el caso de los hombres, sino la circulación misma, es decir, el conjunto de los reglamentos, restricciones, límites o, por el contrario, facilidades y estímulos que permitirán el tránsito de los hombres y las cosas en el reino y eventualmente allende sus fronteras (375).

Ese importante trazo histórico de la razón de Estado ha sido con frecuencia obviado al reflexionar la dimensión policial del Estado mexicano y sus estrategias disciplinarias en torno al narcotráfico. Ante la contundencia del discurso securitario, numerosos expertos en el tema como Edgardo Buscaglia indican que el gobierno mexicano atraviesa por una etapa de profundo debilitamiento que ha producido insalvables "vacíos de poder" que facilitan el apogeo de los cárteles, pero sin considerar el hecho de que la amenaza latente del narcotráfico ha sido utilizada como componente causal de la política securitaria. Entendido así, el vacío de poder que detecta Buscaglia tiene una raíz oficial que la élite gobernante ha utilizado como estrategia constitutiva de su Estado de excepción.

El problema del periodismo radica entonces en lo que Pierre Bourdieu conceptualizó como una forma de "pensamiento estatal", es decir, la limitación epistemológica por la cual "las propias estructuras de conciencia por medio de las cuales construimos el mundo social y el particular objeto que es el estado son muy probablemente producto del estado mismo" (3). El importante análisis de Bourdieu expande la célebre definición de Max Weber al considerar el Estado como el "monopolio de la violencia física y *simbólica*, en tanto que el monopolio de la violencia simbólica es la condición para poseer el ejercicio del monopolio de la violencia física" (4). Al examinar la influencia de Bourdieu en Latinoamérica, Mabel Moraña subraya cómo ese monopolio estatal de la violencia simbólica penetra todos los espacios de lo social, desde lo doméstico y lo laboral, hasta las producciones culturales y las instituciones que normalizan todo el espacio ciudadano. Expone Moraña:

> Como ya se indicara, para su implementación, la violencia simbólica cuenta con frecuencia con la aquiescencia y lealtad del dominado hacia el domi-

> nador y se apoya, en muchos casos, en el hecho de que ambos comparten una misma forma de conocimiento e interpretación de la realidad social que impide un pensamiento emancipado en aquel que es sometido al poder del más fuerte (123).

En este punto, Moraña nota cómo a pesar de que admite la posibilidad de una resistencia artística ante el monopolio estatal de la violencia simbólica, Bourdieu es más bien pesimista al considerar a los medios de comunicación como "mecanismos de opresión y de dominación social" (123). Acaso el ejemplo más visible para extender esta crítica al ejercicio del periodismo puede advertirse en la obra de Carlos Monsiváis. Como anota Ricardo Gutiérrez Mouat, las crónicas sobre la violencia que Monsiváis publica a finales de la década de los noventa, "representan un nuevo capítulo del secular enfrentamiento en América Latina entre el intelectual y la violencia" (239), cuyo objetivo es intervenir en los procesos sociopolíticos más urgentes del presente inmediato, con la fuerza represiva del Estado como problema central. Un texto publicado en 1999 es representativo de la extraordinaria agenda crítica de Monsiváis de esos años. Al definir la violencia urbana, Monsiváis incluye

> a los conflictos, las tragedias, las conductas límite propiciadas por la crisis del estado de derecho, el perpetuo estallido —económico, social y demográfico— de las ciudades y la imposibilidad de una efectiva seguridad pública, sea por la ineficiencia de los cuerpos encargados o por la "feudalización" imperante en barrios y colonias. Violencia urbana es el amplio espectro de situaciones delincuenciales, ejercicios de supremacía machista, ignorancia y desprecio de los derechos humanos, tradiciones de indiferencia aterrada ante los desmanes, anarquía salvaje y desconocimiento de la norma ("Notas" 35).

Se destaca de esta amplia definición la condición eminentemente sistémica de la violencia, donde el delito común se agrava por condiciones políticas, económicas y culturales específicas. Algo muy diferente aparece en la reedición póstuma de *Los mil y un velorios. Crónica de la nota roja en México* (2013). En ese libro, el análisis de Monsiváis termina mediado por el imperante discurso oficial que para entonces ya ha consolidado la agenda de seguridad nacional que señala al narcotráfico como la mayor emergencia criminal en México. Escribe Monsiváis: "De golpe, el narcotráfico resulta el magno espectáculo lateral que la sociedad ve con terror y morbo, con alivio ('Hoy no me mataron') y depresión ('Hoy siguieron matando')" (*Los mil* 212). Luego resume: "Desde la década de 1990 la presunción de un narco-Estado ha crecido en medio del viaje circular del miedo al terror, de la suspicacia al pánico, de la resignación a la paranoia"

(214-215). Y aunque por momentos el texto apunta críticamente la íntima relación entre el Estado y los grupos de traficantes, Monsiváis principalmente se limita a consignar la *percepción* de una emergencia nacional protagonizada por los traficantes: "Se desata la guerra entre los cárteles, con un costo altísimo de vidas" (216); "Se afirman los grupos: *Los Zetas, La Familia* de Michoacán, el cártel del Golfo, *La Línea*" (217); "Tres años de enfrentamientos entre narcos y ejército, entre narcos y judiciales, entre narcos y policías" (219). La narrativa expuesta por Monsiváis coincide a la letra con la versión oficial, la reiterada explicación que el presidente Calderón ofreció sobre la escalada de asesinatos durante su sexenio: "La gran mayoría de la violencia que estamos viviendo es la gran virulencia de unos cárteles contra otros" ("El presidente").

Al convalidar la supuesta "guerra" entre cárteles y la "guerra" del Estado contra el narco, periodistas e intelectuales como Monsiváis se limitan a analizar el residuo final de un proceso político agotado y cuyo trazo histórico ha sido borrado. Como enseña Schmitt al corregir el célebre *dictum* de Clausewitz, la guerra no es la continuación de la política por otros medios, sino el agotamiento de lo político que ya ha sido decidido. El soldado no *decide* la división entre el amigo y el enemigo, sino que actúa de acuerdo a ese previo posicionamiento de enemistad. Ante sus ojos, la guerra aparece como un fenómeno despolitizado, pues como advierte Schmitt, "la guerra no es el objetivo ni el propósito ni siquiera el contenido propio de la política" (34) porque en la conflagración lo político está, en efecto, *ausente*.

Bajo el discurso securitario, se ha impuesto la falaz emergencia de los cárteles de la droga como el enemigo en común no solo de la gubernamentalidad sino de la sociedad civil en general. Al naturalizar esa designación de enemistad impuesta por el Estado, el periodismo renuncia a un juicio consciente de las trampas discursivas del securitarismo. A diferencia del filo crítico de la narrativa testimonial que marcó decididamente a su enemigo en las fuerzas del Estado en las distintas atrocidades de Centro y Sudamérica, nuestra crítica del narco se enuncia en el ámbito de la guerra, donde lo político, junto con las decenas de miles de víctimas, ha quedado excluido.

Una de las más exitosas corrientes del periodismo narrativo se ha enfocado en la crónica de las víctimas y los sobrevivientes de la violencia. Entre los libros más destacados de esa tendencia está el volumen colectivo *Entre las cenizas. Historia de vida en tiempos de muerte* (2012), editado por Marcela Turati y Daniela Rea con el trabajo de diez reporteros. Es sugerente que en la nota introductoria, las editoras consideren su trabajo equivalente al de los corresponsales de un conflicto armado y que asuman como objetivo "aprender a escarbar entre la destrucción para encontrar la reserva moral de este país que se plantó ante la guerra, prestar oído a los reclamos de la gente que se sacudió la ceniza, retomó las riendas de su vida y con otros delinea un futuro distinto" (9). Este tipo de acercamiento activa una narrativa recibida: el narco como una guerra en contra de la sociedad civil. El gesto periodístico es desde luego válido y consecuente con una forma de reportar la violencia. Nombrar a los sin nombre y comprender su resistencia y dignidad humana es una tarea crucial del presente, como apuntó el importante legado intelectual de pensadores como Walter Benjamin y Hannah Arendt. Sin embargo, en esta práctica periodística mexicana se omite el devenir político que en primera instancia produjo esas exclusiones. Fuera de la causalidad del proceso político que ha sido llevado a un punto de radical agotamiento en un conflicto social enunciado como una guerra, el nombre y la dignidad de la víctima no son suficientes para articular un juicio crítico de nuestro presente inmediato. Sin otras ambiciones, el periodismo en su mayoría se ha conformado con aceptar dócilmente la exclusión de lo político impuesta por el Estado.

La obra periodística de Monsiváis y los volúmenes colectivos como *Entre cenizas* son representativos de esa corriente de cronistas mexicanos cuya privilegiada visibilidad informa en gran medida el saber popular sobre el narcotráfico. Es el caso de libros como *La guerra de los zetas* (2012) de Diego Osorno, *Los señores del narco* (2012) de Anabel Hernández y *El hombre sin cabeza* (2009) de Sergio González Rodríguez. En su versión más comercial, la crónica del narco se inscribe entonces alrededor de un objeto configurado políticamente por discursos oficiales y no como el resultado de una reflexión periodística autónoma. Al ahondar sobre un tema cuyas coordenadas epistemológicas han sido marcadas por el Estado, este tipo de crónica está limitada a *priori* por el análisis de los supuestos cárteles como el principal factor de criminalidad, dejando por fuera la histórica relación entre la clase política y el crimen organizado. La neutralización de la crónica del narco es así el efecto derivado de ese *habitus* que conduce a la renuncia de un análisis a las condiciones de posibilidad del narco, en particular de su emergencia como economía disciplinada por una geopolítica de Estado.

Sin avanzar hacia una crítica del poder oficial por estar condicionadas por ese poder, las crónicas sobre el narco operan entonces un desplazamiento simbólico en dos direcciones: primero, hacia genealogías de traficantes y la supuesta crisis de seguridad nacional que producen, una narrativa como hemos visto creada y diseminada por fuentes oficiales; y segundo, hacia una reiteración del cuerpo (re)significado de las víctimas de su violencia, reduciendo el complejo fenómeno del narco a una continuidad artificial y ahistórica de muerte y destrucción. Ambos desplazamientos mantienen formalmente el legado de la crónica modernista, el impulso combativo del periodismo mexicano de la segunda mitad del siglo xx y los recursos literarios del *new journalism* estadounidense, pero excluyendo la dimensión política y el rigor periodístico de esos precedentes. Con esto no pretendo afirmar que no haya un trasfondo político en la crónica del narco, sino que su voluntad crítica aparece de inicio neutralizada por la influencia del discurso oficial sobre el tráfico de drogas. Al enfocarse narrativamente en los reductos de la violencia atribuida a una lucha permanente entre cárteles, los cronistas examinan superficialmente la violenta e ilegal política de seguridad emprendida por el poder oficial.

Estoy consciente, siguiendo el conocido *caveat* de Philip Abrams, que mi interpretación del fenómeno del narco corre a su vez el riesgo de simplificar un complejo proceso político que no es reducible a las estructuras de Estado. En la disciplina policial del Estado ciertamente media la hegemonía estadounidense y europea junto con el poder de los volátiles capitales trasnacionales, además de los múltiples agentes de lo social que no son del todo captados por el campo de poder ni forman parte del monopolio de la violencia simbólica detentado por el Estado, que además tampoco opera por sí solo como un monolito de continuidades inquebrantables. Pero si asumo dicho riesgo es porque su razón hipotética me resulta menos apremiante que el hecho de que la crítica que localiza al narco en un paradigma pos-Estatal y postsoberano coincide con el discurso securitario promovido oficialmente dentro y fuera de México.

III. La fuga del discurso securitario

En su análisis sobre las funciones ideológicas de los medios de comunicación, Jesús Martín-Barbero recuerda el papel crucial que la prensa jugó en las distintas transformaciones históricas de las sociedades modernas. Menos que denunciar los procesos políticos de cada época, la prensa fue instrumental en la construcción misma de esos procesos. Con su lenguaje en apariencia neutro, la prensa operó y sigue operando como un referente de la realidad inmediata que sin embargo encubre lo real con significados anteriormente establecidos. Declara Martín-Barbero:

> me refiero a esas "fórmulas" mediante las cuales las palabras se ponen a significar independientemente tanto del contexto como del contenido. Los contextos son siempre particulares, parciales, temporales; son las formas, o mejor las fórmulas de la jerga las que introducen la pretensión de la universalidad, de estar por encima del espacio y el tiempo. Las fórmulas son "limpias" con la pureza que proporciona la nueva religión secularizada de la "objetividad". La *conversión de*

> *la forma en fórmula* es la operación mediante la cual se plasma, se hace lenguaje la exigencia que el consumo plantea en términos de público-masa: la operación de conformización, de banalización, de despolitización (82-83; énfasis original).

El discurso dominante sobre el narco ha producido una fórmula cuyo léxico y significado sedimentado permiten por sí solos un sentido narrativo específico. Escribimos *narcotraficante*, *sicario*, *plaza*, *guerra* y *cártel* y con esas palabras reaparece de inmediato el universo de violencia, corrupción y poder que puebla por igual las páginas de una novela y las planas de un periódico, la letra de un corrido, la vestimenta de un narco actuando en una película de acción. El lenguaje para describir esa realidad está fatalmente colonizado por ese *habitus* cultural que solo en contadas ocasiones es posible fisurar.

En uno de los episodios más dramáticos y productivos de *El cártel*, Don Winslow narra el asesinato de un periodista que en su último texto, escrito poco antes de ser secuestrado por un grupo de narcotraficantes en Ciudad Juárez, resemantiza la noción misma de "cártel". La novela utiliza las más de las veces la idea de cárteles con la misma superficialidad con que lo hacen la mayoría de las fuentes periodísticas y académicas que Winslow consultó para su escritura y que aparecen citadas en las páginas finales del libro.[9] A pesar de que un cártel, en el sentido económico, supone una alianza estratégica entre organizaciones productoras para manipular el precio y la circulación de sus productos a nivel global, los distintos grupos de traficantes que aparecen en la novela, lejos de colaborar juntos, procuran formar minúsculos monopolios domésticos atacándose entre sí. Sorpresivamente, el significado de la palabra "cártel" se transforma en una herramienta contrahegemónica en el artículo de denuncia que alcanza escribir el periodista antes de ser asesinado. Vale la pena extenderse en esas páginas:

> Hablo por aquellos que no pueden hablar, los que no tienen voz. Levanto mi voz y agito mis brazos y grito por aquellos que ustedes no ven, que tal vez no pueden ver, por los invisibles. Por los pobres, los indefensos, los que han sido privados de sus derechos; por las víctimas de esta supuesta "guerra contra las drogas", por los ochenta mil asesinados, por los narcos, por la policía, por el ejército, por el gobierno, por los compradores de droga y los vendedores de armas, por los inversionistas en torres relucientes que ha aprovechado su "nuevo dinero" en hoteles, resorts, centros comerciales y desarrollos urbanos.

9 Entre esas fuentes, Winslow cita a los periodistas Ioan Grillo, Malcolm Beith, y Anabel Hernández, cuyos libros responden dócilmente al discurso securitario asumiendo la supuesta emergencia de los "cárteles" como el principal problema del narcotráfico. Como mencioné anteriormente, esta es la tendencia más frecuente entre periodistas mexicanos y estadounidenses.

> Hablo por los torturados, quemados y desollados por los narcos, golpeados y violados por los soldados, electrocutados y casi ahogados por la policía.
>
> [...]
>
> Hablo por ellos, pero les hablo a ustedes —los ricos, los poderosos, los políticos, los comandantes, los generales. Hablo a Los Pinos y a la Cámara de Diputados, hablo a la Casa Blanca y al Congreso, hablo a la AFI y a la DEA, hablo a los banqueros y a los rancheros y a los magnates del petróleo y los capitalistas y los señores del narco y les digo—:
>
> Ustedes son lo mismo.
>
> Todos ustedes son el cártel.
>
> Y son culpables.
>
> [...]
>
> Esto no es una guerra contra las drogas.
>
> Esto es una guerra contra los pobres (*The Cartel* 581-582).

El tono lírico de este pasaje hace eco de los recursos formales de poemas como "Alturas de Machu Picchu" de Pablo Neruda y "Los muertos" de María Rivera, en los que se nombra a los oprimidos por el sistema-mundo colonial (Neruda) y las víctimas de la violencia atribuida a los narcotraficantes (Rivera). Pero esta parte del texto de Winslow también rebasa las condiciones estructurales de la trama. El reportero no solo rechaza el acostumbrado sentido de la idea de "cártel", sino que desarticula la sutura ideológica que universaliza al narco bajo esa única noción vaciada de toda coordenada política e histórica. En su lugar, el texto relocaliza al narco al *interior* del sistema geopolítico global, suturando en el nuevo significado a toda la multiplicidad de actores responsables directa o indirectamente del mercado doméstico e internacional de droga. Finalmente, el texto lleva a cabo una inesperada reconfiguración de lo sensible, siguiendo aquí las ideas de Jacques Rancière, al repolitizar la supuesta "guerra contra las drogas" nombrando los vectores de poder que posicionan a las estructuras de estado como los verdaderos enemigos de las clases bajas, los marginales y los excluidos de la sociedad de consumo del capitalismo tardío. Se denuncia entonces al sistema geopolítico en su totalidad como el enemigo real de los sectores más vulnerables de la sociedad civil.

En su introducción a *Entre cenizas*, las periodistas Turari y Rea insisten en la pregunta que, según ellas, "nos persigue: ¿qué podemos hacer?" (8). Ante ese "falso sentido de urgencia que permea el discurso humanitario de izquierda liberal sobre la violencia" (6), Slavoj Žižek recuerda la enseñanza de Lenin de no caer en la trampa de la acción inmediata ante la explosión de la violencia y, en cambio, "aprender, aprender, y aprender qué causa esta violencia" (8). La extraordinaria repolitización del periodismo que ha discernido el poder del Estado en el caso de la desaparición de los 43 normalistas de Ayotzinapa, en el estado de Guerrero, así como ciertas críticas sobre los entramados políticos en torno a la fuga de El Chapo, apuntan a una oportunidad de reconfigurar lo sensible de lo securitario que no debe desaprovecharse. En medio de un panorama intelectual dominado por ese "pensamiento estatal" del que advirtió Bourdieu, volver a pensar *políticamente* desde el periodismo y la literatura puede resultar una operación esencial para hacer visible y, a la vez, contener el monopolio de la violencia simbólica y real de Estado. Como incluso la narco-novela más comercial puede y ha logrado llevar a cabo, el periodismo también puede significar el mundo global y las tensiones de representación propias del neoliberalismo. Más allá de ese modelo crítico, sin embargo, el periodismo no podrá aspirar a una verdadera disidencia política hasta que no se deshaga de la perniciosa hegemonía del discurso oficial sobre el crimen organizado. La mayoría de nuestros novelistas no está a la altura de ese reto. Nuestro periodismo no puede permitirse el mismo fracaso.

Obras citadas

Abrams, Philip. "Notes on the Difficulty of Studying the State (1977)". *Journal of Historical Sociology*, vol. 1, n.º 1, 1988, pp. 58-89.

Astorga, Luis. *Seguridad, traficantes y militares. El poder y la sombra.* Barcelona: Tusquets, 2007.

Bourdieu, Pierre. *On the State. Lectures at the Collège de France, 1989-1992.* Cambridge: Polity Press, 2014.

Burnett, John *et al.* "Mexico Seems to Favor Sinaloa Cartel in Drug War". National Public Radio, 19 de mayo de 2010, <www.npr.org/2010/05/19/126906809/mexico-seems-to-favor-sinaloa-cartel-in-drug-war>.

Buscaglia, Edgardo. *Vacíos de poder en México.* Barcelona: Debate, 2013.

Calderón Hinojosa, Felipe. *Los retos que enfrentamos. Los problemas de México y las políticas públicas para resolverlos (2006-2012).* Barcelona: Debate, 2014.

El Debate. "¿Cómo hicieron el túnel por donde escapó 'El Chapo'?", 17 de julio de 2015, <www.debate.com.mx/mexico/Como-hicieron-el-tunel-por-donde-escapo-El-Chapo-20150717-0119.html>.

Presidencia de la República. "El presidente Calderón habló con Denise Mearker [sic]", 6 de septiembre de 2010, <calderon.presidencia.gob.mx/2010/09/el-presidente-calderon-hablo-con-denise-mearker/>.

Escalante Gonzalbo, Fernando. "Homicidios 2008-2009. La muerte tiene permiso". *Nexos,* 3 de enero de 2011, <www.nexos.com.mx/?P=leerarticulo&Article=1943189>.

— *El crimen como realidad y representación*. Ciudad de México: El Colegio de México, 2012.

Espinosa, Valeria y Donald B. Rubin. "Did the Military Interventions in the Mexican Drug War Increase the Violence?". *The American Statistician*, vol. 69, n.º 1, 2015, pp. 17-27.

Foucault, Michel. *Seguridad, territorio, población*, traducido por Horacio Pons. Ciudad de México: Fondo de Cultura Económica, 2006.

González Rodríguez, Sergio. *El hombre sin cabeza*. Barcelona: Anagrama, 2009.

Gutiérrez Mouat, Ricardo. "Monsiváis y la crónica de la violencia". *El arte de la ironía. Carlos Monsiváis ante la crítica*, editado por Mabel Moraña e Ignacio Sánchez Prado. Ciudad de México: Era, 2007, pp. 235-241.

Hernández, Anabel. *Los señores del narco*. Barcelona: Random House Mondadori, 2012.

Hooks, Christopher. "Q&A with Molly Molloy: The Story of the Juarez Femicides is a 'Myth'". *The Texas Observer*, 9 de enero de 2014, <www.texasobserver.org/qa-molly-molloy-story-juarez-femicides-myth/>.

Hoyos, Héctor. "Iconocracy and Political Theology of *Narconovelas*". *Beyond Bolaño: The Global Latin American Novel*. New York: Columbia University Press, 2015, pp. 126-156.

Martín-Barbero, Jesús. *Oficio de cartógrafo. Travesías latinoamericanas de la comunicación en la cultura*. Santiago de Chile: Fondo de Cultura Económica, 2002.

Monsiváis, Carlos. "Notas sobre la violencia urbana". *Letras Libres*, mayo de 1999, pp. 34-39.

— *Los mil y un velorios. Crónica de la nota roja en México*. Ciudad de México: Grijalbo/Proceso, 2013.

Montemayor, Carlos. *La violencia de Estado en México. Antes y después de 1968*. Ciudad de México: Random House, 2010.

Morales, Waltraud. "The War on Drugs: A New U.S. National Security Doctrine?". *Third World Quarterly*, vol. 11, n.º 3, 1989, pp. 147-169.

Moraña, Mabel. *Bourdieu en la periferia. Capital simbólico y campo cultural en América Latina*. Santiago de Chile: Cuatro Propio, 2014.

National Public Radio. "'Cartel' Author Spins A Grand Tale of Mexico's Drug Wars", 15 de julio de 2015, <www.npr.org/2015/07/15/423203008/cartel-author-spins-an-grand-tale-of-mexicos-drug-wars>.

Osorno, Diego. *La guerra de los zetas: viaje por la frontera de la necropolítica*. Ciudad de México: Random House Mondadori, 2012.

Proceso. "Más de 121 mil muertos, el saldo de la narcoguerra de Calderón: Inegi", 20 de julio de 2013, <www.proceso.com.mx/?p=348816>.

SCHMITT, Carl. *The Concept of the Political*, traducido por George Schwab. Chicago: University of Chicago Press, 1996.

TURATI, Marcela. "Desaparecidos: las listas caóticas". *Proceso*, 13 de mayo de 2013, <www.proceso.com.mx/?p=336112>.

TURATI, Marcela y Daniela REA. *Entre las cenizas. Historia de vida en tiempos de muerte.* Lima: Sur + Ediciones, 2012.

VALDÉS CASTELLANOS, Guillermo. *Historia del narcotráfico en México.* Ciudad de México: Aguilar, 2013.

WINSLOW, Don. "It's Time to Legalize Drugs. An Open Letter to the Congress and the President". *The Daily Beast*, 28 de junio de 2015, <www.thedailybeast.com/articles/2015/06/28/it-s-time-to-legalize-drugs-an-open-letter-to-congress-and-the-president.html>.

— *The Cartel.* New York: Knopf, 2015.

ZAVALA, Oswaldo. "Las razones de Estado del narco: soberanía y biopolítica en la narrativa mexicana contemporánea". *Heridas abiertas. Biopolítica y representación en América Latina*, editado por Mabel Moraña e Ignacio Sánchez Prado. Madrid/Frankfurt: Iberoamericana/Vervuert, 2014, pp. 182-202.

ŽIŽEK, Slavoj. *Violence.* Stuttgart: Picador, 2008.

Maldita memoria

Mabel Moraña
Washington University in St. Louis

La relación entre democracia y memoria, entre ética y política, es mucho más compleja y tortuosa de lo que sugiere la casi obvia implicación entre esos términos. En trabajos dedicados al tema de la memoria histórica hace casi dos décadas me refería ya al hecho de que frente al tema de la memoria los críticos continuábamos girando como la mariposa de la luz en torno a un foco que desencadenaba en nosotros un tropismo originado con las dictaduras de los años setenta, cuya intensidad no parece atenuarse. El carácter ineludible de temas como la impunidad, la necesidad de justicia social, la urgencia en la reconstrucción de la institucionalidad democrática y la fascinación de lo inconcluso, mantuvieron esos debates sobre memoria histórica ligados a las narrativas sobre lo nacional. El tema de la memoria se convirtió así en un tópico demasiado importante como para que no se implementaran, respecto a él, numerosos intentos de apropiación simbólica y de cooptación desde distintos posicionamientos: desde el lugar de las víctimas, desde el Estado, desde la perspectiva de los agresores, desde distintas posiciones ideológicas, interpretativas, etc. Proliferaron, en este sentido, "grupos de interés" que complejizaron y a veces enturbiaron los procesos políticos encaminados a traer a la luz sucesos nefastos y someterlos a justicia política y social. Fundamentales fueron en este proceso las perspectivas dispares y hasta antagónicas que emergieron de las plataformas de los distintos sectores ideológicos y políticos que tuvieron un papel, en mayor o en menor medida protagónico en los procesos dictatoriales, en la lucha, en la resistencia y en los pactos de apertura que condujeron al restablecimiento democrático.

El espacio de la memoria se convirtió, de esta manera, en un campo de lucha por el control simbólico y por la administración del recuerdo, proceso en el que no faltaron jerarquías, distorsiones, ficcionalizaciones y demonizaciones en variados registros. En este panorama abundaron también las elaboraciones en torno a la contracara de la memoria, es decir, a propósito de la función del olvido como componente, según muchos autores, esencial, de la cultura nacional. Después de todo, ya desde el fundacional discurso de Ernst Renán "¿Qué es una nación?" de 1882, que tan profunda influencia tuviera en América Latina y que fuera retomado por teóricos de lo nacional como Benedict Anderson y Homi Bhabha en épocas recientes, el olvido se instala como un tópico problemático y polivalente. Para Renán, "el olvido [...] y hasta el error histórico, son un factor esencial en la creación de una nación, de modo que el progreso de los estudios históricos es a menudo un peligro para la nacionalidad" (3). A esta idea se refiere también, un poco antes, Nietzsche, en su *Segunda consideración intempestiva* (1874), al hablar del "olvido creativo" que emerge como contrapeso del "exceso de historia". Se habla aquí no del olvido cómplice que encubre a los culpables y desprecia a las víctimas, sino de un olvido de tipo terapéutico, es decir, de un silencio que, como indica Nicole Loraux al estudiar "los usos del olvido", sirve como "acondicionamiento de un tiempo para el duelo y la (re)construcción de la historia" (146). Se trata en este caso de evitar tanto la saturación mnemónica representada por "Funes el memorioso", de Borges, como la imagen de la Rebeca de *Cien años de soledad* que justo antes de la peste del insomnio y del olvido aparece con los restos de sus antepasados a cuestas, aunque ha perdido definitivamente el recuerdo de sus propios orígenes.

Loraux recuerda la noción freudiana que interpreta el olvido como presencia ausente, como superficie oscura que cobija o reprime, pero también su utilización perversa como fundamento de la amnistía o el indulto que deja a los culpables impunes y que en la Antigüedad clásica se expresaba bajo la fórmula legal de la "prohibición de recordar las desgracias" (146). El olvido, como la memoria, no tiene así una valencia fija, sino que se potencia ideológicamente —éticamente— según el discurso se articula. En la amnistía hay una cesión deliberada del derecho a la justicia en nombre de un proyecto de pacificación, considerando, como ha sido indicado, que los derechos humanos se vinculan a veces no tanto al pasado como al futuro, al *telos* de un proyecto común que se debe fundar en los acuerdos del presente.

Valga lo anterior como una introducción general al tema que aquí nos ocupa y que destaca aspectos menos convencionales en el estudio de la memoria y del olvido históricos. En lo que sigue voy a referirme a lo que, en alguna nominación actual se dio en llamar "el recordar sucio", aquel que pone en práctica un pensamiento indagatorio para adentrarse en la denominada por Primo Levi *zona gris* de la memoria (Denegri y Hibbett). Esta sería la forma de recordación que, prescindiendo de fórmulas binarias (bueno/malo, héroe/villano, víctima/victimario), y desconfiando de toda "memoria emblemática" (la que se impone como lugar de la verdad para cerrar un debate), recorre las mallas intrincadas de la experiencia, el recuerdo, el discurso, renunciando al reconocimiento de un núcleo duro de verdad en favor de los interrogantes que sacuden certezas, abren polémicas y exploran la ambigüedad y contradictoriedad de lo real.

Para empezar, debe reconocerse que la persistente presencia de los debates sobre la memoria apunta no a una inercia temática sino al desafío de una serie de interrogantes nuevos y temas no resueltos. Venciendo la presión de tópicos vinculados a la globalización (como los de migración, violencia, nación, narcotráfico, frontera y afines), así como la tentación de apelar a teóricos más de moda (poshegemonía, infrapolítica, postsoberanía, etc.) sin duda vinculables al que hoy nos ocupa, el tema de la memoria nos retrotrae más bien a una problemática que tuvo una arrolladora presencia en la década de los años ochenta y noventa del siglo xx, correlativa a los cambios que acompañaron la caída del socialismo de Estado, el fin de la Guerra Fría y los procesos de restablecimiento democrático en el Cono Sur. Como muchos recordarán, el tema de la memoria inundó en esas décadas y en la siguiente el espacio académico, saturando, hasta cierto punto, el pensamiento crítico, que se vio enfrentado de un modo inescapable a la reflexión sobre la relación entre ética y política, trabajo académico y conciencia social, vida y poder. En las humanidades y las ciencias sociales, el trabajo crítico sobre memoria histórica analizó la transformación de la sociedad civil y la función cambiante del Estado a partir de la noción de trauma y de las formas posibles de materialización del recuerdo y de resarcimiento histórico de las víctimas que resultaran de los así llamados "estados de excepción". Se trabajó entonces sobre el significado de monumentos, museos e historias oficiales como registros ideológicos y afectivos del pasado, vinculándolos particularmente a los procesos de la elaboración del duelo, el rechazo a la impunidad y la melancolía de la pérdida.

Desfasado ahora con respecto a la urgencia política y social de aquellas décadas, el tema mismo de la memoria funciona hoy, para nosotros, como una nota resonante: evoca la necesidad de recordar. Destaca que el *trabajo de la memoria* de que hablara Elizabeth Jelin debe ser vigilado, porque una de las principales funciones de la memoria es la de la custodia, la del resguardo de lo perdido que constantemente amenaza con disolverse en el olvido, o con domesticarse como discurso histórico, o con anquilosarse en la privacidad de lo doméstico, en los rituales secretos de los deudos y en la conciencia de los victimarios. El tema de la memoria hoy nos recuerda también que esta no es un bloque conceptual ni un discurso homogéneo, sino una pluralidad multifacética y conflictiva, atravesada por el antagonismo, donde diversas versiones y visiones compiten por el espacio representacional y por la legitimación. Finalmente, el tema de la memoria nos recuerda la noción fundamental de que ese es un proceso que pasa por etapas, grados de subjetivación, estadios ideológicos y procesos históricos que comprometen tanto lo emocional como lo político.

Las décadas que median entre aquella eclosión de la memoria en los años ochenta y el presente han sido el escenario no solo del descaecimiento de las certezas y discursos de la modernidad, no solo del despliegue del pensamiento poscolonial y las imposiciones del neoliberalismo, no solo de la domesticación de la izquierda en las diversas versiones que compusieron el panorama político latinoamericano en el siglo XXI. También han enmarcado una profusa red de procesos encaminados al logro de justicia social y a la recuperación de las tramas comunitarias deshechas durante los periodos dictatoriales. Principal atención han recibido los procesos de materialización pública de la memoria, así como los trabajos de reconstrucción discursiva de hechos ocurridos en el contexto de la lucha política, los cuales han sido analizados por "comisiones de la verdad y la reconciliación". Como gestoras oficiales de la memoria colectiva, tales comisiones enfrentaron la tarea de corregir el archivo oficial y promover una lectura más completa y justa de décadas pasadas, operaciones todas realizadas con muy diversos grados de eficacia, honestidad e intencionalidad política.

Si el trabajo de la memoria estuvo caracterizado en un primer momento, al iniciarse la redemocratización, por el objetivo principal de encauzar formas de testimonialismo ligadas al discurso universalista de los derechos humanos, varias décadas después incluiría otras formas de la recordación, más analíticas y abarcadoras, aunque no necesariamente menos apasionadas. Al vocabulario aterrador del periodo autoritario (estado de excepción, impunidad, guerra sucia, estado de sitio, obediencia debida, punto final), se superpuso el léxico que reclamaba el retorno al estado de derecho que incluía los testimonios, juicios y confesiones que relevaban las alternativas de la represión y de la resistencia, y sancionaban su culminación, resumiéndose en el espíritu terminante del "nunca más". En este proceso, recordar el pasado es no solo una necesidad afectiva sino una responsabilidad cívica, en la cual asimilamos, en una aleación de complejo contenido ideológico, diversos elementos. Entendemos que la antítesis del olvido, como indicara Yosef Yerushalmi, historiador especializado en memoria judía, no es la memoria sino la justicia. El discurso de la memoria se dispara en múltiples direcciones (afectivas, políticas, legales, sociales e ideológicas). Combina en dosis variables, el deber moral, la necesidad culposa de los sobrevivientes, la práctica social de continuidad y transmisión de la experiencia, la ilusión de control del futuro (no repetición), la voluntad de convocatoria política y el proceso de elaboración del relato que nos hacemos a nosotros mismos acerca de nuestra identidad colectiva.

Sin embargo, el pensamiento sobre el pasado, el reconocimiento del *evento*, como diría Badiou, no es estático, como no lo es la conceptualización de la *sujetidad política*, el devenir-sujeto de individuos que ocuparon distintas posiciones en el contexto del conflicto político. Nos encontramos ahora en un momento *crítico* en el trabajo de la memoria, es decir, *crítico* en cuanto a inflexión para el cambio y también en el sentido de elaboración de un pensamiento que revisa sus fuentes, sus estrategias, sus agendas y sus estilos de representación. Coincido con Bruno Bosteels y otros autores en la idea de que lo que este crítico alude como "la furia de la militancia" que tuviera su momento de auge en los años setenta ha sido reemplazada, en muchos casos, por una *inflación de la memoria* que en algunos momentos amenaza con convertirse en "una forma más espectacular que el mismo olvido" (3). Transformada en mercancía simbólica, la memoria ha funcionado en diversos contextos como un proyecto de Estado sometido a los vaivenes de la ideología y como una mercancía (*commodity*) sujeto al tráfico y manipulación de los significados en el mercado cultural y en los medios masivos. Este "*becoming-memory of culture*" (Bosteels 16) puede ser visto, en este sentido, como una verdadera *ideología*, una forma de falsa conciencia que a veces contribuye a invisibilizar aspectos esenciales de un pasado que es siempre más complejo que el recuerdo, ya que pertenece tanto a la experiencia como a la imaginación histórica, a la voluntad y al deseo. Recordamos aquello que queremos recordar porque se vincula a nuestro sentido de justicia y a nuestras pérdidas, y nos permitimos olvidar aquello que la memoria no soporta, o que la racionalidad no sustenta.

Como es sabido, el trabajo de la memoria se apoya en una "distribución de lo sensible", una compartimentación del dominio político-ideológico, en el que asignamos peso, funciones y valores a diversos actores sociales. Tal configuración constituye lo que la investigadora argentina Susana Rosano aludiera como el imaginario de la militancia. Se refiere con esto al conjunto de roles, valores y funciones que se asignan a individuos, espacios y acciones en el contexto revolucionario como manera de definir su operatividad e implementar su disciplinamiento. Se configura en una especie de teatralidad o dramaticidad histórica en la que se distinguen héroes y traidores, víctimas y victimarios, amigos y enemigos, estructuración que permite la definición del conflicto, la delimitación del campo de batalla y el avance de la práctica militante, en un proceso que comienza, como indica Bosteels, por la "politización de lo social" y culmina en "la militarización de lo político".

¿Qué sucede, sin embargo, si el maniqueísmo estratégico de estas distribuciones es puesto en entredicho? ¿Qué pasa cuando las categorías de víctima, de mártir, de héroe o victimario, agresor, de juez y parte, etc. comienzan a complejizarse con la ineludible ambigüedad y contradictoriedad que es inherente al cuerpo social, entendido como totalidad orgánica y viviente? ¿Qué ocurre si a la teleología de *lo político* comienza a contraponerse el particularismo, la subjetividad y la contingencia, reivindicando la inmanencia de la vida, como algunos filósofos proponen, frente a la exterioridad, la trascendencia y la verticalidad del poder? ¿Y qué pasa cuando este poder al que aludimos no es el del *statu quo*, cómplice de la opresión, la exclusión y la explotación colectiva, sino el poder que emana de la cúpula militante, el que organiza y lidera la resistencia popular que se articula en torno a un proyecto emancipatorio, encaminado a devolver a la política la dimensión ética que nunca debería abandonarla?

En las últimas décadas, enfoques biopolíticos han permitido penetrar esta problemática que se ubica en el corazón mismo de la ética revolucionaria. El tema ocupa la primera línea de los debates filosóficos contemporáneos, desde Schmitt, Benjamin y Foucault hasta Agamben, Levinas, Badiou, Esposito y Žižek. En el contexto latinoamericano, particularmente en el del Cono Sur, autores como Pilar Calveiro, Adriana Cavarero y otros han comenzado a penetrar los imaginarios de la guerrilla urbana y de la resistencia popular y a insertar en el transcurrir moroso y atormentado de la memoria colectiva, las cuñas dolorosas de análisis que escarban en la herida mal cerrada de la derrota. Plantean preguntas que no encuentran respuesta, que interrogan de modo permanente nuestra conciencia y nuestro imaginario, que se repliegan hacia la zona enrarecida e incierta de un silencio que tiene más que ver con la autorrepresión que con el olvido.

En el trabajo antes mencionado, Rosano se concentra en el tema espinoso de los ajusticiamientos realizados por la izquierda en el contexto de la militancia que se organiza en diversos grupos políticos en Argentina desde la década de los años sesenta. Pone el énfasis en el disciplinamiento de los integrantes y, de manera más general, en la relación entre poder de cúpula y el que llama "cuerpo sacrificial de los militantes", tomando como ejemplo el debate que se abriera en Argentina en el año 2004 a raíz de la publicación de las declaraciones de Héctor Jouvé, ex militante del Ejército Guerrillero del Pueblo (EGP), grupo que en 1963-1964 intenta reproducir en el norte de Salta la guerrilla rural del tipo de la liderada por el Che Guevara en Bolivia. Cuarenta años después, en el 2004, Jouvé publica detalles del ajusticiamiento de dos integrantes del EGP, Adolfo Rotblat (alias Pupi) y Bernardo Groswald, sacrificados por sus compañeros de grupo por considerar que el quebrado estado emocional de estos integrantes y su voluntad de abandonar la vida clandestina podían comprometer la seguridad de todo el grupo. El filósofo Óscar del Barco, quien fuera también integrante del EGP, contestó a esas declaraciones con una carta abierta en la que extendía hacia sí mismo y hacia todos los que habían integrado el movimiento la responsabilidad de esos hechos. En el debate que sigue a estos documentos participan Horacio Tarcus, Carlos Keshishián, Alberto Parisi y Elías José Palti, entre otros.

Un caso similar, aunque con diferencias sustanciales y mucho menos elaborado, se presenta en Uruguay con la ejecución de Ramón Pascasio Báez Mena por parte del Movimiento Tupamaros, en diciembre de 1971. A diferencia del caso argentino, lejos de ser un militante político, Pascasio Báez fue atrapado en la red de un conflicto en el cual nunca había participado activamente. Se trataba de un peón rural sin filiación política y, según algunos, escasa comprensión de los sucesos que atravesaban la sociedad de la época. Mientras buscaba animales perdidos en el campo, Báez Mena descubrió accidentalmente un escondite subterráneo de los Tupamaros (*tatucera*) cerca de Pan de Azúcar, en las inmediaciones de Piriápolis (departamento de Maldonado). Temiendo una delación que hubiera puesto en peligro la seguridad del movimiento, los militantes llevaron a cabo la ejecución de Báez, administrándole una dosis letal de pentotal. Sus restos fueron descubiertos en el escondite subterráneo al año siguiente, durante una redada. La ejecución de Báez Mena tuvo un fuerte impacto en diversos medios y contribuyó a debilitar considerablemente la moral de la guerrilla urbana y a demonizar, entre algunos sectores, el proyecto político del Movimiento de Liberación Nacional.

Tanto en el caso de los militantes argentinos como en el del peón uruguayo, la debilidad de las víctimas contrasta con la severidad de los castigos, llamando a una reflexión sobre el tema de la violencia guerrillera y, más ampliamente, de las complejas relaciones entre vida y poder, medios y fines, ética y política, principios universales y circunstancia histórica. Escenarios similares —o al menos, con numerosos puntos de contacto con los mencionados— se encuentran en relatos de la resistencia a la esclavitud, al fascismo, etc., contextos en los que se llevaron a cabo ejecuciones de niños o civiles exteriores al combate como medidas de seguridad. En el caso de Sendero Luminoso es conocido el concepto de "la cuota de sangre" (expresión frecuente en los documentos de este movimiento) que todo militante debía estar dispuesto a pagar como óbolo a la causa de la liberación. Estar dispuesto a "cruzar el río de sangre" implicaba una inmediata minimización del valor de la vida ante la grandeza de la causa revolucionaria, que en el caso del senderismo deriva, según muchas evaluaciones, al terrorismo.

Podemos preguntarnos, de cara a estos dilemas éticos y políticos, como hace también Rosano en su trabajo, recordando a Agamben ¿cuál es el peso específico de la *vida nuda*?, ¿cómo se ubica el *bios* frente a lo político?, ¿exige el proceso revolucionario una suspensión —una violación— de los mismos derechos que ese proyecto emancipatorio promete defender? Cuando una sociedad, un grupo, un sector social o una clase entra en lo que podríamos llamar "estado de revolución", ¿este debe ser entendido también como un "estado de excepción" (Schmitt/Benjamin/Agamben, entre otros) donde ese grupo adquiere la prerrogativa de ejercer una forma de "violencia legítima"? ¿Qué mecanismos sancionan esa legitimidad, cuáles son sus límites, sus excesos, sus méritos? En términos de Schmitt, ¿es legítimo tratar al amigo como se trataría al enemigo? Sin pretender responder rápidamente a estas preguntas que articulan buena parte de la filosofía política occidental, traeré a colación algunas posiciones que pueden servir como aproximación a estas cuestiones. La primera hace referencia a la filosofía intervencionista de Alain Badiou. Vinculando verdad y acción, Badiou nos recuerda que si bien toda teoría de la verdad descansa sobre principios universales (el valor de la vida, por ejemplo) toda ética es, en última instancia, particularista, contingente, singularizada, *situacional*. Advierte que los principios éticos dominantes en general son los que sirven para sustentar y perpetuar el *statu quo*, siendo por eso mismo menos eficaces para comprender la compleja profundidad del mal que para facilitar su perpetuación. Ético sería todo aquello que permite que una verdad persista. Ético es todo aquello que prepara al sujeto para su enfrentamiento con el *evento*, entendiendo por tal aquella situación nunca meramente *objetiva* que escapa a la normalidad estructurada y cuyo significado solo puede ser evaluado dentro de la situación total en la que se produce y a partir de las verdades que se encuentran en juego.

La segunda referencia remite a las reflexiones del filósofo argentino León Rozitchner, uno de los más agudos pensadores de los imaginarios revolucionarios de América Latina. En "La izquierda sin sujeto", Rozitchner analiza la tensión que existe entre el proceso revolucionario y la moral burguesa, advirtiendo que la izquierda, que se opone al *statu quo* y busca transformarlo radicalmente se rige, sin embargo, en todos sus procesos, por un concepto burgués de subjetividad, que coarta su capacidad de movimiento imponiendo al proceso emancipatorio la ética del enemigo. A la "racionalidad revolucionaria" correspondería superar la concepción del "hombre escindido del capitalismo", escisión de la cual derivan las contradicciones entre ética y política. Refiriéndose a "las categorías burguesas que perseveran en el revolucionario de izquierda" Rozitchner indica:

> Son estas mismas categorías, que se pretendía haber radiado, las que siguen determinando la ineficacia de izquierda: porque nos dejan como único campo modificable lo que la burguesía estableció como objetivo, como visible, como externo: ese campo social sin subjetividad, sin humanidad, donde el hombre —a medias, incomprensible para sí mismo, inconsciente de sus propias significaciones y relaciones— mira y actúa sin comprender muy bien quién es ese otro con el que debe hacer el trabajo de la revolución (157-158).

Rozitchner y Badiou coinciden en la necesidad de pensar la relación vida/política como una articulación siempre contingente, que requiere una redefinición de la noción de subjetividad capaz de evadir tanto el esencialismo como la oposición plana entre víctima y agresor. La cultura burguesa ha escindido el ámbito privado y el social, intimidad y racionalidad, haciendo de la subjetividad, como dice Rozitchner, no una tierra firme sino un "nido de víboras" que el revolucionario hereda como un lastre epistémico que lo separa de sí mismo. De otra parte, Badiou rechaza, como Bosteels señala y como queda claro en la *Ética*, la lógica de la victimización, no queriendo convertirla en un punto de referencia irrefutable capaz de paralizar el proyecto político. En lugar de esto, enfatiza "el devenir-sujeto de la víctima" (Bosteels 305), señalando que el sujeto no preexiste al proceso, sino que resulta de él. Bosteels llama con razón la atención sobre la preeminencia de la ética (central a toda elaboración sobre la memoria) en tiempos de desprestigio y debilitamiento de lo político.

Según Rancière, hemos llegado a una dramatización sin precedentes del mal, por la cual ya no es posible distinguir justicia de injusticia, política, moral y violencia. Arte y literatura en su práctica representacional se han plegado a esta proliferación de formas de la victimización que cubre espectros cada vez más amplios del dolor, la tortura o el genocidio. La ética termina subsumiendo a la política en el nombre de una universalizada responsabilidad hacia el otro. El acto transformativo se sitúa en el espacio de la victimización, el cual convierte a la víctima en sujeto, pero en ese proceso se crean nuevas víctimas sacrificiales. Para Badiou, sin embargo, como indica Bosteels, la política comienza no cuando esta se propone *representar* a la víctima, sino cuando se respeta el evento a partir del cual *la víctima misma se pronuncia afirmando su sujetidad.* En una misma dirección, Óscar Cabezas ha señalado que el discurso de la memoria, producido desde las matrices ideológicas del liberalismo cristiano, adquiere con frecuencia un carácter inevitablemente melodramático que se inscribe en la tradición del humanismo burgués, reforzando el discurso victimista que venimos aludiendo. Elaborado desde el mercado académico, este discurso victimista muchas veces oblitera una reflexión más aguda y matizada de "la estructura fantasmática de la dominación" y de los intrincados vericuetos de la historia reciente. Así cooptado por el discurso neoliberal que funciona como "una máquina de producción de subjetividad", el discurso de la memoria con frecuencia devuelve, como un eco, la cultura del miedo, que tiene como pilares principales, categorías que no llegan a abarcar ni a representar adecuadamente la complejidad de lo real. Al final de su libro *Marx and Freud in Latin America*, y luego de una profusa discusión filosófica del "giro ético" a partir de Levinas, Badiou, Dussel y otros, Bosteels propone una *liberación de la ética* (310), entendiendo que, como en el caso abierto por los textos de Jouvé y del Barco, la ética ha devenido "a new external point of authority from which all militant processes can be found guilty of dogmatism, authoritarianism, or blind utopianism" (309). Consecuentemente, desde esa perspectiva, el dictado de la ética cancela la posibilidad misma de la política.

¿Puede, en efecto, llegar a concebirse una política sin ética? Habría que preguntarse: ¿qué política, qué ética?, ya que ninguno de los dos dominios puede adjudicarse el monopolio de la verdad total, ni ser asumido como un sistema orgánico de principios morales definidos de una vez para siempre, sino más bien como un desiderátum, un posicionamiento contingente que aunque es vivido como absoluto está sujeto a un inescapable relativismo histórico-ideológico. ¿Puede la ética ser sustraída del proyecto político estratégica y voluntaristamente? Y puede/debe la política apropiarse totalitariamente de la vida sin que exista un punto de contención, alguna forma de custodia del *bios*, algún recurso de legitimación del proyecto que absorbe *lo ético en lo político* como si este constituyera el dominio de una verdad revelada? Como se ve, lejos de ser tan solo un patrimonio, un legado, un espacio para la conmemoración y el homenaje, aquel *becoming-memory of culture* al que aludíamos antes va dejando lugar a formas más inquisitivas de reflexión histórica. Surge lo que he dado en llamar una *memoria crítica* capaz de revelar zonas oscuras que no pueden ser relegadas al olvido (entendido este como el revés de la memoria), sino que reclaman su lugar en los espacios más atormentados de la conciencia ética y de la racionalidad política. Una vez agitada la caja de Pandora de la memoria, sus contenidos son imprevisibles. Como decía Rozitchner, "la memoria es la loca de la casa", deja de lado a veces aquello que merecería ser recordado y pone sobre el tapete lo que querríamos olvidar, desafía los límites de la conciencia y sacude nuestras certezas.

OBRAS CITADAS

ANDERSON, Benedict. *Imagined Communities. Reflections on the Origin and Spread of Nationalism*. London: Verso, 2016.

BADIOU, Alan. *Philosophy and the Event*. Cambridge: Polity Press, 2013.

BARCO, Óscar del. "No matarás. Thou Shalt Not Kill". *Journal of Latin American Cultural Studies*, vol. 16, n.º 2, 2007, pp. 115-117.

BELZAGUI, Pablo Rene (ed.). *No matar: sobre la responsabilidad.* Córdoba: El Cíclope Ediciones/La Intemperie/Editorial de la Universidad Nacional de Córdoba, 2007.

BHABHA, Homi. *Nation and Narration.* London: Routledge, 1990.

BOSTEELS, Bruno. *Marx and Freud in Latin America. Politics, Psychoanalysis, and Religion in Times of Terror.* London: Verso, 2012.

BUSTAMANTE, Francisco. *Uruguay Nunca Más: Informe sobre la violación a los derechos humanos (1972-1985).* Montevideo: Servicio Paz y Justicia-Uruguay, 1989.

CABEZAS, Óscar. *Postsoberanía. Literatura, política y trabajo.* Buenos Aires: Ediciones La Cebra, 2013.

CALVEIRO, Pilar. "Acerca de la difícil relación entre violencia y resistencia". Biblioteca CLACSO, <bibliotecavirtual.clacso.org.ar/ar/libros/grupos/lopezma/03calve.pdf>.

— *Política y/o violencia. Una aproximación a la guerrilla de los años 70.* Buenos Aires: Norma, 2005.

— *Violencias de Estado. La guerra antiterrorista y la guerra al crimen como medios de control global.* Buenos Aires: Siglo XXI, 2012.

CARUTH, Cathy (ed.). "Unclaimed Experience: Trauma and the Possibility of History". *Yale French Studies*, n.º 79, 1991, pp. 181-192.

— "Trauma and Experience: Introduction". *Trauma. Explorations in Memory. Cathy Caruth.* Baltimore: The Johns Hopkins University Press, 1995, pp. 3-12.

CAVARERO, Adriana. *Relating Narratives: Storytelling and Selfhood.* London: Routledge, 2000.

DENEGRI, Francesca y Alexandra HIBBETT. *Dando cuenta: estudios sobre el testimonio de la violencia política en el Perú (1980-2000).* Lima: Pontificia Universidad Católica del Perú, 2016.

DRAAISMA, Douwe. *Metaphors of Memory. A History of Ideas about the Mind.* Cambridge: Cambridge University Press, 2000.

GARCÍA, Luis (ed.). *No matar: sobre la responsabilidad. Segunda compilación de intervenciones.* Córdoba: Universidad Nacional de Córdoba, 2010.

GIMÉNEZ MONTIEL, Gilberto. *Teoría y análisis de la cultura.* Ciudad de México: Conaculta, 2005.

GONZÁLEZ, Horacio. *La memoria en el atril. Entre los mitos de archivo y el pasado de las experiencias.* Ciudad de México: Colihue, 2005.

GRECO, Florencia. "'No matar'. Un abordaje discursivo de la carta de Óscar del Barco y *Tótem y tabú*". *Academia*, <www.academia.edu/766646/No_matar._Un_abordaje_discursivo_de_la_carta_de_Oscar_del_Barco_y_Totem_y_Tabu>.

JELIN, Elizabeth. *Los trabajos de la memoria*. Madrid: Siglo XXI, 2002.

JINKINS, Jorge. "A Reply to Óscar del Barco". *Journal of Latin American Cultural Studies*, vol. 16, n.º 2, 2007, pp. 119-125.

LE GOFF, Jacques. *History and Memory*. New York: Columbia University Press, 1992.

LEVI, Primo. *Los hundidos y los salvados*. Buenos Aires: El Aleph, 2000.

LORAUX, Nicole. *La ciudad dividida. El olvido en la memoria de Atenas*. Madrid/Buenos Aires: Katz Editores, 2008.

MORAÑA, Mabel. "(Im)pertinencia de la memoria histórica en América Latina. Nación, identidad, memoria, olvido". *Políticas de la escritura en América Latina. De la colonia a la modernidad*. Caracas: ExCultura, 1997, pp. 175-183.

MORAÑA, Mabel e Ignacio SÁNCHEZ-PRADO (eds.). *Heridas abiertas. Biopolítica y representación en América Latina*. Madrid/Frankfurt: Iberoamericana/Vervuert, 2014.

MUDROVCIC, María Inés (ed.). *Pasados en conflicto: representación, mito y memoria*. Buenos Aires: Prometeo, 2009.

NIETZSCHE, Friedrich. *Segunda consideración intempestiva*. Buenos Aires: Libros del Zorzal, [1874] 2006.

NORA, Pierre. *Les lieux de mémoire*. Paris: Quarto/Gallimard, 1997.

OLCELLI, Raúl. "La guerrilla del Che en Salta, 40 años después. Testimonios, reflexiones y un debate inconcluso", <www.elortiba.org/egp40.html>.

PALTI, Elías. "La crítica de la razón militante: una reflexión con motivo de 'La fidelidad del olvido' de Blas de Santos y el '*affaire* del Barco'". *Políticas de la Memoria*, vol. 8, n.º 9, 2009, pp. 13-18.

RICHARD, Nelly. *Fracturas de la memoria. Arte y pensamiento crítico*. Madrid: Siglo XXI, 2007.

RANCIÉRE, Jacques. *Disagreement: Politics and Philosophy*. Minneapolis: University of Minnesota Press, 1999.

— *Aesthetics and its Discontents*. Cambridge: Polity Press, 2009.

RENAN, Ernst. "¿Qué es una nación?", <http://www.paginasprodigy.com/savarino/Renan.pdf>.

RICOEUR, Paul. *La memoria, la historia, el olvido*. Ciudad de México: Fondo de Cultura Económica, 2008.

ROSANO, Susana. "Los cuerpos de la militancia". *Heridas abiertas. Biopolítica y representación en América Latina*, editado por Mabel Moraña e Ignacio Sánchez-Prado. Madrid/Frankfurt: Iberoamericana/Vervuert, 2014, pp. 141-154.

ROSSINGTON, Michael y Anne WHITEHEAD (eds.). *Theories of Memory. A Reader*. Baltimore: The Johns Hopkins University Press, 2007.

Rozitchner, León. *Moral burguesa y revolución*. Buenos Aires: Ediciones Procyon, 1963.

— "La izquierda sin sujeto". *Pensamiento Crítico*, n.º 12, 1968, pp. 151-183.

— "Primero hay que saber vivir: del vivirás materno al no matarás patriarcal". *Ojo Mocho*, n.º 20, 2006, <laempresadevivir.wordpress.com/2010/04/25/intercambio-rozitchner-del-barco/>.

Sarlo, Beatriz. *Tiempo pasado. Cultura de la memoria y giro subjetivo. Una discusión*. Buenos Aires: Siglo XXI, 2005.

Tarcus, Horacio. "Elogio de la razón militante. Respuesta a Elías J. Palti". *Políticas de la Memoria*, vol. 8, n.º 9, 2009, pp. 18-37.

Todorov, Tzvetan. *Los abusos de la memoria*. Barcelona: Paidós, 2000.

Yerushalmi, Yosef Hayim. *Zakhor: Jewish History and Jewish Memory*. Seattle: University of Washington Press, 1982.

Young, James. *The Texture of Memory. Holocaust Memorials and Meaning*. New Haven: Yale University Press, 1993.

Whitehead, Anne. *Theories of Memory*. Baltimore: The Johns Hopkins University Press, 2007.

— *Memory. The New Critical Idiom*. London: Routledge, 2009.

Winter, Jay. *Sites of Memory, Sites of Mourning. The Great War in European Cultural History*. Cambridge: Cambridge University Press, 1995.

Yates, Francis. *The Art of Memory*. London: Routledge, 1966.

Zapata, Antonio. "Velasco y Sendero". *Diario La República* (Perú), 2 de septiembre de 2009, <larepublica.pe/columnistas/sucedio/velasco-y-sendero-02-09-2009>.

En comparación: los estudios latinoamericanos en las encrucijadas de las iteraciones de la teoría de la hibridez y la teoría de la globalización[1]

Sara Castro-Klarén
Johns Hopkins University

Apertura

Cuando en 1973 el presidente mexicano Luis Echeverría Álvarez decidió que ya era tiempo de representar un papel más importante en el escenario internacional, el mandatario tomó la decisión de visitar Argentina con un avión cargado de artistas e intelectuales mexicanos. En la recepción presidencial que su contraparte argentino ofreció en la Casa Rosada, un asesor del jefe del protocolo decidió que la mejor manera de presentar a los eminentes asistentes era pronunciar el nombre y la ocupación de cada miembro de la comitiva mexicana y luego indicar a su colega argentino que se pusiera de pie y que caminaran juntos hacia sus asientos en la recepción. Así, cuando se presentó a Carlos Fuentes, el asesor exclamó "¡escritor!" y el colega argentino correspondiente se puso de pie, se dirigió al lugar en el que estaba Fuentes y juntos prosiguieron a ocupar su mesa. Cuando fue el turno de Guillermo Bonfil Batalla (*México profundo*), el intelectual mexicano se dirigió al centro de la fila de recepción y un pintor argentino le preguntó cuál era su ocupación. Bonfil Batalla respondió: "antropólogo". El asesor pareció confundido y preguntó de nuevo. Entonces anunció: "director de cine" (García Canclini, *Imagined* 187).

---

1 Traducción del Canadian LATAM *paper*, 17 de noviembre de 2015, por Christian Arista.

En vista de la actual controversia surgida entre aquellos que consideran que Bernardino de Sahagún (1499-1590), en su obra con los denominados "informantes" de Tlatelolco, fue el primer antropólogo (Klor de Alba) y aquellos que disputan esa afirmación (Browne), el hecho de que la obra del Inca Garcilaso sobre la civilización andina fuera clasificada como ficción utópica por los críticos literarios españoles a finales del siglo XIX (Méndez Pidal), la confusión de la antropología con la filmación de películas en la mente del asesor solo demuestra que, desde su inicio, la producción de "cultura latinoamericana" por parte de artesanos, artistas, intelectuales, pintores y la gente que daba forma a la vida diaria, ha desafiado las categorías establecidas y los sistemas de clasificaciones ideados en las metrópolis imperiales europeas. Y, sin embargo, a pesar de esta historia concreta irrefutable seguimos batallando con cada nueva modalidad de clasificación que emerge de centros imperiales que conminan al estudio de Latinoamérica a dar respuestas respecto a cómo encajan o dialogan con el nuevo criterio dominante. Al igual que en el afamado dilema de Ricitos de Oro (Goldie Locks), los estudios latinoamericanos siempre están contemplando nuevas opciones insatisfactorias: ¿cómo escoger entre una cama y la otra? ¿Cuál sería la más cómoda, la más blandita? ¿Dónde pasar la noche y tener la seguridad de despertar en buenas condiciones a la mañana siguiente? ¿Estructuralismo? ¿Teoría poscolonial? ¿Marxismo? ¿Deconstrucción? ¿El nuevo materialismo? ¿Teoría de globalización? ¿Teoría del sistema-mundo? ¿Teoría de literatura mundial? ¿"World Literature Theory"? ¿Teoría decolonial? ¿Jacques Rancière? ¿Un poco de todo?

En este ensayo analizo la dificultad que supone la reciente atracción hacia el concepto de "hibridez", la teoría de la globalización y su secuela en "World Literature Theory". Pongo el término "world literature" en inglés porque me refiero con él a la discusión sobre el asunto que se ha dado a raíz desde la propuesta de David Damrosch en *What is World Literature* (2008) y no a la intervención de Pascale Casanova con *La Récublique mondiale des lettres* (1999). Para evitar la confusión no usaré la palabra en español "mundial", lo cual me llevaría al libro de Casanova y a la visión eurocéntrica implícita en su narrativa. Tampoco repasaré las diferencias entre el concepto de hibridez y la acuñación de su término (1992) por Homi Bhabha para el mundo de habla inglesa, con su consecuente filtración en la crítica en español y la obra publicada previamente y con gran difusión en el mundo de habla española —*Culturas híbridas* (1989)— por García Canclini. Esta necesaria comparación entre los dos conceptos y sus diferentes raíces históricas (la experiencia colonial en el Imperio británico en el sur de Asia y la experiencia poscolonial en Latinoamérica) merecen un estudio aparte. Aquí lo que interesa es observar cuidadosamente cómo el concepto de hibridez y la globalización aparecen, conjugan y cobran un relumbre crítico de las grandes teorías en la obra de dos teóricos que parten de una perspectiva cimentada en el estudio y la vivencia de Latinoamérica. Se trata de demostrar las carencias de la gran teoría de la globalización en su implícita coincidencia con la mirada desde los centros que globalizan el mundo, y buscar en la teoría de intelectuales orientados hacia los procesos de cambio en América Latina, una propuesta alterna a la globalización que se escuda en una teoría de la hibridez para efectuar nuevos procesos de dominación. Intento volver sobre ciertos momentos en la tradición del pensamiento en América Latina sobre globalización, un solo mundo, la mundialización de todo y apuntar a recientes propuestas teóricas que avalan una práctica de comparación cultural crítica, en vez de correr los peligros de allanamiento implícitos en la "hibridez" o la globalización. Apuntaré cómo, por separado, aunque en resonancia, Néstor García Canclini y Walter Mignolo proponen la comparación crítica como método y teoría de la cultura y la política.

"Porque no hay más que un mundo" frente a "World Literature Theory"

Desde su emergencia en cuanto nuevo espacio geográfico, político y cultural, el fenómeno histórico que con el tiempo sería llamado "Latinoamérica" se entendió como una entidad de carácter, por lo menos, dual, sino múltiple. El Inca Garcilaso fue el primer intelectual en entender no solo la naturaleza "mestiza" (heterogénea) de la sociedad que surgiría tras la conquista sino también el hecho de que tal conformación se trasladaría para siempre al flujo marcado por la demografía, la vicisitud de la ley colonial y a una pugna por el control epistemológico entre las facciones de las personas reunidas por la fuerza y la ley imperial. En ese entonces, Garcilaso pensaba que la coexistencia e incluso el "cogobierno" era la única salida al problema de la lucha ocasionada por la conquista y la diferencia cultural. Aunque el "cogobierno" no parecía inmediatamente posible quedó para siempre como posibilidad con un horizonte de expectativas. Al formarse una comunidad plagada de intelectuales locales de todas clases (letrados, orales, bilingües, monolingües) en siglos de colonización profunda, se dio una red de intercambios, resistencias, negociaciones y creatividad en Latinoamérica. Esta región poscolonial posee una reflexión amplia y muy consciente con respecto a la pregunta sobre la hibridez. A veces olvidamos que la hibridez implica un componente de comparación y no siempre se conjuga con la envidia y la paranoia según la versión de Bhabha. Una comparación de cosas iguales es relativamente fácil y si no lo es, la comparación tiende a igualar, señalando la diferencia como carencia. Formas y cosas inconmensurables, como lo descubrió el Inca Garcilaso, requieren el ensamblaje de un aparato crítico anterior o en conjunto con el esfuerzo de comprender una cosa por la otra. Después de mucho luchar con el evento de los mensajes fracasados entre los emisarios de Atahualpa y Hernando de Soto en las afueras de Cajamarca en 1532, Garcilaso apunta a la idea de que los dos sistemas de comunicación y de relaciones políticas fueron simplemente inconmensurables, ya que la idea de copartícipe en el sistema cusqueño es intraducible y menos aún se presta a la traducción de "hermano" dada por los cronistas al mensaje de Atahualpa a los invasores. "Hermano" es una contradicción a la idea de "corresponsable" en el asunto de armonizar las diferencias entre rivales o enemigos antes de pasar a la guerra. Este análisis comparativo lo lleva a cabo en la narración que hace el Inca de este evento trascendental en la historia de la humanidad, y es por eso que a veces no resalta como debería. Pero el lector atento e instruido por el estudio de parentesco de Tom R. Zuidema puede reconocer el malentendido que se dio por asumir equivalentes donde no los podría haber (Castro-Klarén, "Incomparable Kosmo-logies").

De hecho, se podría decir que sin ser capaz de imaginar los límites y los significados de esta concepción múltiple, racial y cultural en el fragor de la violencia de la conquista latinoamericana, las naciones modernas no podrían haber construido las narrativas de los eventos que se sucedieron en territorios considerados "nacionales" como lugares de residencia y común esfuerzo. La construcción de la nación junto con la narrativa de la nación arrojada a los vientos de la matriz moderna/colonial requirió que se considerara la pluralidad existente ya sea como problema superable o insuperable en el siglo XIX. La base en los modelos europeos que en sí proponía modelos de naciones unificadas fue un problema para todos los proyectos nacionales. Ya en el siglo XX el signo negativo de la pluralidad descendería al pensamiento de nuevos intelectuales y artistas en México, Perú y Brasil, donde se hizo posible encontrar una fuente de fortaleza e incluso "identidad" extraída en la inevitable heterogeneidad. El problema de la diversidad y la pluralidad se convirtió en la condición de posibilidad o imposibilidad de pensar y vivir como Latinoamérica, tanto para intelectuales endógamos como para políticos, artistas y estudiosos exógamos.[2]

Las disciplinas que acompañan el estudio moderno de Latinoamérica, endeudadas como lo están con el siglo XIX europeo, han documentado y narrado la formación de las sociedades latinoamericanas, considerando al

2 Muralismo mexicano, antropología brasilera y José Carlos Mariátegui con sus *Siete ensayos de la realidad peruana.*

Estado-nación como el constructo epistemológico central. Ahora que la nación ha sido deconstruida o, por lo menos, cuestionada como el espacio en que las comunidades —atrapadas en las estructuras del capital tardío— pueden resolver sus diferencias y edificar una comunidad de ciudadanos con un pasado y futuro compartidos e imaginados; esta nación, si bien perdura, es vista como una pequeña embarcación surcando las turbulentas aguas de las tendencias de la globalización en constante cambio. La nación, en gran medida constituida por la edificación de cánones literarios monolingües, se ve ahora empequeñecida en las gigantescas olas de la globalización. Parecería como si lo nacional, su construcción discursiva monolingüe, debiera ser renegociado cada día frente a las prestigiadas novedades transnacionales, la incursión de los medios multilingües y la intervención de los medios visuales y productos translingüísticos. La traducción en todos los medios gana cada día más espacio.

La dicotomía nación/globalización en cuanto emblema de la modernidad en la historia del mundo desde el Renacimiento es puesta en cuestionamiento por la tesis de colonialidad del poder propuesta por Aníbal Quijano y revisada y difundida por Walter Mignolo. No es pues ya posible ignorar el análisis histórico que muestra que el Estado-nación, narrado como un invento particular y genial de la Europa moderna, vio la luz en la encrucijada de la concepción de lo moderno/colonial en 1521 con la invasión y posterior caída de Tenochtitlan ante los españoles y sus aliados tlascaltecas. Tampoco es posible seguir pensando en la historia de la cultura y en cuestiones de hibridez sin tener en cuenta el beneficio que la transferencia masiva e imprevista de riqueza de los imperios antiguos del continente americano hacia Europa significaron entonces para la expansión de dicho continente sobre el globo entero. Los pilares de la modernidad no son únicamente los descubrimientos científicos y la teoría política de la emancipación de la Ilustración y el capital. Esa triada y esa unidirección supuesta está desde ya imbricada en la transferencia de poder y riqueza de este hemisferio al otro y las dinámicas de intercambio (hibrideces) inscritas en el interior de estos flujos.

A pesar de los esfuerzos de algunos por tratar de demostrar que la globalización hoy en día es un fenómeno nuevo debido a la velocidad de la comunicación y al dominio de los medios masivos en el imaginario mundial en que todos somos presa de las "mismas noticias" y de la misma programación corporativa destinada a controlar el mundo imaginado con el cual funcionamos; creo que muchos de los procesos de globalización identificados como propios solo de la edad de la aeronáutica y la creación de la imagen digital, pueden ser mejor iluminados y mejor entendidos en relación con los estudios latinoamericanos, si asumimos una visión más amplia de estas dinámicas de intercambio, dominación, subordinación, resistencia, fracasos y creatividad que analiza García Canclini en *Culturas híbridas* (1989) y en *Imagined Globalization* (2014), o que presenta Mignolo en *Local Histories/Global Designs* (2000) y en *La idea de América Latina. La herida colonial y la opción decolonial* (2005).

La idea de globalización como una nueva etapa en la historia de la humanidad —una condición que permea todos los confines del mundo, no solo los centros privilegiados o los migrantes que se mudan de un infierno laboral a un paraíso de consumidores— plantea un interrogante respecto a los conocimientos disciplinarios establecidos que han estudiado a Latinoamérica en términos regionales o nacionales. A pesar de la fuerza de la teoría de la globalización y el constante registro de su presencia empírica en las noticias y el consiguiente análisis académico sobre el presente inmediato, los protocolos adoptados por conocimientos disciplinarios permanecen vigentes incluso después de que las ciencias sociales tuvieran que sufrir algunos cambios provocados por el giro lingüístico y más adelante por el giro cultural. La compartamentalización de las disciplinas diseñada antes del poderoso fenómeno de la globalización comenzó a ceder ante el impacto de las prácticas letradas que surgieron de espacios inesperados de los constructos de los espacios nacionales de base monolingüe. El diseño naturalizado de los territorios geopolíticos tal y como se presenta en la formación de los cánones literarios, empezó a desintegrarse en vista de las prácticas que excedieron las tradiciones del siglo XIX integrados en la idea de la nación según se la conceptualizaba en Europa. Del "giro lingüístico" se ha pasado al "giro cultural" y de este último, pasamos al "giro hibridez" para entrar en el "giro globalización" en casi todas las disciplinas sociales y humanísticas.

Como ejemplo de los impactos sobre el canon nacional sufridos en las últimas tres décadas recordemos primero el surgimiento del "testimonio" y, segundo, el ímpetu de la literatura "oral" y su reclamo de nuevos paradigmas. Este hecho a su vez es seguido por el interés de la crítica por textos bilingües y biculturales. Todos estos textos se caracterizan por la hibridez y, cuando se llega a un exceso que los límites del paradigma de lo nacional encuentran intolerable, aparece la propuesta de "world literature". En la búsqueda de nuevos paradigmas de interpretación literaria hemos sido testigos de números completos de *PMLA* (*Publications of the Modern Languages Association*) dedicados a la idea de la lectura como si hubiera una literatura mundial ahora que el mundo está globalizado. La idea de leer textos singulares en una red de "world literature" ha surgido también de las cenizas de la antigua literatura comparativa que Robert Penn Warren y Rene Welleck propagaron desde la Universidad de Yale en la generación pasada. De acuerdo con la propuesta de David Damrosch en su *What is World Literature?* (2008), "world literature" es un protocolo propuesto para la interpretación textual que puede llevarnos más allá de los límites del modelo heredado del idioma nacional y de la lectura del original. Esta propuesta intenta subsanar el problema de la comparación eurocéntrica y jerárquica al interior del antiguo modelo, así como la comparación práctica ("comparative literature") de Yale.

Hoy es claro que cada una de las tres grandes literaturas que anclaban la comparación en ese paradigma —la alemana, la francesa y la inglesa— escondía en sí un paradigma de comparación y selección jerárquica dentro de cada unidad nacional y entre las tres unidades internacionales. Este abordaje también acusa un problema de periodización y teoría de género, ya que asume un desarrollo igual y paralelo entre las tres grandes literaturas. De más está decir que se funda en un privilegiado estudio de la alta literatura que por definición deja de lado todo lo considerado "híbrido", si por híbrido entendemos mezclas de productos simbólicos provenientes de las culturas populares y coloniales.

Trabajar dentro de ese modelo hoy destronado involucraba la comparación de la novela francesa del siglo xix con la novela alemana o rusa, pero no con la novela latinoamericana, considerada menor, por los comparatistas, no solo porque estaba escrita en idiomas europeos de imperios decadentes, sino también porque en su ejecución narrativa la novela latinoamericana no cumplía con lo estipulado en los diversos cánones. De hecho, las novelas latinoamericanas, en busca de formas capaces de plasmar una experiencia propia, no se adaptan a los cánones europeos y buscaron sus propias rutas. Quebraron las reglas e inventaron cosas nuevas. Pero aun así, en comparación, el quebrantamiento de las reglas o la innovación no tiene igual valor cuando se miran las cosas desde un centro que se considera normativo. Cuando se trata de romper las reglas del marco canónico, James Joyce o el artista francés surrealista se consagran como nuevos modelos. Pero a César Vallejo se le considera demasiado radical, demasiado difícil e incluso demasiado remoto, aunque él claramente fue más allá que cualquiera de sus contemporáneos en una meditación sobre la crisis de la representación. Quizá Vallejo sea uno de los radicales del "No" que inaugura el pensamiento presente sobre "el fin de la literatura". Pero esta posibilidad ha sido observada, hasta donde sé, solo una vez en el debate actual sobre la cuestión de la literatura promovido por Giorgio Agamben. En vista de lo que dice Aaron Hillyer sobre el asunto, la pregunta sería: ¿puede o debería incorporarse a Vallejo en la propuesta para leer literatura "world literature" consecuentemente? ¿No sería más interesante cuestionar y redefinir la idea de "literatura"? Comentando sobre la meditación de Agamben respecto de la aparición del lenguaje literario, Hillyer escribe lo siguiente:

> Rejecting the notion of a written word that passes through or point back to a 'purer' thought, Agamben instead posits a writer, Cesar Vallejo, who is enthralled by a linguistic image that only appears while or after he dips his pen to shape the poetic words that will always harbor the image. 'Indeed', he writes, 'it is rather likely that his thought and his sentiment became real to him, and the details and nuances became inextricably his own, only after—or while—writing the poem (53).[3]

Muy consciente de la crítica dirigida contra la antigua literatura comparativa intraeuropea, la cual se predicó sobre la capacidad del intérprete para leer los idiomas originales, la propuesta de Damrosch —aunque inspirada en el sentido eurocéntrico de Goethe de la inauguración de la literatura mundial después de su lectura de la novela china y la fina poesía persa por medio de traducciones (8)— pretende considerar obras producidas casi en cualquier idioma de casi cualquier época por autores de distinta procedencia. Si bien sujeto a los peligros de los propios intentos imperiales de reinstalar su centralidad en un nuevo cosmopolitismo y consciente de que el ser/yo imperial puede ver en "cada horizonte de diferencia nuevas periferias de su propia centralidad" (8), el alcance de Damrosch es ciertamente mundial y es proclive a producir un plano nivelado de obras de lectura con una historia determinada de circulación más allá del sitio original de producción en tiempo o espacio.

A pesar de esta seria conciencia respecto a los errores del plan de lectura propuesto, surgen tres preguntas difíciles. La primera trata el problema de la adecuada contextualización cultural, la cual implica a su vez el peligro de desfigurar la descontextualización. La segunda considera el problema de la traducción y el acceso a un significado completo. La última concierne al problema de los criterios de inclusión/exclusión de la red del canon de "world literature". Damrosch conoce bien el terreno de estas falencias e incluso de muchas otras. Él reconoce que "Goethe is not multiculcuralist [...] Western Europe remains the privileged modern world of reference for him, and Greece and Rome provide the crucial antiquity to which he always returns" (12). Al señalar que Goethe no es multiculturalista, Damrosch enfatiza la necesidad de leer en redes de contextualización altamen-

3. "Rechazando la noción de una palabra escrita que atraviesa o apunta de nuevo a un pensamiento más puro", Agamben, en lugar de eso, postula a un escritor, César Vallejo, quien es seducido por una imagen lingüística que solo aparece cuando, o después, que él empapa su pluma para dar forma a las palabras líricas que albergarán siempre la imagen. "En realidad", escribe el filósofo, "es bastante probable que este pensamiento y este sentimiento se volvieran reales en él, y los detalles y los matices se convirtieran inextricablemente en suyos, solo después de —o durante— la escritura del poema".

te analizadas. Aun así se corre el peligro de propiciar lecturas en todas las obras, volviéndolas igualmente comparables, tal como el multiculturalismo siempre lo ha profesado y produciendo nivelaciones incorrectas e homogeneizantes. Esperar que Goethe comprenda el mundo como si él viviera en una era de multiculturalismo sería tan desatinado como intentar leer a Rigoberta Menchú como si no fuera una indígena guatemalteca perseguida por el Estado y que, por lo tanto, "escribe" estando en condiciones de exilio en París. No sería razonable exigirle a Goethe que niegue un legado cultural que le permite buscar y encontrar sentido en el mundo, como tampoco sería apropiado esperar que Menchú no se apoye en su propia herencia cultural heterogénea para tratar de darle sentido al mundo del cual ella habla. Cada cosa en su lugar analítico. La circulación de los textos no mana de la singular historia de cómo un texto viaja fuera de su inicial lugar de enunciación o producción. La circulación de textos demanda un diálogo entre una lectura localizada (la del autor, a veces) en su momento y las posibles lecturas de sujetos "distantes", en cuyas manos el texto viaja todavía más allá de su origen. Viajar y sufrir modificaciones nunca fue problema.

El problema con la propuesta de leer textos como si hubiera un canon de "world literature" podría ser salvado si tomamos en consideración un índice de circulación como propone Damrosch. Pero para no caer en reduccionismos se hace necesario también modificar a Damrosch con la concepción del intertexto de Borges, en el que no hay un centro. Se trata de una extensión infinita, en la cual el centro no es necesario ni, menos, sostenible. Y, si ocurre, puede darse —oximorónicamente— en cualquier punto de la "periferia" aunque está condenado a borrarse casi instantáneamente. Según en concepto de Borges, el lector de "literatura universal" se enfrasca en lo que Garcilaso concebía como una comparación de incomparables o una comparación de desproporciones.[4] El lector da vida a un nuevo texto con cada lectura en que lo conecta con memorias de otros textos. La comparación y la circulación están dadas para Borges en cada lectura. Más que empezar en este nuevo siglo con la propuesta de Goethe de una lectura un poquito más allá del canon europeo, conocido entonces a medida que su mundo se abría al resto de las civilizaciones, una propuesta para leer textos literarios más allá del modelo eurocéntrico podría haberse beneficiado de la comprensión de la propuesta cultural de Garcilaso, ignorada o más bien desconocida por los historiadores culturales europeos y, por supuesto, de la teoría del intertexto de Borges. La circulación de textos implica una desterritorialización constante, lo que provoca una homologación con los procesos de globalización.

---

4 Véase "El escritor argentino y la tradición" de Borges.

En cuanto a este sentido de la desterritorialización del viaje de los objetos simbólicos sería saludable volver a Borges y a su primera publicación sobre el asunto en su ensayo sobre el escritor argentino y la tradición. En virtud de habitar una periferia (en el sentido de centralidad fija de Goethe), se pueden apreciar los centros efímeros en circulación. Como es bien sabido en "El escritor argentino y la tradición", Borges sostiene que el intertexto literario tanto para el escritor como para el lector es, y siempre lo ha sido, todos los textos que uno pueda poner bajo la mirada, puesto que es la memoria interpretativa del escritor-lector la que establece la conectividad, el diálogo e incluso el sistema de citaciones entre textos, y es ese sistema el que constituye la "literatura" en general. Es lamentable la ausencia de Borges entre los teóricos de habla inglesa. Se hace irónico, si no doloroso, observar su ausencia en muchas de estas deliberaciones sobre teoría de la traducción y la teoría de la "world literature". Un excelente libro, tal como *World Literature in Theory*, editado por Damrosch, incluye el mencionado texto de Borges solo al final. Y casi ninguno de los teóricos que escribe en el volumen parece conocer la obra del argentino, a pesar del hecho de que la mayoría de sus ensayos y ficción están traducidos al inglés. Un buen ejemplo de esta oclusión de Borges lo encontramos en el excelente ensayo sobre traducción por la teorista Susan Bassnett, quien respalda su argumento a favor y en defensa de la traducción, para lo cual escribe:

> I am increasingly engaged in the production of texts, not only in their analysis. I find myself going back time and again to Borges, when he says with such super irony: 'I do not write. I rewrite. My memory produces sentences. I have read so much and I have heard so much. I admit I repeat myself. I confirm it: I plagiarize. We are all heir of millions of scribes who have already written down all that is essential a long time before us. We are all copyists' (cit. por Kristal, 135).

Resulta desconcertante ver una y otra vez cómo los escritores e intelectuales latinoamericanos han sido apartados de la postulación de las teorías. Incluso cuando se cita a Borges, el comprobar irónicamente sus teorías de circulación, se le cita como se encontró citado por otro crítico y no en el original. Esta cita invita a preguntarse si Bassnett leyó todo el corto ensayo de un Borges a quien dice que consulta más y más, o solo lo que encontró en el libro de Efraín Kristal. Una de las tareas indispensables para una teoría integral de la "world literature" sería la inclusión comparativa del corpus latinoamericano de teóricos y escritores, quienes han escrito ampliamente durante los años que transcurrieron en su ingreso a la colonialidad del poder. A medida que se creen nuevos enfoques para corregir el orientalismo teorizado por Edward Said y el eurocentrismo teorizado por los estudios poscoloniales, la ausencia de teóricos e intelectuales latinoamericanos en general sigue siendo un problema para cualquier teoría global y para propuestas sobre el canon de la literatura mundial o incluso para estudios sobre hibridez.

A pesar de la ausencia de la teorización latinoamericana sobre los problemas de la literatura mundial y más allá del paradigma nacional que informaba la antigua literatura comparativa, la propuesta de "circulación" de Damrosch ofrece un escenario fructífero para el estudio de textos individuales o grupos de textos y de su recepción espacio-temporal. La idea de circulación muestra cómo se han modificado los clásicos o los textos populares de alta circulación en su itinerario "fuera de casa". Al igual que las personas y las culturas, los textos han migrado y las vicisitudes de este viaje constituyen en gran medida el legado de las humanidades. Los clásicos griegos y romanos no son, por ejemplo, únicamente el legado de Goethe y los muchos siglos de civilización europea. Cicerón, Virgilio, Homero también constituyen un legado vital para Latinoamérica, no solo durante los tiempos coloniales sino incluso para los soñadores de las repúblicas modernas tales como Simón Bolívar, como he demostrado en otra parte. El modelo de circulación según la propuesta de Damrosch —cuando no se dedica a la construcción de un canon fijo de "grandes libros" sino que está más bien atento a un "modo de lectura" (5)— desarrollaría diversos sistemas de circulación en el mundo y ayudaría a historiar y teorizar tanto las rutas mundiales antiguas como las nuevas para la circulación de las obras en traducción.

Si consideramos a la "world literature" menos como un término para la clasificación jerárquica y más como un descriptor de eventos en el tiempo, entonces la definición de Damrosch se vuelve más plástica y más receptiva para un encuentro con los objetos literarios latinoamericanos: "I take world literature to encompass all literary works that circulate beyond their culture of origin, either in translation or their original language… [a] viable corpus even when delimited in this way" (4). A pesar del peligro de desintegrarse en una acumulación amorfa de textos mal comprendidos o desfigurados, Damrosch sostiene que la "world literature" no constituye un canon infinito e inabarcable. Se trata más bien de un modo de circulación y de lectura aplicable a obras en singular o a corpus constituidos por criterios varios (5).

Este abordaje marcado por el criterio de circulación serviría para leer clásicos como fenómenos de circulación peculiares a la época de la globalización. El caso de Menchú en el estudio de Damrosch sería un ejemplo. Otro más reciente caso de circulación con atenuantes sobre el problema de las literaturas y lenguas nacionales se da con el fenómeno de los escritores de la escuela Indo-English. Aamir R. Mufti en "Orientalism and the Institution of World Literature" observa que

> The Indo-English novel has come to be represented to the outside world in recent years as the authentic and *authenticating* literature of India. Rushdie, whose *Midnight's Children* first introduced world audiences to the global ambitions of the Anglophone Indian bourgeoisie at the threshold of the neoliberal restructuring of the Indian economy, establishes the proper relationship in the world literary system between English and the Indian vernaculars as medium of Indian literary expression. The Indo-English novel has become in recent decades a global form and tradition with a vast accumulation of cultural capital with British and American editors descending routinely in the major Indian cities in frenzied search for the next big first novel (491).

Habría que preguntarse no tanto por el orientalismo en este fenómeno sino más bien por la problemática de la hibridez y la comparación.

HIBRIDEZ Y COMPARACIÓN

En el mejor de los casos este modo de acercarse a los fenómenos de circulación involucraría una descripción comparativa y densa. Puesto que todos los modos de cognición son comparativos, como nos lo recuerda Susan Stanford Friedman en "Why not Compare?", queda por explorar las dimensiones de la comparación. Si existe un "cognitive imperative to compare", si la "comparison is one of the ways in which the brain thinks and knows" y es además "essential to analogical and analytic thought processes" (755), entonces estamos y siempre hemos estado comparando en la lectura y, por supuesto, en el proceso de articulación y desarticulación de los cánones. De hecho, la tesis de la colonialidad del poder, como bien lo atestigua el problema de periodización en las "Historias" de la literatura latinoamericana, se nuclea alrededor de la poco analizada comparación implícita entre los textos europeos canónicos y los "otros" textos procedentes de América Latina. La comparación siempre figura la opción de modelo/imitación/otro, como bien nos lo recuerda R. Radhakrishnan en "Why Compare?" cuando nos advierte que hay que perder de vista el fenómeno del "The big O" (462).

De alguna forma, los textos "híbridos" involucran, profunda y contradictoriamente, una interrogación comparativa. Ya sean benignas o envidiosas. En una de las secuelas a la emergencia del multiculturalismo, en el *MLA* se comenzó a hablar de textos "híbridos" como si su apariencia en la historia fuera de reciente cuño. En el remolino del multiculturalismo se narraban y analizaban con asombro las experiencias de chino-americanos, mexicano-americanos, cubano-americanos y otras entidades autorales unidas o separadas por guiones. Se desarrolló un repertorio de preguntas: ¿los textos escritos en inglés entran en los departamentos y la disciplina de "inglés"? O, ¿era tal vez necesaria una nueva categoría? Y si así fuera, ¿cuál? Y, por supuesto, también, aparecerían novelas de autoría de escritores como Salman Rushdie y V. S. Naipaul, cuyos nombres connotaban la India o el Sureste Asiático, pero cuya residencia era Inglaterra o El Caribe de habla inglesa, y cuyos textos estaban obligados a circular en el *Commonwealth* poscolonial inglés. ¿Constituían estos textos parte del "English canon"? ¿No sería mejor estudiarlos como un término para la comparación? Pero si se juzgaba necesaria la comparación, entonces lo que se requería era una aproximación comparativa ejecutada dentro del inglés y la unidad del "inglés" como modo de lectura en sí cuestionada. ¿No era el inglés un idioma anglo-americano que residía en el Atlántico norte? ¿Sería tal vez el inglés un idioma poscolonial? ¿La literatura estadounidense podría pensarse como si fuera una literatura poscolonial, al igual que la literatura americana? Y si así lo fuera, ¿qué significa decir eso? ¿Qué nuevas configuraciones resultarían y qué nuevo idioma crítico y mapeos referenciales se derivarían del pensamiento de tales ideas impensables, literatura latinoamericana a la par con la literatura estadounidense?

Quizá Salman Rushdie y Naipaul podrían ser llamados poscoloniales, pero el problema era que ni Rushdie ni tampoco Naipul habían vivido en la India. Rushdie creció en Inglaterra. Naipaul llegó a Inglaterra en la adolescencia. De alguna manera, la literatura "nacional" con base en un idioma territorializado y un lugar de nacimiento en el Estado-nación se estaba desmoronando. Parecería que recurrir un poco a la "hibridez" podría venir al rescate tal como ya se intentaba con la literatura mexicano-americana, pero el argumento y el contenido de Rushdie resistían ese desarrollo. Su obra no evocaba de ninguna manera la escritura o el habla en otro idioma que no fuera en inglés. Las novelas de Rushdie no respondían a la interrogación por la "hibridez" como se hacía con la literatura mexicano-americana. El concepto de "world literature" aparece como una estrategia adecuada para leer más allá del idioma arraigado en la geografía del Estado-nación establecido.

Sin embargo, puesto que el *continuum* asumido en las literaturas nacionales redactadas en el único idioma era transferible al concepto de "world literature", surgieron los estudios de traducción para replantear la cuestión de la lectura de la literatura altamente artística en la traducción. Se había considerado que la traducción era aceptable para los estudios sobre textos populares o popularizados, pero nunca se aceptó como reemplazo de la lectura del original en círculos eruditos y marcados por la filología a finales del siglo XVIII. Además, se volvió a afirmar, como el Inca Garcilaso ya lo había subrayado y sutilmente teorizado, la traducción nunca se restringe al idioma. Siempre existe un factor cultural en el sentido más profundo de la palabra. Así pues, volvemos a la cuestión de la comparación como forma más adecuada de pensar y entender diferencias. Una de las publicaciones más recientes de *PMLA* ofrece un debate sensato y esclarecedor sobre las "entradas y salidas" de la comparación, como lo propondría García Canclini. El interés en la comparación crítica como parte de la solución al cuestionamiento de la compartimentalización de las literaturas nacionales monolingües ha suscitado mucho interés últimamente.

En *Comparison, Theories, Approaches, Uses*, los editores (Rita Felski y Susan Stanford Friedman) incluyen un ensayo de Mignolo al respecto. En ese ensayo Mignolo subraya un punto fundamental para evitar repetir los fracasos comparativos del pasado tan efectivamente desmantelados desde las perspectivas poscolonial y decolonial. Este es un enfoque, como veremos más adelante, prometedor para el estudio de Latinoamérica ante la teoría de la globalización y la teoría de la "world literature" y/u otras propuestas "mundiales". En este entorno globalizado necesitamos entender críticamente el lugar de la enunciación, es decir, "¿Quién está comparando qué y por qué?" (Mignolo, 99-119). Preguntar por quién, qué y por qué ayuda a cimentar las bases de la discusión en términos históricos locales, un supuesto cuya ausencia de los estudios de la globalización, tanto Mignolo como García Canclini, encuentran deplorable y distorsionante. Se trata pues no solo de comparaciones sino más bien de la búsqueda de epistemologías competentes.

Hasta aquí he presentado un esbozo del desafío que la globalización —como circulación y consumo de bienes simbólicos más allá de los bordes previamente establecidos— representa para los estudios literarios. Por supuesto que este desafío puede extenderse a todas las demás artes, desde pintura, producción de películas, redacción de historia, artesanías, videos, teatro callejero, música, hasta el *snapchat*. En la encrucijada queda el trabajo de los intelectuales, los académicos y el porvenir de las disciplinas en las que ellos trabajan. En este escenario es igualmente importante preguntar cómo los artistas e intelectuales latinoamericanos imaginan un espacio híbrido mundial dada su propia experiencia y narrativización de la hibridez, la lucha por la complementariedad y la cotemporalidad de las muchas culturas en contacto. Me había propuesto analizar aquí cómo el pensamiento sobre la traducción y la comparación cultural de Garcilaso se adelantan a la teoría de la hibridez y cómo Borges teoriza la comunicación entre divergentes figuraciones culturales. Sin embargo, para iluminar mejor tanto la teoría de la traducción como la teoría de la circulación, tal y como la imagina Damrosch, sería saludable repasar el ensayo de Borges sobre la *Odisea* y su "circulación". Pero no tenemos espacio para realizarlo. Así que me restringiré a hacer referencia a mi texto *Inca Garcilaso and Contemporary World-Making* (2016)[5] y a una corta explicación de cómo García Canclini teoriza la hibridez en su *Imagined Globalization*. Para finalizar, analizaré cómo Mignolo analiza la historia de los intelectuales latinoamericanos sobre la construcción de ese mismo objeto de reflexión con el fin de demostrar cómo ambos críticos ven una solución al problema en la construcción de un enfoque que siempre esté atento al problema de la comparación cultural crítica como base para el pensamiento en términos globales.

Comparando los incomparables

Al traducir la cultura andina en términos inteligibles para los lectores europeos, Garcilaso tuvo bien en claro que él estaba comparando dos objetos simbólicos incomparables y que su tarea era hacer que la comparación fuera comprensible sin sacrificar la diferencia. Él logró representar las prácticas y conocimientos andinos de una manera comprensible para aquellos que los desconocían y que eran, además, profundamente escépticos respecto a la idea de que una civilización "otra" gozara una alta racionalidad y sistemática organización. En donde los españoles veían diferencias que consideraban irreconciliables y, por lo tanto, inferiores, el Inca Garcilaso infundió razón empírica, orden e inteligibilidad sistemática por el "otro" y del "otro". Mostró un orden de conceptos que organizaban el pensamiento y la vida diaria. En resumen, él demostró una inteligibilidad sistemática operando en la cultura andina. Además de inventar una teoría y práctica refinadas de la traducción cultural, el Inca desarrolló un método de comparación efectivo, en el cual él concibió la genial idea de comparar la civilización incaica (el "Qué" de Mignolo) no con su punto más distante de comparación conocido en ese entonces —la España cristiana— sino más bien con los antiguos griegos y romanos cuyo mundo pagano se había constituido en el núcleo de la cristiandad más erudita.

La comparación se realizó entre dos grandes civilizaciones que no eran cristianas. Al escoger estos términos, el Inca logró evitar la cuestión de la creación y descendencia sagrada, concepto que sofocaba, confundía y desviaba el enfoque de los españoles al ejecutar sus comparaciones. ¿Quién compara? El Inca Garcilaso, un sujeto que se construye en el fuego de la

5 Editado por Sara Castro-Klarén y Christian Fernández.

colonialidad del poder, un sujeto que comprende y atestigua la precariedad de los lugares de enunciación. Un sujeto situado en una frontera epistemológica. ¿Qué se compara? Lo incomparable, pero también se propone la idea de entender lo uno por medio de lo otro. Una cultura pagana por medio de la otra. Dos culturas paganas. ¿Para qué? Para corregir una falsa concepción e ideología de destrucción de "la otra" que se había considerado inferior en comparación con lo establecido por el ser/yo imperial. De esta forma, diseñó su "modelo" de comprensión mediante la comparación de incomparables para comunicarse con la Europa renacentista, una cultura que en sí estaba lidiando con cuestiones de traducción y de comparación en su propio medio al recuperar para su tiempo a los antiguos antepasados griegos y romanos. Garcilaso estaba consciente de que Europa se preguntaba: ¿cuál sería la mejor manera de proclamar y acoger a las culturas paganas en su relación con sus ancestros de la Europa cristiana? Esa era la pregunta que se planteaban los intelectuales como Marsilio Ficino, un intelectual cuya obra de traducción de Platón el Inca Garcilaso conocía muy bien y apreciaba profundamente (Castro-Klarén, "For It Is" 195-228). El conocimiento incaico se presenta en cuanto secular y empírico. Se evitan las zonas relacionadas o centradas en la "religión" por ser esta la zona de mayor incomparabilidad y por ende más frecuentada por los cronistas españoles. Con un enfoque en lo empírico y lo habitual, la comparación de Garcilaso parece estar provista, al inicio de la modernidad, con las alas para viajar y circular en la "world literature", así como en otros escenarios.

Quizá sea por eso que el retrato del mundo incaico ilustrado por Garcilaso no solo es legible, sino también inteligible. El Inca navega entre las culturas para establecer diálogos comprensibles, no fusiones ni mezclas, como se ha malinterpretado, en su propuesta de mestizaje. Él no es partidario de una infértil mitad y mitad como en la hibridez. Lo que propone es la presencia doble, las dos cosas a la vez y en constante juego de complementariedades. Vislumbra conservar la integridad de cada uno y así quiere el doble de todo, al mantener la disposición *hanan-hurin* de espacio y organización social en el Tahuantinsuyo. Nadie es rechazado. Todos y todo ocupan un lugar, ya que en un sistema de oposiciones complementarias, encontrar fuerzas comparables y complementarias es un hecho en la imaginación y la práctica. Así pues, el trueno —*illapa*— ocupa gran lugar en la cosmología Inca. Es fuego y a la vez agua, es caliente y frío, muerte y vida, cielo y pacha.

James Maffie en *Aztec Philosophy. Understanding a World in Motion* (2014) habla de una hipótesis del mundo (cosmovisión) de Teotle como energía, como movimiento, como dinamismo de oposiciones complementarias. Esa concepción radical de un mundo en movimiento podría quizá llevarnos a una reflexión sobre una manera futura de pensamiento que evite las identidades consolidadas y exclusionistas, y que ceda el paso a un mayor flujo y circulación de energías opuestas en busca de la complementariedad, en vez de plantear una circulación que tienda al restablecimiento de lo dominante. La globalización que se representa a sí misma como un cambio sinfín, circulación de bienes simbólicos y materiales, pero que desconoce las estructuras de la complementariedad, corre el riesgo de producir mayores jerarquías, incluso más fuertes, en vez de liberarse de ellas, así como nuevos espacios para la acción todavía impensada en búsqueda de complementariedad y equilibrio.

Sobre interculturalidad: García Canclini y Mignolo

Pasemos ahora a García Canclini y Mignolo cuando se aborda la pregunta en cuestión: globalización y estudios latinoamericanos. ¿O más bien sería globalización y Latinoamérica? O quizás sea cómo entender el lugar de Latinoamérica, nuestra idea de ella según la construcción de conocimientos disciplinarios y la política de la construcción de Latinoamérica como "lugar" en un "mundo" igualmente esquematizado por discursos hegemónicos que, a su vez, despliega una cosa "real" donde suceden los eventos constatables. El asunto es complejo, así que permítanme empezar con una cifra. En su "Introducción" de *Imagined Globalization*, Yúdice escribe que según su último recuento encontró aproximadamente 271.962 entradas en libros y artículos sobre globalización (vii). *Imagined Globalization* es importante para nuestra discusión no solo porque considera los estudios latinoamericanos en la edad de la globalización, sino también porque el autor es muy explícito sobre el hecho de haber escrito un estudio que desde su concepción es interdisciplinario. Es además importante porque el autor —antropólogo y crítico cultural— intenta analizar la poética de la narrativa y teoría de la globalización. García Canclini pone incisiva atención a la manera en que los expertos en economía, sociología, antropología y sistemas mundiales hacen uso de ciertos tipos de *emplotment* para razonar, comunicar y dar sentido a sus datos. Aunque no lo cita, está claro que García Canclini parte del concepto de *emplotment Metahistory*, desarrollado por Hayden White en *The Historical Imagination in Nineteenth Century Europe* (1973).

García Canclini también enfatiza que su primer libro sobre hibridez no tuvo la intención de celebrar el fenómeno que él tildó de hibridez, aunque está consciente e incómodo con el hecho de que muchos de sus lectores tomaran su obra como una celebración del fenómeno cultural que quiso describir y comprender en *Culturas híbridas*. El entusiasmo por la hibridez que se leyó en su libro sufre ahora una mengua seria. En este nuevo estudio él desea enfatizar su escepticismo sobre la globalización y su intersección con la hibridez. Sus mayores dudas conciernen a los procesos de la globalización tal y como se ilustra en el modo narrativo correspondiente a la épica en uso por la mayoría de expertos que estudian este fenómeno (17-20). Queda claro que para García Canclini ninguna disciplina tiene la capacidad para adoptar y analizar el fenómeno de la globalización, un punto que descontamos, puesto que pensamos en el futuro de los estudios latinoamericanos en la edad de la globalización. García Canclini desconfía sobre todo de los métodos de las ciencias sociales y, en especial, cuando se entienden a sí mismos y se proyectan sobre los saberes como si fueran constituidos por métodos científicos (23). Duda de que las ciencias sociales puedan dar un recuento completo de la dinámica de la globalización justamente porque este es un fenómeno que tiene lugar abiertamente en una variedad de planos de la existencia humana que incluyen lo económico, pero que también afectan a las comunicaciones, artes, idiomas, culturas y, en especial, las olas de migración y la reubicación de los bienes materiales y simbólicos.

Al inicio del segundo capítulo García Canclini es rotundo: "Mucho de lo que se dice sobre la globalización es erróneo" (20). La globalización como objeto de investigación es un desafío no solo para los estudios latinoamericanos, con su genealogía como estudios de área desarrollados en los Estados Unidos para su estrategia de la Guerra Fría, sino que en realidad somete a prueba a todas y cada una de las disciplinas en las ciencias humanas que, a pesar de su desgaste, atraviesan el siglo XX al XXI divididas en "departamentos" y centros que con mucha frecuencia impiden los intercambios interdisciplinarios. De manera incisiva, García Canclini titula su capítulo introductorio "La globalización como un objeto no identificado" (20). Para una comparación futura sería interesante tener en cuenta este título: "*What is World literature*?". Ante el desgaste de las disciplinas parece aumentar el número de los "objetos no identificados", cual demanda una reorganización profunda de nuestras maneras de interrogar la realidad y el saber.

García Canclini encuentra que la antropología tal y como la estudió y la enseñó en Argentina cuando asistió a la universidad —la antropología filosófica de la escuela de Lévi-Strauss y la antropología que aprendió en México, donde vivió como exiliado desde 1976 y hasta el momento— no tiene la capacidad necesaria para el estudio de las migraciones tanto dentro de los territorios que funcionan parcialmente como Estados-nación, como más allá de esos límites territoriales. Comprender cómo viven y se entienden los mexicanos en Nueva York, los chilenos en Suecia y los paraguayos en Buenos Aires requiere mucho más que la recolección de estadística sobre jornales, salarios y envíos al país natal. Implica saber mucho sobre las dimensiones de conocimientos y trajines culturales implícitos en la reconstrucción de sus vidas. Necesitamos saber cómo los migrantes enfrentan el desplazamiento, cómo se comportan en su calidad de extranjeros, qué les parece su nuevo país de acogida y qué efecto tienen en el país de su destino, es decir, cómo entran y salen de las tierras de sus ancestros y de sus identidades. Además, cómo generan cultura, cómo se adaptan en la otra cultura, cómo producen y consumen bienes simbólicos. ¿En qué idiomas? ¿Cuál es el costo o la ganancia? En otras palabras, ¿cuál es la naturaleza del melodrama que tiene lugar? García Canclini opone el melodrama de la vivencia cultural de los migrantes a la épica que narran los estudiosos de la economía. Al señalar la cuestión poética al interior de los saberes "científicos", García Canclini desestabiliza sus presupuestos y abre la posibilidad de otra mirada.

Además de llamar la atención a la cuestión del *emplotment* en las ciencias sociales y su dependencia con respecto a este aspecto de su discurso, destaca el poder de la metáfora y la narración según la teoría de Paul Ricoeur (25-29). Enfatiza en la fuerza *comparativa* de la figura y la capacidad de ordenamiento de la narración. García Canclini argumenta que es necesario superar el método de recoger solo lo que se considera como datos empíricos y pasar a recoger y analizar historias y metáforas, ya que ellas tienen el poder de articular un imaginario de globalización en sus mil niveles de complejidad y superposición. García Canclini busca los términos de la poética de la globalización, la cual constituye, según él, una poética de la incertidumbre.[6] Así, su objetivo es desarrollar este enfoque particular en la combinación de conocimientos disciplinarios con el fin de identificar lo que él denomina "intermediaciones" y de poder analizar la *interculturalidad* de momentos y lugares en la diseminación de la globalización. Este método es para García Canclini la única forma de entender la globalización tal y como se la vive, ya que se desarrolla en múltiples escenarios en el presente. No es posible esperar a que pase, a que se vuelva historia para luego situarse en el punto estratégico del historiador y observar el fenómeno cuando el tiempo ya lo haya congelado, como lo indica Yúdice (viii).

---

6 Encuentro que esta poética de la incertidumbre mantiene un paralelismo interesante con algunos de los ensayos incluidos en la tercera parte de *World Literature in Theory*. Varios ensayos que tratan con los restos del orientalismo y/o el cuestionado alcance hegemónico de la francofonía ponen en tela de juicio reclamos sobre mundialización y/o globalización.

En su primer libro, *Culturas híbridas*, García Canclini no estaba seguro de su definición del concepto de hibridez. De alguna manera el término permanece difuso a lo largo del libro. No quedaba claro si se alejaba o si coincide con el concepto de Antonio Cornejo Polar de heterogeneidades no dialécticas como descriptor de la historia política y cultural en los Andes después de 1532. En *Imagined Globalization*, el crítico cultural argentino adopta la idea de heterogeneidad en conjunción con temporalidades alternativas no solo para toda la experiencia cultural latinoamericana sino también para el estudio sobre globalización. Las *heterogeneidades no dialécticas* permiten que se extraiga una distinción necesaria de la hibridez, un concepto que Cornejo Polar y otros detestaron debido a la implicación de una combinación de mitad y mitad que no podía reproducirse a sí misma. Para aquellos conocedores del legado intelectual del Inca Garcilaso y Guamán Poma (reciprocidad y complementariedad), la noción de hibridez parece sencillamente no solo incompatible sino inconcebible. Al verse modificada por la heterogeneidad no dialéctica, la hibridez se remodela y evita las perdidas más típicas de la "fusión", "sincretismo" y "mestizaje". Tampoco oculta las jerarquías internas en las mezclas en que casi siempre hay un elemento dominante.

Bajo la luz de las heterogeneidades no dialécticas que implican las distintas temporalidades de la colonización y la dinámica de la opresión material y epistemológica, García Canclini puede decir que un concepto redefinido y enriquecido de "hibridez" podría significar que "las personas pueden hablar desde distintos lugares a la vez" (*Imagined* 35), que la identidad proviene de fuentes variadas y que las sociedades latinoamericanas son pluriculturales y multiétnicas debido a largos periodos de "hibridización". La hibridez se ha convertido en sí en un arte por la combinación de bienes simbólicos movibles y extraíbles que los inmigrantes portan consigo como si fuera una caja de herramientas (Yúdice ix). La crítica cultural es especialmente incisiva al postular que las asimetrías radicales (*Imagined* 152-155) pueden ser mejor comprendidas con el establecimiento de su concepto de interculturalidad (*Imagined* 38-42).

Tanto García Canclini como Mignolo ponen en cuestionamiento la visión de Samuel Huntington sobre la historia mundial como una batalla entre la civilización (Europa) y los otros (Latinoamérica cae dentro de los "otros"). La heterogeneidad no dialéctica, aunque no se menciona como tal en los textos de García Canclini, le permite nuevamente postular no solo la coexistencia de distintas temporalidades de la historia de Latinoamérica, y dentro de ella, sino también surcar esta nueva ola más envolvente de la globalización. Como indica Yúdice (ix) y lo propuso el Inca Garcilaso, la noción de coexistencia derivada de la experiencia de Latinoamérica impide que Canclini proponga, como lo hace Samuel Huntington en su obra *Clash of Civilizations* (1996), una guerra entre las culturas con el resultado de la épica entramada de necesarias victorias y derrotas. Asimismo, García Canclini observa con agudeza que el problema con la respuesta de los Estados Unidos a sus propios problemas raciales y étnicos irresueltos, y el imaginario de compartimentos en el corazón del modelo de multiculturalismo, es el resultado de un imaginario que carece de las artes combinatorias del modelo modificado de hibridez latinoamericano. Canclini imagina un modelo de integración regional en Latinoamérica, uno que respete el Estado-nación, pero que al mismo tiempo lo puentee en la búsqueda de compatibilidades y que conozca de la necesidad del análisis intercultural. En este caso, veo la posibilidad de abrir un nuevo rumbo en los estudios latinoamericanos que se han fundamentado demasiado en la construcción del Estado-nación cuando surgió en el siglo XIX y se movió de manera vacilante a lo largo del siglo XX bajo la ideología hegemónica del Estado-nación en detrimento de regiones geo-culturales históricamente cimentadas en Latinoamérica. La pregunta sería cómo construir el concepto guía para la construcción del objeto 'regional' del estudio, el cual debe postular un protocolo de comparación crítica y relacional capaz de evitar las carencias del multiculturalismo.

Los latinoamericanistas pueden probablemente seguir estudios que analicen nuevas investigaciones en los imaginarios sociales de los múltiples espacios socioculturales de Latinoamérica, los cuales negocien diariamente la diferencia sin tener que recurrir a la violencia. Lo que es interesante en los libros de García Canclini y Mignolo con respecto al tema es su llamado a un enfoque local, a soluciones locales, y el escepticismo que se muestra en un diagnóstico mayor, global o totalizante. García Canclini espera que el conjunto de preguntas que se desprende de aproximaciones interdisciplinarias pueda dar lugar a una reflexión comparativa sobre diversas formas regionales en que se negocie la diferencia de formas positivas. Para ese propósito él mismo compara cuatro modelos de negociar diferencias y desigualdades: el sistema de derechos universales de Europa; el multiculturalismo de los Estados Unidos; la integración multiétnica bajo el Estado-nación en Latinoamérica y un modelo que atraviese todos los modelos de integración debido al alcance mundial de los medios masivos.

Para García Canclini, el vínculo de estos modelos con la hibridez globalizada es insuficiente, puesto que ellos "articulate a fragmentation of the world that re-orders differences and inequalities without eradicating them" (*Imagined* 24). De hecho, estos modelos esconden nuevas formas de homogenización. De esta forma, García Canclini cree que estos cuatro modelos son insuficientes como garantía de la participación democrática a nivel nacional y transnacional (Yúdice xi), y esto lo hace virar en dirección de un modelo de investigación que se concentre en la *interculturalidad* (*Imagined* 25, 39), más que la globalización que sigue siendo un "objeto cultural no identificado" (*Imagined* 20). Desde su punto estratégico teórico e interdisciplinario, la globalización es, en el mejor de los casos, "una recolección de narrativas obtenidas a través de aproximaciones parciales y divergentes en muchos aspectos" (*Imagined* 23). Se hace necesario remplazar este modelo y poner nuestra atención en la interculturalidad, la cual él define como: "The encounter of many cultures within one self" (*Imagined* 350). Además, agrega que tal espacio de conocimiento se plasma mejor en las metáforas y narrativas (35). Por lo tanto, el crítico cultural argentino ofrece una teoría cultural de globalización, una empresa que, para empezar, necesita de una redefinición de la cultura (39). Este intento de redefinición de la cultura contiene serias repercusiones para los estudios literarios, para la teoría de recepción a la circulación de los clásicos y los estudios de traducción.

La antigua definición extraída de la socio-semiótica y la antropología "determined that culture designated processes of production, circulation and consumption of meaning in social life" (*Imagined* 38). Esta definición es útil, aunque "it does not include what constitutes each culture in difference with other cultures" (*Imagined* 39). Se consideraba a cada cultura como un ente independiente y no se tomaba en cuenta la cultura del observador en el lugar de enunciación. La nueva definición toma en cuenta la propia redefinición radical de Jameson que sostiene que la cultura es "the ensemble of stigmata one group bears in the eyes of the other group and viceversa" (*Imagined* 39). Jameson además apunta que la cultura es "not a substance or a phenomenon in its own right, it is an objective mirage that arises out of the relationship of at least two groups. Culture must always be seen as the vehicle or the medium whereby the relationship between the two groups is transacted" (*Imagined* 39). García Canclini se basa en la redefinición radical de Jameson porque en ella el "imaginario cultural" desempeña un papel importante: "esto no es solo un suplemento de lo que cada cultura local representa de lo que se vive en una sociedad determinada" (*Imagined* 39).

La nueva definición para García Canclini significa entonces que lo cultural abarca el conjunto de procesos a través del cual nosotros representamos y constituimos lo social de manera imaginaria (*Imagined* 39). A través de estos imaginarios concebimos y ordenamos nuestras relaciones con otros en su diferencia e inconmensurabilidad. Canclini cree que esta nueva conceptualización de la cultura supera las insuficiencias de la definición anterior de cultura sobre la cual las ideas de lo global habían estado circulando y encontrando validez. Según él, aquí se encuentra el espacio adecuado para el establecimiento de su noción de interculturalidad. Es decir, una aproximación comparativa y crítica que involucra y se entromete en la propia disposición del sujeto con respecto al otro, así como la multiplicidad contradictoria en su interior. Se trataría de exponer el sistema de estigma del que habla Jameson. Las teorías vigentes de la globalización se habían sustentado en los análisis de lo financiero, lo económico y la dispersión de los circuitos de comunicación como un flujo de fuerzas homogéneo y único. En esta narrativa se había obviado a la complejidad de las personas. Al girar la globalización en la dirección del entendimiento intercultural de la actividad humana donde el observador está consciente de su interculturalidad heterogénea, García Canclini cree que está ofreciendo un correctivo indispensable a los estudios globales, uno que lo hace más adecuado para los estudios comparativos de la dinámica de lo regional, lo nacional y los flujos de culturas transnacionales. Hay mucho más por decir sobre esta redefinición de cultura como conjunto de estigmas observados por una de las partes en la otra, lo cual me parece problemático, pero deseo resaltar solo el lugar especial que García Canclini asigna al escritor y las prácticas estéticas como interruptores del flujo de homogenización, ya que los artistas están siempre a la caza de otra lógica.

Ahora vamos a comparar el concepto de interculturalidad de Canclini con la redefinición de cultura que Mignolo ofrece y que él también denomina *interculturalidad* en su *The Idea of Latin America*. Para García Canclini lo cultural abarca el conjunto de procesos a través de los cuales representamos y constituimos lo social de forma imaginaria, a través de los cuales concebimos y manejamos nuestras diferencias. Al hablar sobre las acciones que emprendió Guamán Poma para evitar la colonización de los conocimientos que se suscitó con las primeras escenas de la conquista, en el capítulo titulado "After Latin America", Mignolo argumenta que:

> Lo que caracteriza a los indios (y negros y creoles e indios de India) es que su entendimiento subjetivo se basa, al igual que el de las personas colonizadas en general, en las heridas coloniales. Por lo contrario, el entendimiento subjetivo europeo se sustenta en el liderazgo imperial [y] no en la herida colonial. Si pensamos de forma crítica con el entendimiento subjetivo de la herida colonial lo llevará a paradigmas decoloniales de coexistencia, mientras que si pensamos de forma crítica del entendimiento subjetivo del liderazgo imperial lo llevará al paradigma de lo novedoso (120).

Y Mignolo, como si extrajera una cita de un texto previo, acota que "Interculturalidad es pues un cuestionamiento desde la perspectiva de los

Kichwa, en Ecuador y no de los españoles" (120). Agrega que a través de la interculturalidad (que es también interepistemología), el cuestionamiento se interpone por el derecho del pueblo indígena para coparticipar en la creación del Estado y la educación. No se trata de un reclamo por un simple reconocimiento (como en el multiculturalismo) que demanda su aceptación en una nación en la cual los quichuas, en cuanto civilización e idioma, no tienen un lugar, ya que su posición está en los márgenes, los que a su vez define, precisa e irónicamente, los límites de la nación moderna. En cambio, la "Interculturalidad" llevaría a un estado pluricultural en el nivel de conocimiento, de teoría política y economía, de ética y estética (120).

Esta sería una nueva sociedad construida "sobre las grietas y la erosión del estado liberal y republicano", expresa Mignolo. Su cita, y muchas más en este capítulo titulado "Después de Latinoamérica", emergen de los documentos que apuntalaron la creación del Amawtay Wasi, la Universidad Intercultural de las Nacionalidades y de los Pueblos Indígenas. Con las amplias citas Mignolo pone un rostro de carne y hueso sobre la teoría de la interculturalidad alumbrada por García Canclini. Las heridas coloniales, tanto como las heridas de una globalización concebida de la prisa (la falsa, hiriente y negadora homogenización), darían fuerza a las comunidades pluriculturales, e incluso a estados conformados por epistemologías en lucha y en diálogo.

Conclusiones

Este aspecto de la discusión sobre la interculturalidad me devolvió al proyecto del Inca Garcilaso que abogaba por una paridad epistemológica con base en la idea andina de que el espacio de las culturas en contacto y lucha podría ser una instancia para el diálogo entre rivales y "hermanos". La interculturalidad, concebida como un espacio donde recuperar conocimientos indígenas y epistemologías, puede ser un modelo para sociedades futuras. La recuperación con la mirada puesta en la complementariedad, en duplicar activos. No en un espacio en que la identidad expresa diferencias conflictivas siempre enunciadas como exclusión y amenaza (una dinámica que tiñe la definición de cultura de Jameson). A pesar de esta coincidencia entre los dos teóricos provenientes de Latinoamérica, es interesante observar que el documento y la experiencia de Amawtay Wasi no figuran por ningún lado en *Imagined Globalization.* Sin embargo, García Canclini ofrece su propia experiencia como antropólogo argentino exiliado, su descubrimiento perturbador de la antigua, rica y densa historia de México y el consiguiente cuestionamiento intelectual y estético de que ese descubrimiento condujo a un lugar de aprendizaje junto con las disputas internas entre las diferentes suposiciones culturales.

Inmersa en todas las deliberaciones que se abordan en el presente ensayo, nos encontramos con la pregunta de la comparación. Queda claro que no podrá haber un proyecto para leer un grupo de obras como "world literature" si no se muestra primero de forma crítica una teoría de la comparación. El punto de partida parecería ser que toda la interpretación se inicia con un sentido del yo/identidad y un conjunto de epistemologías que permiten encontrar la lógica de la labor que se considera constitutivas de ese yo. De tal modo, el enfoque intercultural recomendado por García Canclini ofrece un fino correctivo para esta ceguera. La idea del Inca Garcilaso de que la comparación es siempre, en menor o en mayor grado, una comparación de inconmensurables es también importante al intentar un enfoque de las literaturas mundiales o de los fenómenos de globalización. Para finalizar, la definición de Jameson, en su pesimismo, mantiene la nota de advertencia necesaria. Toda descripción de una cultura es una interpretación de nuestra "propia" cultura concebida desde ya como lo normal y correcto, lo cual da lugar al ensamblaje de estigmas proyectados sobre el "otro" y viceversa. Es un ir y venir en el que tal vez un método de constatación, basado en la comparación crítica e intercultural podría arrestar el ensamblaje del estigma.

Con respecto a la pregunta de la circulación es evidente que la obra de los teóricos y escritores latinoamericanos aún no ha circulado lo suficiente para informar de debates ardientes en nuestro campo y que el latinoamericanismo se ve repetidamente influido por la "novedad de la posmodernidad" cuando en realidad su tradición ya había lidiado con estos problemas en Borges, César Vallejo y, por supuesto, muchos otros. A pesar de esta ausencia en el canon teórico, creo que tanto García Canclini como Mignolo ofrecen argumentos incisivos y esclarecedores sobre el estado de nuestras culturas. La erudición que aportan es sutil para una reconceptualización de los estudios latinoamericanos, al enfrentar el desafío de la globalización y la teoría de la globalización. Al desarrollar el concepto de interculturalidad en sus propios términos, tanto Mignolo como García Canclini muestran la necesidad indispensable de imaginar términos que permitan el comparatismo crítico y relacional como el primer orden de cosas, ahora que las literaturas nacionales y las culturas nacionales han emprendido un nuevo viaje en aguas desconocidas.

OBRAS CITADAS

CASTRO-KLARÉN, Sara y Christian FERNÁNDEZ. "Incomparable Kosmo-logies: Character and Motive on the March to Cajamarca". Manuscrito, 2015.

— *Inca Garcilaso & Contemporary World-Making.* Pittsburgh: University of Pittsburgh Press, 2016.

— "For It Is a Single World. Marsilio Ficino and the Inca Garcilaso de la Vega in Dialogue with Pagan Philosophies". *Inca Garcilaso & Contemporary World-Making*, editado por Sara Castro-Klarén y Christian Fernández. Pittsburgh: University of Pittsburgh Press, 2016, pp. 195-228.

DAMROSCH, David. *What is World Literature?* Princeton: Princeton University Press, 2008.

— *World Literature in Theory*. Haboken: Wiley Blackwell, 2014.

FELSKI, Rita y Susan STANFORD FRIEDMAN (eds.). *Comparison: Theories, Approaches, Uses.* Baltimore: The Johns Hopkins University Press, 2013.

GARCÍA CANCLINI, Néstor. *Culturas híbridas. Estrategias para entrar y salir de la modernidad.* Ciudad de México: Grijalbo, 1989.

— *Imagined Globalization.* Durham: Duke University Press, 2014.

HILLYER, Aaron. *The Disappearance of Literature. Blanchot, Agamben, and the Writers of the No.* New York: Bloomsbury, 2013.

KRISTAL, Efraín. *Invisible Work. Borges and Translation.* Nashville: Vanderbilt University Press, 2002.

MAFFIE, James. *Aztec Philosophy. Understanding a World in Motion.* Boulder: University of Colorado Press, 2014.

MIGNOLO, Walter. *The Idea of Latin America.* Haboken: Blackwell, 2005.

— "On Comparison: Who Is Comparing What and Why?". *Comparison: Theories, Approaches, Uses*, editado por Rita Felski y Susan Stanford Friedman. Baltimore: The Johns Hopkins University Press, 2013, pp. 99-119.

— *Local Histories/Global Designs: Coloniality, Subaltern Knowledges, and Border Thinking.* Pricenton: Pricenton University Press, 2000.

MUFTI, Aamir. "Orientalism and the Institution of World Literature". *Critical Inquiry*, vol. 36, n.º 3, 2010, pp. 458-493.

RADHAKRISHNA, R. "Why Compare?". *New Literary History*, vol. 40, n.º 3, 2009, pp. 453-471.

STANFORD FRIEDMAN, Susan. "Why not Compare?". *PMLA*, vol. 126, n.º 3, 2011, pp. 7530-7562.

YÚDICE, George. "Introduction". Néstor García Canclini, *Imagined Globalization.* Durham: Duke University Press, 2014, pp. vii-xxxiii.

Los afrolatinos y los estudios afrolatinoamericanos[1]

Alejandro de la Fuente
Harvard University

"Hasta que llegué a Nueva York, no sabía que era negra", declaró en su famosa cita la poetisa dominicana Chiqui Vicioso. "Yo sabía que era negra, sabía que era afrocaribeña", sostiene la activista afro-panameña Yvette Modestín, refiriéndose a una forma preexistente de conciencia racial que muchos de sus compatriotas, como Vicioso, no tenían (Torres-Saillant 55). Ambas experiencias forman parte de una historia mayor de diáspora, desplazamiento, formación racial e identidad que se encuentra en el centro de lo que algunos autores aluden como afrolatinidad. Ambas historias resaltan algunas características compartidas (raza, emigración, encuentros) que las concepciones de afrolatinidad buscan capturar y teorizar. Al mismo tiempo, señalan la diversidad de orígenes, experiencias y narrativas de raza y nación que dan forma a la vida y las expectativas de los latinoamericanos de ascendencia africana, en sus países de origen y en los Estados Unidos.

Por mucho tiempo los estudios sobre afrolatinos —entendidos aquí como latinos de ascendencia africana en los Estados Unidos— se preocuparon con justa razón sobre el problema de la visibilidad. Como han sostenido Juan Flores y Miriam Jiménez, este grupo típicamente se ha perdido "en medio de clasificaciones predominantes" (319). Hace años Heriberto Dixon planteó esta cuestión enfáticamente en su discusión sobre raza entre los cubanos-americanos al preguntar: "¿Quién alguna vez ha oído de un cubano negro?" (10-12). Treinta años más tarde, la respuesta a su pregunta bien podría ser: todo el mundo. Desde principios de la década de 1980, los estudios sobre raza, cultura y desigualdad en América Latina han crecido a un punto tal que no saber que hay negros en muchos, sino la mayoría, de los países latinoame-

1 Traducción de Alexander Sotelo Eastman, Dartmouth College.

ricanos constituiría hoy un ejemplo de ignorancia inverosímil.[2] En el ámbito académico como en la cultura popular, la importancia de los afrodescendientes —un término vinculado en América Latina al surgimiento de un movimiento transnacional de derechos humanos construido en torno a temas de justicia racial— está ahora bien establecida y ampliamente reconocida.[3]

Sin embargo, las cuestiones de números y visibilidad continúan generando interés, entre otras razones porque desde que el censo introdujo preguntas separadas para la raza y la etnia hispana en el año 2000, el número de individuos que se identifican como hispanos y negros ha sido extremadamente bajo. En los años 2000 y 2010, el censo solicitó a los individuos de "origen hispano, latino y español" que identificaran su origen nacional (mexicano, puertorriqueño, cubano y "otro", en cuyo caso el encuestado tuvo la oportunidad de escribir su repuesta). Una pregunta subsecuente se refería a "raza". En el año 2000, solamente el 2% de los encuestados hispanos/latinos marcaron la categoría "*Black*, afroamericano, o negro", (en inglés, "Black, African American or Negro") y su proporción no fue mucho más alta en el 2010 (2,5%). Mientras tanto, el porcentaje de aquellos que eligieron "blanco" era mucho mayor, en torno al 50 y 53% en los años 2000 y 2010, respectivamente (Humes *et al.*; Poe).

Algunos activistas y académicos afrolatinos han percibido estos números como lamentablemente bajos, una expresión de las culturas latinoamericanas que rechazan discusiones abiertas sobre la raza y la diferencia mientras denigran de forma sistemática lo negro como inferior e indeseable (Reyes). Estos académicos y activistas critican la asociación frecuente entre orígenes latinos/hispanos e ideas de culturas mestizas de origen europeo e indígena, la supresión generalizada de los pueblos de ascendencia africana de los imaginarios y censos nacionales en América Latina, y el hecho de que numerosos latinos que se identifican como blancos viven en circunstancias sociales y económicas generalmente asociadas con lo negro (Griffin). Aún más preocupante para estos académicos y activistas es que estos porcentajes demuestran que en el año 2000 un gran número de individuos que se identificaron como pertenecientes a "alguna otra raza" cambiaron su identificación racial a "blanco" en el censo del 2010 (Cohn).

El tema de los porcentajes y la visibilidad permanecen en el centro de la controversia y atención ya que la Oficina del Censo está considerando la modificación de la pregunta sobre la raza para los hispanos en el censo de

---

2 Para el desarrollo de esta crítica, véase George Reid Andrews, "Afro-Latin America: Five Questions".

3 Esta temática se hizo visible en la cultura popular de los Estados Unidos con la serie de PBS de Henry Louis Gates Jr., *Black in Latin America* (2011).

2020. Puesto que un gran porcentaje (37% en 2010) de los hispanos, o seleccionan "alguna otra raza" o más de una categoría racial, y ya que muchos identifican "alguna otra raza" con orígenes nacionales o regionales como puertorriqueño y "latinoamericano", la Oficina del Censo está considerando la adición de "latino" o "hispano" a la lista de razas definidas por el gobierno. Al menos algunos individuos de origen hispano, claramente incómodos con las taxonomías raciales incluidas en el censo, están de acuerdo con esta perspectiva en la que raza, etnia, cultura y origen se funden en una sola categoría. No obstante, muchos académicos y activistas han sostenido que la adición de una raza "latina" contribuiría a la supresión de los hispanos de ascendencia africana y "enmascararía las violaciones a los derechos civiles que se perpetúan contra los latinos de ascendencia africana visible" (Hernández). No es de extrañar, entonces, que la conferencia del Foro Afrolatin@ en 2014 se dedicara a los temas de clasificación cuantitativa y representación bajo el título "Afrolatin@s ahora: cuenta la raza!"[4]

Cualquiera que sea la postura que adoptemos con relación a la política de las denominaciones raciales del censo, a estas alturas debe quedar claro que estas controversias trascienden las categorías raciales estadounidenses. Los debates sobre cómo contar a los "latinos" de varios orígenes raciales se sobreponen a debates similares sobre raza, cultura y nación en América Latina. Ciertamente, durante las últimas décadas, América Latina ha sido testigo de importantes reformas a las categorías censales, que ahora frecuentemente recopilan información sobre personas de ascendencia africana e indígena. Estas reformas han sido impulsadas por activistas y agencias internacionales encargadas de cuestiones de visibilidad, justicia y asignación de recursos —precisamente el tipo de preguntas planteadas por los que buscan contar a los hispanos de ascendencia africana como un grupo separado en el censo estadounidense—.[5] En otras palabras, estas campañas por los números y el reconocimiento se están llevando a cabo en espacios que no están definidos o delimitados a nivel nacional. Incluso, la imagen de la sobreposición de debates podría ser engañosa ya que implica campos de acción de cierta manera separados y diferenciados. Sin embargo, al mismo tiempo, hay abundantes pruebas de que las líneas nacionales siguen siendo importantes. Las autoridades del censo estadounidense están revisando la composición racial de los hispanos debido a que muchos latinos que no se identifican con las taxonomías raciales estadounidenses

---

4 La conferencia tuvo lugar del 23 al 25 de octubre de 2014.

5 Sobre este asunto, véanse las investigaciones de Mara Loveman, *National Colors: Racial Classification and the State in Latin America*, pp. 250-300; y Tianna Paschel, "'The Beautiful Faces of my Black People': Race, Ethnicity and the Politics of Colombia's 2005 Census".

eligen "alguna otra raza" y equiparan esa "otra" raza con el origen nacional (mexicano, puertorriqueño, dominicano).

Parte del problema, por supuesto, es que los recuentos estadounidenses del censo en torno a la raza de los hispanos conectan con interpretaciones latinoamericanas de raza y diferencia. El censo puede ser estadounidense pero las respuestas no lo son. Hay que considerar estas interpretaciones (marcadamente latinoamericanas) y abrazar su complejidad, así como lo que se nos presenta como ambigüedades, incluso cuando complican agendas políticas bien intencionadas. Permítaseme ofrecer un ejemplo. El extremadamente bajo número de hispanos que se identifican como negros en el censo estadounidense se explica con frecuencia, según Edward Telles, como una consecuencia de las ideologías raciales de América Latina: "en América Latina, negro es una categoría particularmente estigmatizada" (cit. en Shabazz). Esto es cierto, por supuesto, pero también es cierto lo opuesto: blanco es una categoría valorizada, que se asocia con belleza y posición social. Incluso así, un gran número de hispanos no se identifica con la categoría blanco. ¿Por qué? ¿Es porque "blanco" ha dejado de ser una categoría de valor, o es porque muchos de ellos no se identifican con las implicaciones sociales y performativas de lo blanco *en los Estados Unidos*? ¿Cuántos de estos individuos marcarían la categoría "blanco" en los censos nacionales de América Latina? Negro ciertamente es una categoría estigmatizada en Latinoamérica, pero es posible que muchos hispanos no se identifiquen como negros en los Estados Unidos porque no se identifican con la historia específica de segregación, degradación y violencia racial que ser negro implica en los Estados Unidos. "*Black*" y "negro" no transmiten historias idénticas.

Para conceptualizar la afrolatinidad y entender las experiencias, historias y luchas de los afrolatinos hay que tomar en serio a Afrolatinoamérica; América Latina no es homogénea. Tomando en cuenta la centralidad de la raza en la formación de los imaginarios nacionales de la región, es necesario prestar atención rigurosa a una pluralidad de formaciones raciales que con frecuencia se alinean con experiencias nacionales. Además, si bien "afro" sugiere historias compartidas de esclavitud, el comercio Atlántico de esclavos, de discriminación racial y conflictos culturales en torno a prácticas de origen africano, tales historias no son uniformes y no son recordadas de la misma manera en toda la región. De ahí, nuestro reto es desarrollar marcos analíticos que nos ayuden a entender a los latinos como productos de múltiples historias de raza y nación, en América Latina y en los Estados Unidos. En cuanto a la investigación y la enseñanza, todo esto sugiere la necesidad de concebir el estudio de afrolatinos como parte integrante de los estudios afrolatinoamericanos en general. Hay muchos argumentos metodológicos sólidos para sostener esta aproximación crítica.

Primero, si la raza opera, como ha sostenido Michael Hanchard, "como un transbordador entre los significados y prácticas socialmente construidos, entre la realidad material vivida y subjetiva" (4), se entiende que los afrolatinos se encuentran en una posición bastante singular. Es una posición en la que los significados y prácticas raciales que se originan en varios países latinoamericanos se relacionan con subjetividades y prácticas raciales que principalmente son los productos de las historias específicas de raza, ciudadanía y nación en los Estados Unidos. Es importante enfatizar esta particularidad. Los académicos en los Estados Unidos se refieren a una excepcionalidad racial brasileña o latinoamericana pero esta perspectiva implica que la experiencia estadounidense es la norma y trata los demás casos como desviaciones de esa norma. No obstante, en un contexto hemisférico la verdadera excepción (en la medida que es útil pensar en estos términos), es la historia específica de segregación racial institucionalizada y legalmente impuesta en los Estados Unidos.

Otra razón por la cual es importante ubicar los estudios afrolatinos y los estudios afrolatinoamericanos en el mismo marco analítico es que estos encuentros no son unidireccionales. Las ideologías, subjetividades y prácticas raciales formadas en los Estados Unidos moldean las dinámicas raciales en las regiones emisoras de emigrantes. Existe una creciente literatura sobre estas circulaciones culturales y personales. Entre los académicos del Caribe hispano, la idea de que la terminología racial que se ha fabricado en los Estados Unidos ha tenido un impacto en sus sociedades (casi siempre calificada como lamentable) no es, por supuesto, nada nuevo. Este impacto ha tenido lugar a través de las acciones en la región de agentes imperiales estadounidenses igual que por las comunidades diaspóricas de gente caribeña que se instaló en los Estados Unidos, particularmente durante la segunda mitad del siglo xx. Los académicos que estudian emigración y raza en Puerto Rico y la República Dominicana han establecido, de forma conclusiva, que las nociones y experiencias de "dominicanidad" y "puertorriqueñidad" se constituyen de modo trasnacional y son imposibles de entender fuera del contexto de los constantes intercambios y flujos entre las islas y sus diásporas.[6] Además, los movimientos migratorios determinan

6 Hay un corpus de crítica substancial e importante sobre este tema. Para ejemplos recientes, véase: Jorge Duany, *The Puerto Rican Nation on the Move: Identities on the Island and in the United States* (2002); Solsiree del Moral, *Negotiating Empire: The Cultural Politics of Schools in Puerto Rico, 1898-1952* (2013); Ginetta Candelario, *Black Behind the Ears: Dominican Racial Identity from Museums to Beauty Shops* (2007); Jesse Hoffnung-Garskof, *A Tale of Two Cities: Santo Domingo and New York After 1950* (2008); Frank Bonilla *et al.*, *Borderless Borders: U.S. Latinos, Latin Americans, and the Paradox of Interdependence* (2000); Wendy Roth, *Race Migrations: Latinos and the Cultural Transformation of Race* (2012).

la forma en que los latinoamericanos piensan sobre los temas de raza e identidad en sus propias comunidades, de México a Brasil.[7] Como afirman Tanya Golash-Boza y Eduardo Bonilla-Silva en su introducción a un reciente número especial de *Ethnic and Racial Studies* sobre raza en América Latina: "Nosotros... no podemos permitirnos el lujo de ignorar los efectos ubicuos de los discursos transnacionales sobre las dinámicas raciales en las regiones emisoras de emigrantes" (1489).

Precisamente debido a que las influencias transnacionales dan forma a las ideas y prácticas raciales en las regiones emisoras de emigrantes, quizá sería conveniente considerar cómo algunos de los elementos constituyentes de la conocida tesis de Bonilla-Silva sobre la "latinoamericanización" de los Estados Unidos operan al revés.[8] O, para decirlo de otra manera, quizá deberíamos construir una tesis de *americanización* que considere las numerosas formas en que los productos culturales, las estrategias de movilización y las experiencias que se identifican principalmente como estadounidenses (desde la música soul hasta las luchas por los derechos civiles en los Estados Unidos) dan forma a los significados y prácticas raciales en varios países latinoamericanos. El crecimiento de movimientos de conciencia racial a través de América Latina durante las últimas dos o tres décadas no solo tiene profundas raíces domésticas, sino que está también relacionado con el surgimiento de redes trasnacionales, estructuras de apoyo, organizaciones y conferencias donde activistas locales han desarrollado un lenguaje compartido de raza, derechos humanos y demandas por la justicia racial. El término afrodescendientes, uno de los productos más duraderos de estos intercambios, es un caso ilustrativo.[9]

Además, no es necesario aceptar por completo la idea central de la crítica sobre la globalización, que tiene como expresión la idea de "americanización" propuesta por Pierre Bourdieu y Loïc Wacquant para reconocer que estos intercambios transnacionales están mediados por relaciones de

---

7 Véanse dos artículos publicados en *Ethnic and Racial Studies*, vol. 36, nº 10, 2013, por Jennifer A. Jones, "'Mexicans Will Take the Jobs that Even Blacks Won't Do': An Analysis of Blackness, Regionalism and Invisibility in Contemporary Mexico", y Tiffany D. Joseph, "How Does Racial Democracy Exist in Brazil? Perceptions from Brazilians in Governador Valadares, Minas Gerais".

8 Sobre este autor véase: "We Are All Americans!: The Latin Americanization of Racial Stratification in the USA" y "From Bi-Racial to Tri-Racial: Towards a New System of Racial Stratification in the USA".

9 Al respecto, revisar las investigaciones de Agustín Lao-Montes, "Cartografías del campo político afrodescendiente en América Latina" y Jhon Antón Sánchez *et al. Afrodescendientes en América Latina y el Caribe: del reconocimiento estadístico a la realización de derechos* (2009).

poder desiguales y que agencias estadounidenses, productores culturales, así como académicos desempeñan roles importantes en este proceso (41-58). Por ejemplo, es difícil narrar la historia del surgimiento del movimiento negro brasileño de los años de 1970 sin referirse al impacto que tuvo la música soul en grandes sectores de la juventud afrobrasileña, particularmente en Río de Janeiro (Hanchard 111-119; Alberto 271-281). Se podría decir lo mismo sobre el actual movimiento afrocubano, que sería difícil de entender sin referirse a la influencia que el hip-hop estadounidense ha tenido en la isla desde la década de los noventa, en el contexto de una economía turística cada vez más globalizada.[10] El intento del gobierno estadounidense de usar el hip-hop como una plataforma para cambiar el régimen y fomentar una resistencia popular en Cuba es un ejemplo craso y gráfico del percibido poder de las influencias culturales transnacionales (Fernandes, "Why USAID"). Sin embargo, tales influencias a veces operan en formas impredeciblemente favorables, tal como sucedió con la adopción de diversos tipos de políticas de acción afirmativa en Brasil y en otros países latinoamericanos (Htun). No solo se trata de que, con el rápido crecimiento de la población latina, las ideologías de raza y los sistemas de clasificación racial podrían llegar a ser más "latinoamericanizados" en los Estados Unidos, sino que las ideas, prácticas, políticas y sistemas de clasificación de fabricación estadounidense resuenan en América Latina y han alcanzado, en algunos casos, espacios institucionales privilegiados.[11]

Una de las expresiones más importantes de estas influencias e intercambios (desiguales) es que los estudios de raza en Latinoamérica, en específico aquellos que conciernen a la gente de ascendencia africana y en particular los que conciernen a Brasil, se han desarrollado en íntima conversación con los estudios de raza en los Estados Unidos y en tándem con el cambiante panorama de las políticas raciales estadounidenses. Como Telles ha sostenido, los Estados Unidos funciona como "el caso paradigmático para el entendimiento sociológico de raza" (2), un estándar de comparación explícito o implícito para los estudios raciales en América Latina (Wade 23, 59, 96).

A pesar de que todos estos argumentos apuntan a la necesidad de combinar los estudios de raza y de afrodescendientes en América Latina y afrolatinos en los Estados Unidos en un marco analítico único, esta necesidad

---

10 Al respecto, véase: Sujatha Fernandes, *Cuba Represent! Cuban Arts, State Power, and the Making of New Revolutionary Cultures* (2006) y Alejandro de la Fuente, "The New Afro-Cuban Cultural Movement and the Debate on Race in Contemporary Cuba".

11 Cabe señalar que el crecimiento de la población latina es solo una de varias consideraciones analíticas que sostiene la tesis de Bonilla-Silva sobre la "latinoamericanización".

se basa en la suposición de que los regímenes raciales, las ideologías raciales y los procesos de formación racial y definición de grupos son disímiles en América Latina y en los Estados Unidos. Esta suposición —la idea de que las clasificaciones raciales, relaciones raciales e historias de raza son fundamentalmente diferentes en Latinoamérica y en los Estados Unidos— tiene su propia y controvertida historia, en el sentido de que numerosos académicos han enfatizado las profundas similitudes que informan las experiencias de personas de ascendencia africana a través de las Américas, arraigadas en las historias compartidas de esclavitud, colonialismo y dominación europea, así como también en los procesos compartidos de formación nacional racializada. Sin embargo, la existencia de lo afrolatino como categoría de análisis solamente tiene sentido si lo "latino" transmite una historia distinta de raza (en el contexto estadounidense). Toda la conversación acerca de la latinoamericanización de los Estados Unidos depende lógicamente de la existencia de diferentes historias de raza en América Latina y los Estados Unidos —un proceso en el que la estratificación racial estadounidense procede en un nuevo y diferente camino "latino"—. El estudio de los afrolatinos forma parte, entonces, de un debate de larga duración y a veces acalorado sobre las relaciones comparadas entre esclavitud y la raza en el hemisferio.

De hecho, fue a través de este debate académico que la noción de un modelo racial latinoamericano, en contraste con el modelo estadounidense o "anglosajón", se convirtió en un tema de investigación rigurosa. Este debate se originó en algunos de los estudios que a mediados del siglo XX buscaron en América Latina respuestas a los problemas raciales estadounidenses. Estos estudios tomaron como punto de partida tres premisas básicas: primero, que América "latina" y "anglo" constituyen dos entidades separadas; segundo, que las relaciones raciales en cada una de estas dos áreas eran diferentes; y, tercero, que las diferencias en las relaciones raciales modernas solo podrían explicarse por historias igualmente diferentes de raza, colonialismo y esclavitud —lo que Frank Tannenbaum describió como "sistemas esclavistas" divergentes en su influyente *Slave and Citizen*—. Tannenbaum no fue el creador de estas ideas o del contraste entre los Estados Unidos y América Latina, aunque él logró articularlos con singular claridad y contundencia. Ya a fines de los años treinta, cuando la Corporación Carnegie de Nueva York encargó su famoso "estudio exhaustivo del negro en América" el cual eventualmente resultó en *An American Dilemma* de Gunnar Myrdal, la idea de que Latinoamérica ofrecía un contraste ya estaba bien establecida y aceptada. Myrdal notó que las construcciones raciales en América Latina diferían de las de los Estados Unidos y observó de forma casual que la discriminación en Brasil era "mucho más apacible" que en los

Estados Unidos (113,134). Ciertamente, en parte para poner de relieve las grandes injusticias de la sociedad estadounidense, muchos intelectuales y periodistas afroamericanos contribuyeron a popularizar la idea de que Brasil representaba algo así como un paraíso racial en los trópicos (Hellwig).

Es bien sabido que en la década de los cincuenta, la Unesco encargó varios estudios sobre relaciones raciales en Brasil, debido a su reputación como una sociedad racialmente armoniosa. Alfred Métraux, el antropólogo estadounidense-sueco que llegó a ser el director de la división de la Unesco para el Estudio de los Problemas Raciales, explicó la razón de tales estudios:

> Las impresiones generalmente favorables producidas por las relaciones raciales brasileñas se han comentado durante muchos años por viajeros y sociólogos… Brasil, de hecho, ha sido elogiado como uno de los pocos países que ha alcanzado una "democracia racial"… la existencia de países en los que viven distintas razas de manera armoniosa es en sí un hecho importante capaz de ejercer una fuerte influencia en las cuestiones raciales en general (6).

Aunque los estudios de la Unesco arrojaron resultados que eran algo ambiguos —el informe de Thales de Azevedo sobre Bahía, por ejemplo, mantenía que los "prejuicios raciales activos no existen realmente en Brasil, mucho menos algún tipo de lucha organizada o abierta entre blancos y negros" (14-15), una clara referencia a los Estados Unidos—, desafiaron la imagen de Brasil como una democracia racial. Estudio tras estudio, se logró documentar en Brasil la existencia de diferencias raciales marcadas, aunque regionalmente variables e informales. La producción académica posterior contribuyó de forma decisiva a la destrucción de la imagen de Brasil como una democracia racial, un sistema de creencias que el sociólogo Florestan Fernandes, un miembro del grupo que condujo el estudio sobre São Paulo para la Unesco, caracterizó como un "mito" que sirvió para enmascarar grandes injusticias raciales. En los años setenta y ochenta, académicos como Carlos Hasenbalg y Nelson do Valle Silva dieron sustancial credibilidad empírica a la idea de que la democracia racial brasileña no era más que un mito. Más tarde, otros académicos argumentaron que tales mitos no solo ayudaron a ignorar la discriminación e injustica racial, sino que en realidad contribuyeron a la reproducción de órdenes raciales estratificados. Por la década de los noventa, el contraste fundacional que había impulsado el ciclo inicial de estudios académicos sobre la raza en Latinoamérica estaba al borde del colapso.[12] Algunos académicos incluso

---

12 He discutido la evolución de esta crítica en "From Slaves to Citizens? Tannenbaum and the Debates on Slavery, Emancipation, and Race Relations in Latin America". Véase también Andrews, "Afro-Latin America".

empezaron a discutir una "convergencia" de las relaciones raciales en los Estados Unidos y América Latina (Degler 268; Skidmore; Andrews, "Radical Inequality").

Pero como he sostenido en otro lugar, la literatura académica en las últimas dos décadas ha vuelto a reafirmar las contrastadas historias de raza y esclavitud en América Latina y los Estados Unidos, y ha proporcionado nuevos elementos para reinscribir la noción de las dos Américas.[13] Por un lado, la historiografía legal de la esclavitud, en auge durante los últimos veinte años, ha documentado de manera convincente que los esclavos en América Latina podían crear oportunidades para demandas legales y administrativas que en su mayoría eran impensables en los Estados Unidos —uno de los argumentos centrales en los estudios comparativos originales—. En esta área crucial, al menos, las distinciones entre Latinoamérica y los Estados Unidos parecen haber sido prominentes y consecuentes. *The Long Lingering Shadow: Slavery, Race, and Law in the American Hemisphere* de Robert Cottrol ilustra este punto de forma magnífica. Fundamentalmente, Cottrol recicla los tres argumentos principales que Tannenbaum desarrolló en *Slave and Citizen* hace varias décadas, en los que se establecía: que las relaciones raciales son diferentes en los Estados Unidos y América Latina; que es posible rastrear el origen de tales diferencias en los regímenes o "sistemas esclavistas" que se desarrollaron en el Nuevo Mundo; y, que el derecho y las normas jurídicas eran centrales para la articulación y el funcionamiento de estos distintos regímenes esclavistas (*The Long Lingering*).

Los académicos que trabajan sobre las relaciones raciales de la posemancipación también han contribuido a mantener viva la idea de las dos Américas, a pesar del desarrollo de una literatura reciente e importante que demuestra que los discursos y categorías raciales siempre se constituyen en medio de intercambios transnacionales.[14] Los estudios sobre las relaciones raciales en Latinoamérica continúan siendo enmarcados con relación a los Estados Unidos, como ilustra la crítica en torno a las ideologías de democracia racial. Por ejemplo, algunos de los críticos de las ideologías latinoamericanas de armonía racial se preguntan por qué las personas de ascendencia africana en la región no han logrado movilizarse de manera autónoma, una pregunta que tiene raíces en la experiencia histórica de

---

13 De la Fuente, "From Slaves to Citizens?".

14 Unos ejemplos notables de esta crítica incluyen: Rebecca J. Scott, *Degrees of Freedom: Louisiana and Cuba after Slavery* (2005); Loveman, *National Colors* (2014); Alberto, *Terms of Inclusion* (2011); Lara Putnam, *Radical Moves: Caribbean Migrants and the Politics of Race in the Jazz Age* (2013); Micol Seigel, *Uneven Encounters: Making Race and Nation in Brazil and the United States* (2009); Frank Guridy, *Forging Diaspora: Afro-Cubans and African Americans in a World of Empire and Jim Crow* (2010).

movilización negra en los Estados Unidos. La expectativa detrás de esta pregunta es que, dada su compartida historia de esclavitud y opresión racial, los negros deben movilizarse en todo el hemisferio en formas más o menos similares. La pregunta, sin embargo, reconoce que los negros en los Estados Unidos y América Latina históricamente han adaptado distintas estrategias de movilización. A su vez, los académicos que no comparten estas expectativas frecuentemente señalan las posibilidades emancipatorias y utópicas encarnadas por las ideologías de armonía racial y reafirman, por tanto, su distintivo carácter latinoamericano. Pero el punto a resaltar aquí es que ambos grupos contribuyen, aunque en diferentes maneras, a diferenciar a América Latina de los Estados Unidos.

Se tenga conciencia o no de esto, los estudios sobre afrolatinos se basan en y contribuyen a estas conversaciones y debates. Por un lado, existen razones convincentes para continuar el estudio de los afrolatinos como parte de los estudios afrolatinoamericanos. El análisis de las vidas y acciones de los latinoamericanos de ascendencia africana, incluyendo aquellos en los Estados Unidos, como actores en un espacio cultural e histórico interconectado, aunque sea discontinuo, plantea interesantes preguntas y posibilidades investigativas. Por otro lado, las narrativas locales de raza y nación son importantes y no pueden ser anuladas en nombre de la ideología o la conveniencia analítica. Los afrolatinos encarnan historias transfronterizas y sensibilidades raciales peculiares. Constituyen un grupo donde se conectan distintas historias, todavía distinguibles, de raza, cultura y nación. O no, pues a veces la conexión se rompe. Muchos latinos de ascendencia africana expresan estar sorprendidos por las taxonomías raciales estadounidenses y con las experiencias sociales y culturales de ser blanco y negro en los Estados Unidos. Nuestro trabajo no es simplificar esa perplejidad, para reducirla a la certeza ilusoria de una categoría censal. Esa perplejidad —la falta de conocimiento de Chiqui Vicioso, y su supuesta ignorancia sobre la raza, con la que empezó este artículo— es, precisamente, nuestro objeto de estudio.

Obras citadas

Alberto, Paulina. *Terms of Inclusion: Black Intellectuals in Twentieth Century Brazil.* Chapel Hill: University of North Carolina Press, 2011.

Andrews, George Reid. "Racial Inequality in Brazil and the United States: A Statistical Comparison". *Journal of Social History*, vol. 26, n.º 2, 1992, pp. 229-263.

— "Afro-Latin America: Five Questions". *Journal of Latin American and Caribbean Ethnic Studies*, vol. 4, n.º 2, 2009, pp. 191-210.

ANTÓN SÁNCHEZ, Jhon *et al. Afrodescendientes en América Latina y el Caribe: del reconocimiento estadístico a la realización de derechos*. Serie Población y desarrollo, n.º 87. CEPAL, 2009.

AZEVEDO, Thales de. "Bahia, the Negro Metropolis". *UNESCO Courier*, vol. 5, n.º 8-9, 1952, pp. 14-15.

BONILLA-SILVA, Eduardo. "We Are all Americans!: The Latin Americanization of Racial Stratification in the USA". *Race & Society*, vol. 5, 2002, pp. 3-16.

— "From Bi-Racial to Tri-Racial: Towards a New System of Racial Stratification in the USA". *Ethnic Racial Studies*, vol. 27, n.º 6, 2004, pp. 931-950.

BONILLA, Frank *et al.* (eds.). *Borderless Borders: U.S. Latinos, Latin Americans, and the Paradox of Interdependence*. Philadelphia: Temple University Press, 2000.

BOURDIEU, Pierre and Loïc WACQUANT. "On the Cunning of Imperialist Reason". *Theory, Culture & Society*, vol. 16, n.º 1, 1999, pp. 41-58.

CANDELARIO, Ginetta. *Black Behind the Ears: Dominican Racial Identity from Museums to Beauty Shops*. Durham: Duke University Press, 2007.

COHN, Nate. "More Hispanics Declaring Themselves White". *New York Times*, 21 de mayo de 2014, <www.nytimes.com/2014/05/22/upshot/more-hispanics-declaring-themselves-white.html?_r=0>.

COTTROL, Robert J. *The Long Lingering Shadow: Slavery, Race, and Law in the American Hemisphere*. Athens: The University Press of Georgia, 2013.

DEGLER, Carl. *Neither Black nor White: Slavery and Race Relations in Brazil and the United States*. Madison: University of Wisconsin Press, 1971.

DIXON, Heriberto. "Who Ever Heard of a Black Cuban?" *Afro-Hispanic Review*, vol. 1, n.º 3, 1982, pp. 10-12.

DUANY, Jorge. *The Puerto Rican Nation on the Move: Identities on the Island and in the United States*. Chapel Hill: University of North Carolina Press, 2002.

FERNANDES, Sujatha. *Cuba Represent! Cuban Arts, State Power, and the Making of New Revolutionary Cultures*. Durham: Duke University Press, 2006.

— "Why USAID Could Never Spark a Hip Hop Revolution in Cuba". *NACLA*, 15 de diciembre de 2014, <nacla.org/news/2014/12/15/why-usaid-could-never-spark-hip-hop-revolution-cuba>.

FLORES, Juan y Miriam JIMÉNEZ ROMÁN. "Triple Consciousness? Approaches to Afro-Latino Culture in the United States". *Latin American Caribbean Ethnic Studies*, vol. 4, n.º 3, 2009, pp. 319-28.

Fuente, Alejandro de la. "The New Afro-Cuban Cultural Movement and the Debate on Race in Contemporary Cuba". *Journal of Latin American Studies*, vol. 40, n.º 4, 2008, pp. 697-720.

— "From Slaves to Citizens? Tannenbaum and the Debates on Slavery, Emancipation, and Race Relations in Latin America". *International Labor and Working Class History*, vol. 77, 2010, pp. 154-173.

Golash-Boza, Tanya y Eduardo Bonilla-Silva. "Rethinking Race, Racism, Ideology, and Identity in Latin America". *Ethnic Racial Studies*, vol. 36, n.º 10, 2013, pp. 1485-1489.

Griffin, Cynthia. "Afro Latinos: Everywhere, yet Invisible". *Our Weekly*, Los Angeles, 10 de octubre de 2011, <ourweekly.com/news/2011/oct/04/afro-latinos-everywhere-yet-invisible/>.

Guridy, Frank. *Forging Diaspora: Afro-Cubans and African Americans in a World of Empire and Jim Crow*. Chapel Hill: University of North Carolina Press, 2010.

Hanchard, Michael. *Orpheus and Power: The Movimento Negro of Rio de Janeiro and São Paulo, 1945-1988*. Princeton: Princeton University Press, 1994.

Hellwig, David J. (ed.). *African-American Reflections on Brazil's Racial Paradise*. Tucson: Temple University Press, 1992.

Hernández, Tanya. "Census Racial Categories and the Latino 'Culture' of Black Invisibility". *SALTLAW blog*, 25 de octubre de 2012, <https://www.saltlaw.org/census-racial-categories-and-the-latino-culture-of-black-invisibility/>.

Hoffnung-Garskof, Jesse. *A Tale of Two Cities: Santo Domingo and New York after 1950*. Princeton: Princeton University Press, 2008.

Htun, Mala. "From 'Racial Democracy' to Affirmative Action: Changing State Policy on Race in Brazil". *Latin American Research Review*, vol. 39, n.º 1, 2004, pp. 60-89.

Humes, Karen R. *et al.* "Overview of Race and Hispanic Origin: 2010". *2010 Census Briefs*, US Census Bureau, marzo de 2011.

Jones, Jennifer A. "'Mexicans Will Take the Jobs that Even Blacks Won't Do': An Analysis of Blackness, Regionalism, and Invisibility in Contemporary Mexico". *Ethnic Racial Studies*, vol. 36, n.º 10, 2013, pp. 1564-1581.

Joseph, Tiffany D. "How Does Racial Democracy, Exist in Brazil? Perceptions from Brazilians in Governador Valadares, Minas Gerais". *Ethnic Racial Studies*, vol. 36, n.º 10, 2013, pp. 1524-1543.

Lao-Montes, Agustín. "Cartografías del campo político afrodescendiente en América Latina". *Universitas Humanística*, vol. 68, 2009, pp. 207-245.

LOVEMAN, Mara. *National Colors: Racial Classification and the State in Latin America*. Oxford: Oxford University Press, 2014.

MÉTRAUX, Alfred. "An Inquiry into Race Relations in Brazil". *UNESCO Courier*, vol. 5, n.º 8-9, 1952, p. 6.

MORAL, Solsiree del. *Negotiating Empire: The Cultural Politics of Schools in Puerto Rico, 1898-1952*. Madison: University of Wisconsin Press, 2013.

MYRDAL, Gunnar. *An American Dilemma: The Negro Problem and Modern Democracy*. Piscataway: Transaction Publishers, 1996.

PASCHEL, Tianna. "The Beautiful Faces of my Black People': Race, Ethnicity, and the Politics of Colombia's 2005 Census". *Ethnic Racial Studies*, vol. 36, n.º 10, 2013, pp. 1544-1563.

POE, Janita. "Being Latin and Black: Afro-Latinos Grapple with Labels in US". *The Atlanta Journal-Constitution*, 6 de agosto de 2003, <www.puertorico-herald.org/issues/2003/vol7n45/BeingLatinBlack-en.html>.

PUTNAM, Lara. *Radical Moves: Caribbean Migrants and the Politics of Race in the Jazz Age*. Chapel Hill: University of North Carolina Press, 2013.

REYES, Raúl. "Afro-Latinos Seek Recognition and Accurate Census Count". *NBC News*, 15 de octubre de 2014, <www.nbcnews.com/storyline/hispanic-heritage-month/afro-latinos-seek-recognition-accuratecensus-count-n207426>.

ROTH, Wendy. *Race Migrations: Latinos and the Cultural Transformation of Race*. Stanford: Stanford University Press, 2012.

SCOTT, Rebecca J. *Degrees of Freedom: Louisiana and Cuba after Slavery*. Harvard: The Belknap Press of Harvard University Press, 2005.

SEIGEL, Micol. *Uneven Encounters: Making Race and Nation in Brazil and the United States*. Durham: Duke University Press, 2009.

SHABAZZ, Saeed. "Afro-Latinos Want to Be Recognized as Black". *The Final Call*, 6 de noviembre de 2014, <www.finalcall.com/artman/publish/National_News_2/article_101904.shtml>.

SKIDMORE, Thomas E. "Bi-Racial U.S.A vs. Multi-Racial Brazil: Is the Contrast still Valid?". *Journal of Latin American Studies*, vol. 25, 1993, pp. 373-386.

TANNENBAUM, Frank. *Slave and Citizen*. New York: A. Knopf, 1946.

TELLES, Edward. *Race in Another America: The Significance of Skin Color in Brazil*. Princeton: Princeton University Press, 2004.

TORRES-SAILLANT, Silvio. *Introduction to Dominican Blackness*. New York: CUNY Dominican Studies Institute, 2010.

WADE, Peter. *Race and Ethnicity in Latin America*. London: Pluto Press, 2007.

Latinoamericanismo y descolonización

José Guadalupe Gandarilla Salgado
Centro de Investigaciones Interdisciplinarias en Ciencias y Humanidades, UNAM

> "El *locus enuntiationis* del que hablamos hoy, como el giro descolonizador epistemológico que tiene un componente ético esencial, surge desde una opción ética por las víctimas, por el sur, por el antiguo mundo colonial que todavía no termina de liberarse"
>
> Enrique Dussel, *Ética de la liberación.*

Intersecciones

En un ensayo que eleva su voz ante un apreciable "disciplinamiento de los estudios culturales", al menos en el modo en el que estaba operando su inscripción para el estudio de ciertas realidades en la región latinoamericana y del Caribe, Mabel Moraña señala que la validez de esa indagación vendrá dada por una operación analítica que se despliega en un marco más amplio y cuyas posibilidades se miden en dirección a obtener: "un esbozo de las transformaciones que han sufrido los campos de trabajo académico e intelectual, particularmente en el espacio transnacionalizado del latinoamericanismo, como consecuencia de la rearticulación de hegemonías y reconfiguración de saberes en el contexto de la globalidad" ("El disciplinamiento" 245). Lo que Moraña nos parece sugerir es que al articular los estudios culturales con el latinoamericanismo podremos alcanzar una cierta situación, la de "crear campos de producción de conocimiento 'otros' (heterodoxos, rarificados, alternativos) no inter sino transdisciplinarios, que permitan interrogar al texto social, cultural y político desde otra parte, produciendo nuevas preguntas, nuevas intersecciones y nuevas interpretaciones" ("El disciplinamiento" 240).

Desde luego que, detectadas sus potenciales consecuencias, las adopciones posibles de estos modos nuevos, diametralmente "otros", de emprender el trabajo académico y las labores de investigación, incidirían hacia la actualización de ciertos estilos algo enraizados en nuestras comunidades de estudio, y también podrían desplegar algunas secuelas sobre ciertos equilibrios perniciosos que acosan a las entidades de educación superior.[1] Con esto se estaría encaminando (en escenarios conflictivos, justo por romper ponderaciones de diversa índole) a la institución universitaria hacia otros posibles derroteros. Tales transformaciones ya están anunciando —lo que Moraña detecta en otro de sus ensayos— sus tendencias generales y están proponiendo a la universidad como un "espacio en el que se producen y reproducen saberes 'otros', alternativos, 'fronterizos', de contenido emancipador y orientación democratizadora" ("La cuestión" 207). De ahí, que resulte oportuno operar en intersección o transversalidad la estrecha conexión del latinoamericanismo con la dimensión de descolonización —siempre en pugna, pero atendible; más en posibilidad que como realidad efectiva, no obstante su profundo anclaje en términos de larga duración histórica, y en tanto gesta que, en sus saltos, reclama ser permanente—, un proceso que discurre no meramente en la arena conceptual sino que exige, al menos, una especie de anuncio o tentativa de actualización en la esfera de disputa de las estructuras materiales. Estas últimas son las que deciden el reparto del excedente social y los modos de producirlo, distribuirlo, circularlo y consumirlo. Otras posibilidades de intersección pueden detectarse, por un lado, en la que en su momento intentó, desde el campo de la crítica cultural, la pensadora chilena Nelly Richard[2] o, por otro lado, la que desde el horizonte epistemológico de las sociologías histórico-globales propusimos hace ya casi una década.[3]

La unidad de análisis

Sería aconsejable alcanzar una mayor precisión en cuanto a la unidad de análisis de la que se ocupan los "practicantes de los estudios latinoamericanos" (Moraña, "Los estudios" 229). Dicha unidad podría arrastrar su consideración desde un ámbito, tan abarcador como escurridizo, para indicar que los "estudios latinoamericanos *se refieren de modo general* a los trabajos desarrollados desde cualquier disciplina sobre cualquier aspecto de la cultura, sociedad, política, etc. de esa región" (Moraña, "El disciplinamiento"

1 Algo de ello ya se encuentra trabajado en Lewis Gordon, pp. 13-28.

2 Al respecto, véase su artículo "Intersectando Latinoamérica con el latinoamericanismo: discurso académico y crítica cultural".

3 Véase mi artículo "Pensamiento latinoamericano y sociologías del sistema mundial".

239, énfasis mío). De este modo, podríamos acercarnos a formulaciones más acotadas, en cuanto al alcance de la unidad de análisis, aun cuando esta sea tanto o más amplia que lo nacional, comprometiendo la orientación disciplinaria del conocer y rebasándola, no sabemos si hacia enfoques transdisciplinarios pero sí, al menos, hacia "estrategias metodológicas no disciplinarias". Si nuestro objeto comparece en dinámicas globales-locales, coyunturales y de larga duración, específicas pero comparables, del universo narrativo y de las economías materiales para producir y reproducir la vida, resulta necesario precisar también la viabilidad de los cortes procedimentales (espaciales o temporales) que diferencian al objeto y lo inscriben en su contexto. Como Moraña puntualiza:

> Dentro del campo de los estudios latinoamericanos la producción de conocimiento ha sido siempre, por naturaleza, un emprendimiento transnacional con fuertes implicancias políticas e ideológicas relacionadas tanto con la definición del campo de estudio como con las perspectivas metodológicas utilizadas para su análisis e interpretación ("Los estudios" 234).

Desde tal plataforma de emplazamiento es imprescindible clarificar *de qué tipo de transnacionalismo hablamos*, qué tipo de fuerzas son las que impulsan su dinámica y hacia qué horizonte jalonan su proyección (global o planetaria, y de inacabables objetivos, movidos, como son, por su desmesura). Colocar tal exigencia nos inscribe en una discusión que hace comparecer los ámbitos de la política y de la historia y sus implicancias para el ejercicio del pensar, en orden a clarificar nuestros puntos de interés y su intersección (latinoamericanismo y descolonización). Ello quizá se revele útil para distinguir de mejor modo la historicidad de tal entrecruzamiento y las diferentes genealogías o tradiciones en las que se anclan ambas dimensiones: desde qué tipo de latinoamericanismo hablamos y a qué momento, estructura o densificación de la relación colonial hacemos referencia.

Es así que tratamos con una estructura de emplazamiento, la *Gestell* moderno-capitalista —cuyo automatismo, el de la relación social de capital, nació siendo mundial y ha venido operando históricamente en cíclicos arrebatos de las potencias imperialistas, y con una vocación que les unifica, la del trazo colonial del dominio—, cuya tendencia abraza las distintas zonas del mundo, con el fin de someter los complejos civilizacionales que se han desarrollado,[4] mientras se establece cierta modalidad de relación de explotación/dominación/apropiación (Gandarilla, *América Latina*). Sin embargo, ese tipo específico de entramado relacional se encubre, en

4 Una de estas áreas es la que fue nombrada América o las Indias, y desde un determinado momento, nominada América Latina.

la intención de hacerlo indetectable para el conjunto de los afectados. El sentido que le anima (la interminable acumulación de riqueza y poder) se implementa a través de un cierto proceder discursivo que le confiere legitimidad, y que puede ser definido como un trato "orientalista" con el otro. A través de este complejo civilizatorio europeo/occidental, hoy hemisferio occidental o norte global, se ha venido encubriendo la actitud intervencionista sobre el resto del mundo, el sur global, o el mundo de las víctimas del sistema moderno/colonial.

Universalismo europeo, orientalismo y latinoamericanismo

El latinoamericanismo se inscribe en una tensión, que ya ha sido detectada por Immanuel Wallerstein en un registro, que concierne también a su propuesta de "impensar las ciencias sociales", y que nos permite descubrir una trayectoria histórica más amplia (la del sistema-mundo moderno). Este detecta una afinidad, la del programa articulador de un "particularismo de los poderosos" empeñado en defender, asegurar y ampliar sus diversos regímenes de privilegios (el "universalismo europeo"), el cual se expresó en un trato jerárquico, aniquilante y esencialista del otro. Puesto a andar en un cierto momento como "orientalismo", este programa articuló después esquemas de conocimiento e investigación como los emprendidos en los llamados "estudios de área".

Los *estudios de área*, los cuales "se definen en términos del posicionamiento geocultural del objeto de estudio" (Moraña, "Los estudios" 215) y se configuran "como sustentados por el discurso del pluralismo liberal" (Moraña, "Los estudios" 216), solo muy recientemente han tendido a dejar de ser orientalistas o han encontrado empeños por "no ser orientalistas". Uno de ellos es el que se ha emprendido en el seno del latinoamericanismo, el cual nos estaría demostrando que habría cierta afinidad, pero que va más allá de la mera detección en el uso de un determinado "ismo". Su emparentamiento se inscribiría en un ángulo de mayor significación o profundidad —el que compromete el polo del "poder imperial"— y una signatura de larga duración —la de una lógica colonial de trato con el otro—. Desde otro punto de vista, el de los receptores de esos marcadores de poder, el aspecto que les unificaría sería la posibilidad de operar una dilucidación minuciosa de conocimiento y autoconocimiento. Se esclarecería así el hecho de que la pretensión del "universalismo europeo" es, justamente, la *pretensión de encubrir sus intenciones particularistas*. Estas se implementaron, históricamente, a través de estrategias que esencializaron al otro, colocando sus valores en un estatus inalcanzable; aquel que le permitiera moldear el mundo de acuerdo a una forma que era falsamente universal, la del sistema-mundo colonial/moderno y eurocentrado. Hoy que este sistema histórico ha entrado en una crisis que parece definitoria, y que ha abierto al mundo a la incerteza, se ha colocado al sistema en un arco temporal de transición, que según Wallerstein, sintetiza el conjunto de los retos a seguir:

> La cuestión a que nos enfrentamos hoy es cómo podemos salir del universalismo europeo —la última justificación perversa del orden mundial existente— en dirección a algo mucho más difícil de alcanzar: un universalismo universal, que rechace las caracterizaciones esencialistas de la realidad social, deje atrás tanto los universales como los particulares, reunifique lo supuestamente científico y humanístico en una epistemología única y nos permita mirar con ojos altamente clínicos y del todo escépticos cualquier justificación de "injerencia" a manos de los poderosos en contra de los débiles (*Universalismo europeo* 101).

Tal y como ha sido demostrado desde los trabajos pioneros de Anuar Abdel Malek (particularmente su ensayo de 1963), Maxime Rodinson (1968) y Edward Said (*Orientalismo*, 1978), los orígenes del orientalismo, en cuanto a objeto de estudio o conjunto de saberes sobre Oriente, proceden de fines del siglo XVIII y encuentran un mayor apogeo en el siglo XIX. Esto, debido a que dichos saberes se convierten en una especie de acompañante de viaje en las campañas colonizadoras occidentales, de donde derivan también sus peculiares limitaciones epistemológicas (Achcar). Con relación al latinoamericanismo, sus orígenes suelen ubicarse en el cierre del siglo XIX (1898), cuando con la guerra hispano-cubana se precipita la entronización de la hegemonía estadounidense y se verifica el definitivo cierre del poderío imperial español. De ese momento histórico hasta la construcción del canal de Panamá, y con el añadido de Roosevelt a la Doctrina Monroe en 1904, se verán emerger, de modo simultáneo, el panamericanismo y el latinoamericanismo (Ramos 159-176). En este señalamiento de los dos momentos impulsores en ambos campos, instancias ubicadas a un siglo de distancia, es importante detectar el papel de gozne o quiebre que sistematiza y sintomatiza la obra de Said (en su momento también las obras de Abdel Malek y Rodinson) y el potencial desmitificador que su lectura promueve ante tan eficaz *constructo* ideológico, promotor y productor de un cierto tipo de conocimiento. En efecto, como se ha afirmado, con *Orientalismo* se enmarcaría "la diferenciación progresiva en la universidad estadounidense entre los *area studies*, en los que pervive la tradición orientalista, vinculada a las estructuras políticas del poder imperial... y las tendencias más autónomas y críticas con la tradición académica, que derivaría en los estudios poscoloniales" (Bolado 12).

Si en su primer impulso, los llamados "estudios de área" y, en específico, los que se promueven con relación a nuestra región latinoamericana, vinculan su emergencia a la "necesidad de los Estados Unidos de adquirir conocimiento acerca [de]... ciertas poblaciones y territorios en tiempos de guerra, donde los 'expertos de área' jugaban un papel fundamental como consultores gubernamentales y militares" (Moraña, "Los estudios" 218-219), su papel tampoco sufre significativas modificaciones, bajo una agenda de relativa paz y en un mundo agitado por la bipolaridad y la amenaza de liquidación recíproca durante la Guerra Fría. Durante este periodo, estos ejercicios de cognición y prospección serán subsumidos en el despliegue de las universidades corporativas, desde la mediania del siglo xx, estatuyéndolas como "proveedoras de un saber instrumental sobre regiones y culturas" (Moraña, "Los estudios" 221), y cuyas expresiones más refinadas corresponderían a "la creación de un modelo de entrenamiento por áreas, así como de centros de investigación que permitieran la *cobertura completa del mundo, sin dejar fuera la distribución estratégica de recursos*" (Moraña, "Los estudios" 222, énfasis mío). En este panorama, los *area studies* son movilizados por agendas políticas e ideológicas que derivan de las oficinas gubernamentales y de los estrategas de los complejos corporativos, quienes articulan sus planes, programas y proyectos en anclajes domésticos, relacionados con "la urgencia de lidiar con los desafíos presentados por las minorías que reclamaban reconocimiento e integración" (Moraña, "Los estudios" 222). Tales agendas proceden igualmente de fuerzas y actores que promueven un mayor protagonismo en el marco internacional o que atizan el espíritu combativo para profundizar o diversificar el intervencionismo exterior.[5]

Ahora bien, tanto en sus albores (la coyuntura que se abre con la guerra hispanoamericana de 1898), en su maduración (en 1966 se crea la entidad LASA que los articulará e institucionalizará), en los momentos de "supuesta crisis" (Moraña, "Los estudios" 215) con el agotamiento de la conflictividad canalizada en la hoja de ruta de la Guerra Fría, así como en tiempos más recientes, los estudios latinoamericanos[6] registraron blo-

5 No es muy desacertado señalar que justo en esta más reciente contienda electoral por la presidencia en los Estados Unidos, en una campaña que ha asqueado al electorado, y que resultó en pugna "entre dos personajes impopulares" (*La Jornada*, 04/11/16), los mayores índices de rechazo, hacia tales candidatos, se concentran en sus propensiones a operar protofascista y racistamente al interior, y con un desbocado y documentado "intervencionismo exterior".

6 Hasta no hace mucho tiempo contando con apoyos cuasilimitados, por vía de la provisión de fondos de un listado largo de *sponsors* y fundaciones del capital patrimonial corporativo.

queos y limitaciones al parecer debido a enfoques metodológicos a lo más "multidisciplinarios". Estos no pudieron superar los protocolos disciplinares y los enfoques especializados junto a recortes del objeto en dimensiones regionales, o hasta continentales, ya no acordes a un incremento de la complejidad del mundo del conocimiento. Por esa razón, las nuevas orientaciones y los grupos de trabajo e investigación de esta amplia constelación académica, aparecen movilizados en gran parte la "propuesta de 'despensar' las ciencias sociales y emprender estudios 'indisciplinados'" (Moraña, "Los estudios" 242). Consecuencia de este suceso es que ambas dimensiones afectan "las bases mismas de *la forma más tradicional* de los estudios de área" (Moraña, "Los estudios" 242), configuración cognoscitiva que a estas alturas se revela indefendible y que de no abrevar en aquellos afluentes ahondaría en su pérdida de significación.

Si bien no es el objeto principal de estas notas, no hemos de eludir que los mismos obstáculos para la construcción de conocimiento afectan a ciertos programas académicos y agendas de investigación impulsadas desde los departamentos de Estudios Latinoamericanos de la academia europea, española en particular, atrapada como está no solo en una herencia asociada al hispanismo y hasta al monarquismo, sino ahora maniatada por los grilletes coyunturales que le impone el Plan Bolonia a la vida académica. Así, por ejemplo, los contenidos disciplinares de la filosofía o de la ciencia política se cargan con viejos letargos que se miden por ese consabido desprecio, que se instala como lugar común, a toda articulación política emergente tildada de inmediato como "populista", en la medida que no cumple las fases o exigencias que los procesos de transición "a la Moncloa".

Derivas subalternas y programas para una descolonización del conocimiento

Muchos de estos cuellos de botella epistémicos, de lo que Moraña califica como *la forma más tradicional* de latinoamericanismo, fueron señalados hace ya dos décadas por la *Comisión Gulbenkian para la reestructuración de las ciencias sociales* (Wallerstein 1996), y hubo ejercicios de interpretación y grupos de investigación que distanciándose de aquella vertiente (que hace parte de una movilización de recursos y andamiajes académicos de amplio espectro), se atrevieron a caminar por otra senda. En un doble movimiento, atendían "el reclamo de construir nuevas cartografías cognitivas", aunque esa misma exigencia propendía a una superación de "la concepción compartimentada del conocimiento que guiara la emergencia y consolidación de los estudios de área, abriendo nuevos horizontes epistémicos y metodológicos en el proceso de producción del saber" (Moraña, "Los estudios" 243). Estos autores, comprometidos en cierta innovación conceptual como en la intención de renovar enfoques, ejercían una especie de *latinoamericanismo a contrapelo* (Ramos).

Lo que nos interesa destacar con ello es la viabilidad que puede aportar una clarificación y diferenciación de enfoques. En el ensayo de Richard que citamos se propone, por ejemplo, una distinción muy gruesa entre lo que significa "hablar *sobre* y hablar *desde* Latinoamérica" ("Intersectando Latinoamérica"). Resulta evidente que los autores comprometidos con este tipo de trabajos, no solo lograban instalar sus temas, sino que en su labor de investigación estaban renovando una inscripción de lo que convenía entender por latinoamericanismo. Ejemplificaban el perfil cognitivo que comenzaba a privilegiarse, e incluso a ser seguido por una diversa constelación de tópicos y problemas, en cada uno de los cuales se ensayaban también cruces de tradiciones, escuelas y teorías.[7] Una ilustración muy específica de esto fue lo que ocurrió con el grupo de intelectuales que suscribió el *Manifiesto inaugural* del Grupo Latinoamericano de Estudios Subalternos, que recibió diversas críticas cuando sus trabajos de investigación hacían un uso privilegiado de la jerga conceptual y la tematización característica de los llamados "estudios poscoloniales", inflexión que, como señalamos se asoció a la notoria incidencia del trabajo de Said (1978) y de Spivak (1985). Hasta tal punto llegaban esas campañas de desacreditación de las incursiones investigativas que ensayaban, a propósito de América Latina, esos grupos de pensadores "latinos", poscoloniales o decoloniales, como para ser calificados desde un cierto *neo-arielismo* de ejercer una suerte de *macondismo*, que con ese agregado de exotismo no hace sino incurrir en neo-orientalismo (Beverley 99).

Por nuestra parte, hemos de sugerir una inicial y muy general clasificación en tres bloques, que derivarían sus características de la peculiar configuración argumentativa desde la que se opera, y la cual incluye en la palabra Latinoamérica al área geográfica toda, tanto la de base continental, desde el Río Bravo hasta Tierra del Fuego, como la región Caribe y otras zonas insulares. Así que identificaríamos un primer tipo de estudios latinoamericanos que podríamos nominar como un "latinoamericanismo *por su objeto*" y que va en correspondencia con las estrategias analíticas algo más tradicionales, justamente por deberse a cuerpos académicos que

---

7 Justo por ello, esos nuevos protagonistas del pensar latinoamericano no expresaban enteramente una innovación o un hecho inédito, sino que eran destacamentos intelectuales asociados a herencias detectables en ciertos momentos aurorales del pensamiento crítico latinoamericano.

investigan "sobre" América Latina. Un segundo bloque correspondería a lo que podríamos nominar "Estudios Latinoamericanos *por su enfoque*" y que opera en composiciones intelectivas que preferentemente se articulan al amparo de una cierta herencia o tradición intelectual. El tercer bloque correspondería a los "Estudios Latinoamericanos *en variante de sujeto*" y que se hilvanarían alrededor de estrategias cognitivas que modifican el orden del campo, sin ser ellos mismos (des)ordenados pero sí indisciplinados, por cuanto su "afinidad electiva" vendría siendo confirmada en referencia a un cierto tipo de sujeto y desde un muy peculiar lugar de enunciación.

Como resulta evidente la diferencia entre el primer bloque y los dos restantes hace eco de la distinción entre el hablar "sobre" y el hablar "desde" América Latina y el Caribe, pero que en nuestro caso también quisiera subrayar un proceder, del intelecto que se destaca por ser "la voz de los sin voz" (Aime Cesaire, *dixit*), a resultas de una interlocución, horizontal y recíproca, la de actos de habla que se dan *con* los movimientos y sujetos latinoamericanos. Esto es, que privilegia lo que se ha dado en llamar una labor intelectual "de retaguardia" y bajo hermenéuticas de acompañamiento (Santos).

Será pues necesario distinguir tres momentos de impulso en el ejercicio del pensar latinoamericano y que nos ilustran el fuerte potencial y la solidez de esa tradición (la del pensamiento crítico latinoamericano y su constitución más reciente como programa de investigación de modernidad/colonialidad),[8] y del distintivo enlace que se diera, en su momento, con el promisorio grupo, hoy disuelto, de pensadores "latinos", subalternistas y decoloniales, quienes operaron en sintonía con recientes o remotos planteamientos. Estos últimos confieren significación a las luchas por descolonizar el conocimiento, por ejercer otro tipo de epistemologías de, desde y para el pueblo, cuyo lugar de enunciación correspondería al de un sur global metafóricamente dicente de la condición de víctima y que en su lucha por intentar dejar de serlo pudiera edificar lo que con Wallerstein llamaríamos un "universalismo universal no orientalista":

> Estamos emplazados a no solamente remplazar este sistema-mundo por uno considerablemente mejor, sino a sopesar cómo podríamos reconstruir nuestras estructuras de saber de forma que podamos convertirnos en no orientalistas. Ser no orientalista significa aceptar la tensión continua entre la necesidad de universalizar nuestras percepciones, análisis y enunciados de valores y la necesidad de defender sus raíces particularistas de la incursión de las percepciones, los análisis y los enunciados de valores particularistas de personas

8 Al respecto, veáse mi libro *Asedios a la totalidad. Poder y política en la modernidad, desde un encare de-colonial* (2012).

que afirman estar proponiendo universales. Es necesario que universalicemos nuestros particulares y particularicemos nuestros universales simultáneamente, en una especie de intercambio dialéctico constante, que nos permita encontrar nuevas síntesis que por supuesto serán impugnadas instantáneamente (*Universalismo europeo* 67).

Ya a fines de los años sesenta del siglo pasado se estaban precipitando acontecimientos que anunciaban resquebrajamientos que fueron empujando, por ejemplo, a la filosofía, en sus preguntas sobre si había o no una "filosofía latinoamericana", desde horizontes estéticos en que se dirimía la praxis y la libertad hacia dimensiones en las que se busca, sin ambages, propiciar condiciones, políticas y reflexivas, que conduzcan hacia horizontes "de liberación". Si se están verificando esos vuelcos será porque hay una emergencia del pensar que acompaña las pugnas por el rumbo de las cuestiones sociales y políticas. Siendo así, uno puede afirmar, del pensamiento latinoamericano, filosófico, humanístico y social, que "si su quehacer pudiera ser considerado 'crítico' es porque la crisis sobre la que se ejerce la nutre de su 'criticidad'" (Roig 29). Renunciar, entonces, a la condición de participar de este mundo en condición de entes dominados o intentar, al menos, que ese periodo histórico que se abrió con la colonia deje de marcar nuestras relaciones sociales, irá orientando nuestras luchas, hasta en el terreno del pensamiento, hacia paradigmas de liberación y enfoques ganados hacia el terreno de la criticidad. Ya uno de nuestros clásicos lo prefiguraba en el desplazamiento desde la dimensión de dominación hacia la de liberación:

> ...puedo partir... de ciertas conclusiones de una reflexión mía que se ha hecho al hilo de reflexiones de otros latinoamericanos; conclusiones que llevan a la idea que nuestra filosofía... puede ser calificada como filosofía de la dominación... Por tanto, es que la situación de una filosofía como la iberoamericana o latinoamericana no se puede de ninguna manera ir a una superación de la situación actual sino dentro de un proceso de liberación. Cambiar de signo a la filosofía es cambiar de signo también a la sociedad (Salazar Bondy 190).

Desde este encuadre, el de un susceptible salto histórico de las condiciones, aún vigentes, de dominación hacia el horizonte posible de liberación, podemos entender por pensamiento de "Nuestra América" a la ya añeja tradición conformada por aquellos personajes que encarnan el movimiento liberacionista o emancipatorio sociopolítico y cultural, y que en los diversos momentos de actualización del proyecto de modernidad occidental en la región ha luchado por reivindicar la libertad, la igualdad, la justicia y la equidad, la posibilidad de que la viabilidad de la región se sostenga en el respeto y reconocimiento del otro y no en su avasallamiento o su aniquilación. Ilustran este torrente de imaginación teórico-práctica y de disputa por construir universos comunitarios y articulaciones colectivas que acojan a las distintas expresiones de humanidad, personajes de la talla intelectual, moral y militante de José Martí o de José Carlos Mariátegui, o en tiempos más actuales, pensadores y teóricos como Sergio Bagú, Ruy Mauro Marini, René Zavaleta, Bolívar Echeverría, Antonio Cornejo Polar, o intelectuales de relevancia internacional tales como Pablo González Casanova, Aníbal Quijano, Enrique Dussel, Frantz Hinkelammert, etc. Un conjunto plural y heterogéneo, que, sin embargo, guarda, en sus líneas generales, elementos de coincidencia.

En el marco de la definitiva dominación hemisférica de los Estados Unidos sobre la región, prácticamente desde el segundo cuarto del siglo XIX, pero con mayor firmeza a fines de ese siglo, el "pensamiento nuestro americano" se impulsa a través de un primer distanciamiento respecto a los enfoques iluministas que siguen moviéndose en el canon analítico de la oposición civilización-barbarie. Este pensamiento va de la mano de una reivindicación firme del protagonismo fundacional del indio y de su entramado comunitario agredido por la incursión colonial: la tierra y sus referentes mítico-simbólicos (el caso de José Martí y de José Carlos Mariátegui, respectivamente).

En un segundo momento, el distanciamiento será con el paradigma de la modernización y la oposición desarrollo-atraso (las teorizaciones críticas sobre la dependencia). Segundo impulso de algo que ya puede ser tematizado como "pensamiento social latinoamericano" y que ya estaba consolidado con un punto de vista histórico y novedoso, ofrecido por Sergio Bagú (1949), quien al integrar una perspectiva histórica global ofreció un análisis adelantado a su tiempo. Bagú examinó el lugar de nuestra región desde un registro conceptual inédito hasta entonces, siguiendo los rastros del "capitalismo colonial". Solo más recientemente el pensamiento social latinoamericano, bajo el renovado impulso del enfoque de modernidad/colonialidad, o como últimamente preferimos enunciarle, desde el encare decolonial, comienza a desplegar un nuevo florecimiento, un tercer gran florecimiento, a través de un distanciamiento respecto a la narrativa posmoderna, y la oposición que encuentra en su base, entre una desterritorializada globalidad y la fragmentariedad local. Será atributo del programa de investigación de modernidad-colonialidad latinoamericano aportar los elementos suficientes como para promover trastrocamientos en los diversos campos de producción de conocimiento y pasa a sustentar la tendencia hacia la descolonización del conocimiento.

En un ensayo que había sido pensado como introducción a un trabajo colectivo y que fue creciendo hasta alcanzar las dimensiones suficientes para convertirse en un libro independiente (*Imperialismo y liberación en América Latina*), Pablo González Casanova sostiene que la historia contemporánea de América Latina arranca propiamente desde los años de 1880 y "corresponde a un proceso de ascenso y crisis del imperialismo y del sistema capitalista mundial". [9] Lo que hemos subrayado al inicio bajo la coyuntura de 1898 a 1904 no sería sino una estación de tránsito dentro de esta tendencia de larga duración recién inaugurada. Desde esa fecha, el curso de la región estará signado por un antagonismo entre el patrón de poder que "combina las antiguas formas de explotación colonial con otras nuevas" y al cual se oponen "las luchas de resistencia y liberación, en que las masas pugnan por no ser sometidas ni explotadas". Si el arranque del periodo contemporáneo, para las Américas se ubica en 1880, el siglo xx latinoamericano perduraría hasta el umbral de los años noventa, y luego entonces, el siglo xxi iniciaría con las luchas de los nuevos zapatistas en el México, que aparecieron a la luz con su grito de ¡Ya Basta! el primer día de 1994. Esto dicho, el primer siglo xx (para retomar la expresión de Braudel) se prolonga de la Revolución mexicana hasta los diversos populismos históricos, el segundo siglo xx arranca con la Revolución cubana y concluye con el predominio neoliberal en la región en los inicios de los noventa.

Por otra parte, en el terreno del pensamiento también podríamos distinguir el desdoble del nuevo enfoque propicio para vislumbrar el desarrollo de un tipo de estudios latinoamericanos, ejercidos desde y con nuestros pueblos y a través de sus gestas. Así, identificaríamos un primer siglo xx, que encontraría en Martí y Mariátegui sus figuras emblemáticas y más representativas. El segundo siglo xx nos hubo de entregar toda una pléyade de autores y pensadores, que se articulan alrededor de la teorización crítica de la dependencia y en la propuesta historiográfica del "capitalismo colonial".

El programa de investigación de modernidad/colonialidad, giro decolonial, o encare decolonial, según se prefiera, acompañaría ya (en su teoría y en su práctica) a las luchas que la región vive desde los inicios de su siglo xxi y que, como se ha demostrado, en las coyunturas más recientes no ofrecen ni triunfos seguros ni derrotas definitivas, sino marcos tendenciales de contiendas, en las que se puede prever la lucha, pero no sus resultados. Nuestra lucha se está dando en el horizonte productor de conocimiento y de autoconocimiento, con lo cual la lista de autores y autoras asociadas a este nuevo enfoque de un latinoamericanismo, animado por sus sujetos, emite sus alegatos desde esos espacios en que está procurando desterrar las relaciones coloniales. Por ello, en el mundo del conocimiento mide

---

9 *América Latina: historia de medio siglo*, 2 vols.

sus fuerzas con las tradiciones más periclitadas de un latinoamericanismo convencional o tradicional, y canaliza su reflexión hacia un horizonte de disputa, el que busca deconstruir, en el ámbito de la producción de conocimiento, las lógicas de análisis coloniales y restituir desde una base descolonizada el pensar que, como quería Wallerstein, ha de "reabrir completamente las cuestiones epistemológicas" (*Universalismo europeo* 65).

Obras citadas

Achcar, Gilbert. *Marxismo, orientalismo, cosmopolitismo*. Barcelona: Bellaterra, 2016.

Bagú, Sergio. *Economía de la sociedad colonial. Ensayo de historia comparada de América Latina*. Madrid: Grijalbo, 1992.

Beverley, John. *La interrupción del subalterno*. La Paz: Plural Editores, 2010.

Bolado, Alfonso Carlos. "Prólogo". *Marxismo, orientalismo, cosmopolitismo*. Barcelona: Bellaterra, 2016, pp. 9-20.

Castro-Gómez, Santiago y Eduardo Mendieta (coords.). *Teorías sin disciplina. Latinoamericanismo, poscolonialidad y globalización a debate*. Ciudad de México: Miguel Ángel Porrúa, 1998.

Gandarilla Salgado, José Guadalupe. *América Latina en la conformación de la economía-mundo capitalista*. Ciudad de México: UNAM, 2006.

— "Pensamiento latinoamericano y sociologías del sistema mundial". *Latinoamérica*, vol. 48, 2009, pp. 29-53.

— *Asedios a la totalidad. Poder y política en la modernidad, desde un encare de-colonial*. Barcelona: Anthropos, 2012.

Gordon, Lewis. *Decadencia disciplinaria. Pensamiento vivo en tiempos difíciles*. Quito: Abya Yala (Serie Pensamiento Decolonial), 2013.

Moraña, Mabel. "El disciplinamiento de los estudios culturales". *La escritura del límite*. Madrid/Frankfurt: Iberoamericana/Vervuert, 2010, pp. 239-252.

— "La cuestión del humanismo en América Latina. Puntos ciegos y líneas de fuga". *Inscripciones críticas. Ensayos sobre cultura latinoamericana*. Santiago de Chile: Cuarto Propio, 2014, pp. 183-212.

— "Los estudios de área en un mundo global". *Inscripciones críticas. Ensayos sobre cultura latinoamericana*. Santiago de Chile: Cuarto Propio, 2014, pp. 213-245.

Ramos, Julio. "1998. Genealogías del Panamericanismo y del latinoamericanismo". *Latinoamericanismo a contrapelo*. Popayán: Universidad del Cauca, 2015.

Richard, Nelly. "Intersectando Latinoamérica con el latinoamericanismo: discurso académico y crítica cultural". *Teorías sin disciplina. Latinoamericanismo, postcolonialidad y globalización a debate*, coordinado por Santiago Castro-Gómez y Eduardo Mendieta. Ciudad de México: Miguel Ángel Porrúa, 1998, pp. 245-270.

Roig, Arturo A. *El pensamiento latinoamericano y su aventura*. Buenos Aires: El Andariego, 2008.

Said, Edward. *Orientalismo*. Barcelona: Mondadori/Debolsillo, 2009.

Salazar Bondy, Augusto. *Dominación y liberación. Escritos 1966-1974*. Lima: Universidad Nacional Mayor de San Marcos, 1995.

Santos, Boaventura de Sousa. *Una epistemología del sur. La reinvención del conocimiento y la emancipación social*. Ciudad de México: Siglo XXI, 2009.

Spivak, Gayatri Chakravorty. "¿Puede hablar el subalterno?". *Revista Colombiana de Antropología*, vol. 39, 2003, pp. 297-364.

Wallerstein, Immanuel (coord.). *Abrir las ciencias sociales*. Ciudad de México: Siglo XXI, 1996.

— *Universalismo europeo. El discurso del poder*. Ciudad de México: Siglo XXI, 2007.

Colaboradores

José Antonio Mazzotti

Es profesor y catedrático de Literatura Latinoamericana en Tufts University. Obtuvo su Ph. D. en Princeton University y se especializó en estudios latinoamericanos coloniales, poesía latinoamericana, estudios andinos y estudios cinematográficos. Ha escrito varios libros, incluyendo, *Lima fundida. Épica y nación criolla en el Perú* (2016); *Encontrando un inca: ensayos escogidos sobre el Inca Garcilaso de la Vega* (2016); *Incan Insights: el Inca Garcilaso's Hints to Andean Readers* (2008). También ha participado como editor del libro *Renacimiento mestizo: los 400 años de los "Comentarios Reales"* (2010); y como coeditor de *Creole Subjects in the Colonial Americas: Empires, Texts, Identities* (2009). Es editor y director de la *Revista de Crítica Literaria Latinoamericana* y presidente de la Asociación Internacional de Peruanistas.

Silvia Juliana Rocha Dallos

Ph. D. Candidate (ABD) en Hispanic Languages and Literatures en Washington University en St. Louis. Es instructora de español y tiene un certificado en Latin American Studies. Se especializó en literatura colonial, estudios latinoamericanos y estudios coloniales. Le interesan la medicina, la enfermedad y la corporalidad en el contexto colonial latinoamericano. Su disertación examina el concepto de "cuerpo excedido" en México durante los siglos xvii y xviii. Fue profesora de Lengua Españols en la Universidad de los Andes y asesora del Ministerio de Cultura de Colombia. Washington University le otorgó una Latin American Summer Grant y, producto de su investigación, fueron dos artículos titulados: "Textos satíricos, anónimos y contraimperiales en México (1810-1830)" y "'Oiga el público verdades': el diálogo panfletario de Lizardi (1820-1827)". Este último fue recientemente publicado en la *Revista Ulúa* y obtuvo una mención de honor en el Premio Internacional de Historia Intelectual en América Latina, Segunda Edición (2016). Ha obtenido dos veces el Premio Eva Sichel Memorial, y su investigación de maestría, sobre la representación del sujeto criollo en la poesía colonial neogranadina, fue reconocida como uno de los mejores proyectos académicos por el Archivo de Bogotá.

INEKE PHAF-RHEINBERGER

Es investigadora independiente del Institute for African and Asian Studies en Freie Universität Berlin. Sus intereses incluyen América Latina, el Caribe y la literatura africana. Su mayor interés está en los estudios del Caribe en relación con África y América Latina. Obtuvo su Ph. D. en Latin America Studies en Freie Universität Berlin. Fue profesora asociada en el Departamento de Español y Portugués de University of Maryland en College Park y ha sido profesora visitante en otros países. Ha coeditado los volúmenes *Beyond the Line. Cultural Narratives of the Southern Oceans* (con Michael Mann, 2014); *Work and Culture in a Globalized World. From Africa to Latin America* (con Babacar Fall y Andreas Eckert, 2015); y es autora de *Afric-Americas: Itineraries, Dialogues, and Sounds* (2008).

JENS ANDERMANN

Fue profesor titular de Estudios Latinoamericanos y Luso-Brasileños en Universität Zürich. Actualmente trabaja en el Departamento de Español en New York University y se desempeña como editor del *Journal of Latin American Cultural Studies*. Previamente, fue profesor en Birkbeck College (Londres) y profesor visitante en las universidades de Buenos Aires, Río de Janeiro, Princeton y Duke. Entre sus publicaciones destacan los libros: *New Argentine Cinema* (2011); *The Optic of the State: Visuality and Power in Argentina and Brazil* (2007); y *Mapas de poder: una arqueología literaria del espacio argentino* (2000).

ADELA PINEDA FRANCO

Es profesora asociada del Departamento de Español y directora del programa de Latin American Studies y del Frederick S. Pardee School of Global Studies en Boston University. Sus intereses se centran en la literatura, la cultura y el cine hispanoamericanos de los siglos XIX y XX, y en la relación entre política y cultura. Es autora de *Geopolíticas de la cultura finisecular en Buenos Aires, París y México: las revistas literarias y el modernismo* (2006). También ha coeditado cuatro volúmenes: con Ignacio Sánchez-Prado, *Alfonso Reyes y los estudios latinoamericanos* (2004); con Jimena Obregón Iturra, *Cinéma et turbulences politiques en Amérique Latine* (2012); y con Jaime Marroquín y Magdalena Mieri, *Open Borders to a Revolution* (2013). Recibió una beca del Fondo México-Estados Unidos para la Cultura y de la Fundación Rockefeller. Fue miembro del Sistema Nacional de Investigadores en México (1999-2001). Ha sido profesora visitante en Brown University y Massachusetts Institute of Technology.

Christopher Conway

Es profesor asociado del Departamento de Lenguas Modernas de Texas University en Arlington. Ha publicado sobre temas como la historia cultural de la homosexualidad mexicana, la representación de los pueblos indígenas en la cultura mexicana y latinoamericana, la historia intelectual del nacionalismo, la representación de la mujer, la historia de la imprenta y el humor latinoamericano. Es autor de *Nineteenth-Century Spanish America: A Cultural History* (2015); *The Cult of Bolívar in Latin American Literature* (2003). Asimismo, ha editado los libros *Peruvian Traditions* (2004) y *The U.S. Mexico War: A Binational Reader* (2010), así como artículos en revistas y capítulos en compilaciones. Su libro más reciente se titula *Westerns in Mexican Film and Comic Books*. Conway ha recibido numerosos premios, incluido el UT System Regents Award, y ha trabajado para el Departamento de Lenguas Modernas y el College of Liberal Arts de la University of Texas. Es fundador y codirector de la UT Arlington OneBook Common Reading Program (2008-2012) y ha sido director del Departamento de Español y Lenguas Modernas (2004-2008/2013-2015) en Texas University.

Juan Poblete

Es profesor asociado en University of California, Santa Cruz, donde enseña Latin American Literature y Cultural Studies. Es autor de *Literatura chilena del siglo XIX. Entre públicos lectores y figuras autoriales* (2003) y editor de *Critical Latin American and Latino Studies* (2003). Entre sus intereses de investigación se encuentran la literatura latinoamericana, las culturas/ transnacionales/globales (literatura, radio, cine), los estudios culturales americanos, los estudios del siglo XIX y la historia de la práctica de la lectura. Es coeditor, con Héctor Fernández L'Hoeste y Robert Irwin, del libro *Sports and Nationalism in Latin America* (2015); y con Juana Suárez, de *Humor in Latin American Cinema* (2015). Tiene tres manuscritos en proceso de publicación: *Latino Cultures in the US. A Post and Transnational Approach*; *Latin American Film: Genre, Labor and Affect*, y Ángel *Rama y la crítica cultural latinoamericana.* También es editor de *New Approaches to Latin American Studies: Culture and Power* (en prensa).

Debra A. Castillo

Es profesora de Literatura Comparada, directora del Departamento de Estudios Hispánicos y cofundadora del Programa de Estudios Latinoamericanos en Cornell University. Se especializó en narrativa contemporánea del mundo de habla hispana (incluidos Estados Unidos), estudios de género y teoría cultural. Ha sido presidenta de LASA (Latin American Studies Association) y posee la beca presidencial de Stephen H. Weiss, premio otorgado a la excelencia en enseñanza en Cornell University. Es autora, coautora, traductora y redactora de una docena de libros y más de cien artículos académicos. Sus investigaciones más recientes son *Theater and performance in Nuestra América* (2008) y *Redreaming America: toward a Bilingual American Culture* (2005). Junto a Stuart Day, publicó *Mexican Public Intellectuals* (2014); con Andrés Lema Hiscapié, *Despite all Adversities: Spanish American Queer Cinema* (2015); y con Shalini Puri, *Theorizing Fieldwork in the Humanities* (2016).

Oswaldo Zavala

Es profesor asociado de Literatura Latinoamericana en The College of Staten Island y en The Graduate Center, City University of New York (CUNY). Obtuvo su doctorado en Letras Hispánicas de University of Texas en Austin, y en Literatura Comparada de la Université de Paris III, Sorbonne-Nouvelle. Su trabajo académico ha sido publicado en México, Estados Unidos, Francia y España. Se ha enfocado en la narrativa mexicana de los últimos veinte años, la construcción de imaginarios nacionalistas, el agotamiento de los discursos sobre la modernidad literaria latinoamericana, y la representación y conceptualización de la frontera entre México y Estados Unidos. Es autor de la novela *Siembra de nubes* (2011). También es coeditor, con José Ramón Ruisánchez, de *Materias dispuestas: Juan Villoro ante la crítica* (2011) y con Viviane Mahieux, de *Tierras de nadie: el norte en la narrativa mexicana contemporánea* (2012). Su libro *La modernidad insufrible: Roberto Bolaño en los límites de la literatura latinoamericana contemporánea* será publicado próximamente. Ahora prepara un estudio sobre la dimensión política de las narco-narrativas mexicanas de los últimos veinte años.

Mabel Moraña

Es William H. Gass Professor de Artes y Ciencias en Washington University en St. Louis, donde dirige el programa de Estudios Latinoamericanos. Durante diez años fue directora de Publicaciones del Instituto Internacional de Literatura Iberoamericana. Ha sido profesora invitada en las universidades de California (Santa Cruz), Harvard, UNAM, y en instituciones de Argentina, Ecuador, Uruguay y Colombia, entre otras. Ha dictado cursos y conferencias en universidades europeas, norteamericanas, latinoamericanas y en Corea del Sur. Sus publicaciones incluyen más de 40 libros entre los que se cuentan: *Crítica impura* (2004), *La escritura del límite* (2010), *Arguedas/Vargas Llosa. Dilemas y ensamblajes* (2013; Premio Katherine Kovacs del MLA y Premio Iberoamericano de LASA), *Inscripciones críticas. Ensayos de crítica cultural* (2014), *Bourdieu en la periferia* (2014), *Churata postcolonial* (2015), *El monstruo como máquina de guerra* (2017). Ha escrito sobre la obra de Ángel Rama, José Carlos Mariátegui, Bolívar Echeverría, Roger Bartra, Antonio Cornejo Polar, modernidad, (pos)colonialismo, etc.

Sara Castro-Klarén

Es profesora asociada de Latin American Culture y Literatura en The Johns Hopkins University. Sus campos de especialización son la novela moderna latinoamericana, la teoría literaria y cultural y los estudios coloniales. Recibió su doctorado en lenguas y literaturas hispanas de la University of California en Los Ángeles. Enseñó en Dartmouth College (1970-1983) y dirigió el Departamento de Español y Portugués (1979-1982). Fue jefa de la División Hispana de la Biblioteca del Congreso durante tres años y cofundadora del Programa de Estudios Latinoamericanos en Johns Hopkins University. De 2007 a 2009, fue presidenta del Departamento de Español y Portugués de University of California en Irvine. Castro-Klarén ha recibido varios premios de enseñanza y formó parte de la Junta Directiva de Fullbright por mandato del presidente Clinton (1999). Ha sido y es miembro de muchos de los consejos editoriales de revistas profesionales y asociaciones. Más recientemente, ha sido miembro de la Junta de Kluge en la Biblioteca del Congreso. Su libro más reciente es *The Narrow Pass of Our Nerves: Writing, Coloniality and Postcolonial Theory* (2011) y es editora de *A Companion to Latin American Literature and Culture* (2008). Ha publicado numerosos capítulos sobre estudios subalternos, especialmente acerca de Guamán Poma, Garcilaso de la Vega Inca y José Carlos Mariátegui.

ALEJANDRO DE LA FUENTE

Es Robert Woods Bliss Professor de Latin American History y Economics, profesor de African and African American Studies, y director del Afro-Latin American Research Institute y del Hutchins Center for African and African American Research, en Harvard University. Es historiador de América Latina y del Caribe y se especializó en el estudio comparado de la esclavitud y de las relaciones raciales. Se unió a Harvard University después de ocupar los cargos de profesor en Pittsburgh University, University of South Florida (Tampa) y Universidad de La Habana. Sus trabajos sobre raza, esclavitud e historia atlántica han sido publicados en español, inglés, portugués, italiano, alemán y francés. También es el curador de dos exposiciones de arte que tratan temas de raza: *Queloides: Race and Racism in Cuban Contemporary Art* (La Habana-Pittsburgh-Nueva York-Cambridge, Ma, 2010-2012) y *Grupo Antillano: The Art of Afro-Cuba* (Santiago de Cuba-La Habana, 2013). Entre 2007 y 2012, De la Fuente sirvió como coeditor del *Hispanic American Historical Review*. Asimismo, es autor de *Havana and the Atlantic in the Sixteenth Century* (2008) y de *A Nation for All: Race, Inequality, and Politics in Twentieth-Century Cuba* (2001). Su libro *Una nación para todos: raza, desigualdad y política en Cuba, 1900-2000* (2001), obtuvo el premio Best Book in Latin American History (2003) de la Southern Historical Association.

JOSÉ GUADALUPE GANDARILLA SALGADO

Es doctor en Filosofía Política, por la Universidad Autónoma Metropolitana-Iztapalapa e investigador titular B, definitivo, del Centro de Investigaciones Interdisciplinarias en Ciencias y Humanidades. Ha sido profesor en las facultades de Economía, Ciencias Políticas y Sociales, y Filosofía y Letras de la Universidad Nacional Autónoma de México, y profesor invitado en otras universidades del extranjero. Su obra *Asedios a la totalidad. Poder y política en la modernidad, desde un encare de-colonial* (2012), obtuvo mención honorífica en la octava edición del Premio Libertador al Pensamiento Crítico (2012) y obtuvo el Frantz Fanon Award for Outstanding Book in Caribbean Thought (2015), de la Asociación Filosófica del Caribe. Sus más recientes libros son: *Universidad, conocimiento y complejidad. Aproximaciones desde un pensar crítico* (2014) y *Modernidad, crisis y crítica* (2015). Es coordinador de *La crítica en el margen. Hacia una cartografía conceptual para rediscutir la modernidad* (2016) y dirige *De Raíz Diversa*, revista especializada en Estudios Latinoamericanos.

